中等职业教育"十四五"规划教材
职业教育课程改革规划创新教材

新媒体电商直播基础

黎耀坚　韩健敏　朱小宇◎主编

中国石化出版社
HTTP://WWW.SINOPEC-PRESS.COM
中国经济出版社
CHINA ECONOMIC PUBLISHING HOUSE
·北京·

内 容 提 要

本书是一本针对电商直播带货从业人员以及没有任何经验但是想加入电商行业的从业者的专业教材，主要讲述了电商直播带货的内容策划、选品、营销与推广、团队建设、数据分析等内容。书中结合中职学生实际能力和水平，分为新媒体电商直播基础理论、规划直播内容及直播策划与筹备、直播活动实施和直播数据复盘分析五个部分，为学生提供了一套完整的直播带货指南。

本书可作为中等职业学校新媒体、电商等相关专业的教材，也适合新媒体、电商、短视频和直播带货等领域的读者学习参考。

图书在版编目(CIP)数据

新媒体电商直播基础 / 黎耀坚，韩健敏，朱小宇主编. -- 北京 : 中国石化出版社，2025. 1. -- ISBN 978-7-5114-7795-8

Ⅰ. F713. 365. 2

中国国家版本馆 CIP 数据核字第 20248RU802 号

中国石化出版社出版发行

地址:北京市东城区安定门外大街 58 号
邮编:100011 电话:(010)57512500
发行部电话:(010)57512575
http://www. sinopec-press. com
E-mail:press@ sinopec. com
天津嘉恒印务有限公司印刷
全国各地新华书店经销

*

787 毫米×1092 毫米 16 开本 15 印张 300 千字
2025 年 1 月第 1 版　2025 年 1 月第 1 次印刷
定价:52. 00 元

《新媒体电商直播基础》
编　委　会

主　编：黎耀坚　韩健敏　朱小宇

副主编：李　艺　陈　苑　邵　新　夏　琴

编　委：李　超　余　钰　徐翠梅　李　霞

前 言

PREFACE

在信息化时代，网络技术的发展影响着潮流商机的变迁。4G 网络普及之后，普通用户的手机网速有了极大的提高，短视频、直播等以视频形式传播的内容也迎来了飞速发展的春天。如今 5G 时代已经到来，为直播行业带来了巨大的机遇，但这种机遇本身也伴随着更为严峻的挑战和更多的变数。

从抖音的爆发到淘宝直播频道的正式运营，京东、拼多多、蘑菇街、唯品会等平台也将直播放在平台上较为显眼的位置。直播之所以能成为被众多电商平台重视的交易模式，其核心在于流量的价值。每一个进入店铺的用户对商家而言都是一个流量，但并不是每个流量都会产生交易行为。而一个个主播们正用数据告诉全网的电商平台，他们直播间里的粉丝们不仅仅是消费者，而是以年为单位无限复购的回头客。一个流量在某个店的交易金额被极大地提高了。

如今，电商变现已经成为互联网产品变现的主要途径。对于电商来说，其成败的关键就在于流量。随着电商发展和流量的碎片化，获取流量的渠道越来越多，这也向主播们发出了新的挑战。在此背景下，如何借力于平台的快速发展，从而获得更多的盈利空间？如何在头部网红主播不断崛起的同时打造自己独特的主播人物设定？如何获取、维护并运营自己的粉丝群体？相信这些问题或多或少都困扰着初入行的新手主播们。

从 2018 年开始，本教材编写组便密切向多家知名 IP 孵化基地以及直播行业的企业专家探讨学习，并最终与广州后浪传媒科技有限公司（简称“后浪传媒”）达成共建网络直播的校本教材协议。后浪传媒是一家致力于为品牌方提供一站式解决方案的电商内容整合营销机构，主营业务包括提供店铺代播、网红带货、短视频、图文种草等多种服务类型。来自企业第一线的行业标准和规范为我们的教材编写带来了方向性和实操性的指引。本教材编写组和后浪传媒的专家充分沟通后，结合电子商务专业人才培养方案完成本教材的编写工作。

本教材共五章，由黎耀坚、韩健敏、朱小宇担任主编，负责提纲的拟定、统稿、修改等工作，并由后浪传媒总经理唐作庚先生审定，各章参编人员如下：

韩健敏编写第一章，黎耀坚编写第二章及第四章，参编人员还包括李艺（第三章）、陈苑（第五章），朱小宇负责全书修订工作并参与编写第四章部分内容。

在本书中，我们结合中职学生实际能力和水平，对新媒体电商直播基础理论、规划直播内容及直播策划与筹备、直播活动实施和直播数据复盘分析这五个环节进行系统论述，为帮助学生打造自己的直播间提供行动指南。

作为一本主要针对中等职业学校的项目式教材，本书依然存在着许多的不足。随着教材在我校直播课程的应用，我们还会继续与企业专家一起进行探讨和论证，努力完善教材。

教材编写组

目 录

CONTENTS

第四章　实施电商直播活动

第五章　直播复盘与数据分析

第一章

初识直播

第一节　直播与电商的前世今生

知识导图

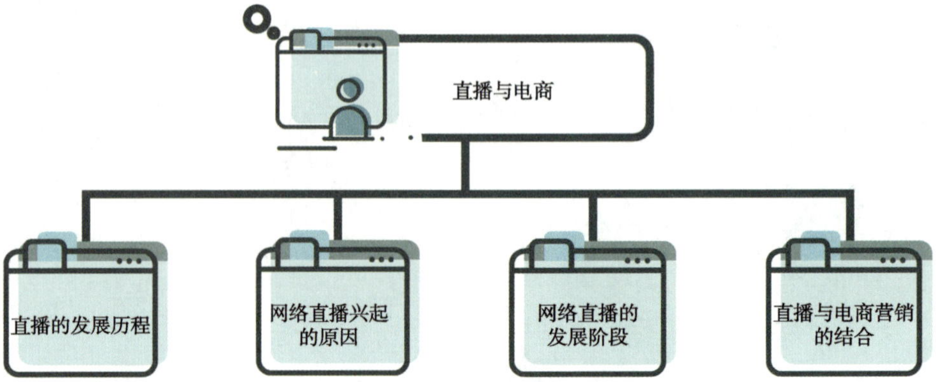

学习任务目标

一、知识目标

(1) 了解直播的含义、模式和发展历程；

(2) 理解直播的特点和优势；

(3) 理解电商直播中的“人”“货”“场”三要素及其意义。

二、技能目标

(1) 能够用图表的方式呈现直播行业的发展历史；

(2) 能够通过图表比对呈现直播的特点与优势。

三、素养目标

(1) 增强遵守法律法规及平台规则的意识；

(2) 培养积极主动学习的态度。

模拟情景引入

假设你现在打算前往一家电商公司——壹店钟情电子商务有限公司求职。资料显示，这是一家以电商直播为主营业务的电子商务公司。为了更好地应对即将到来的面试考核，你现在需要先了解一下电商直播的发展历史和行业现状，形成一些自己的理解，以便面试的时候能表现出应有的熟悉度。

工作基本流程

为了实现以上这些目标，你需要按照以下流程完成对应的任务：

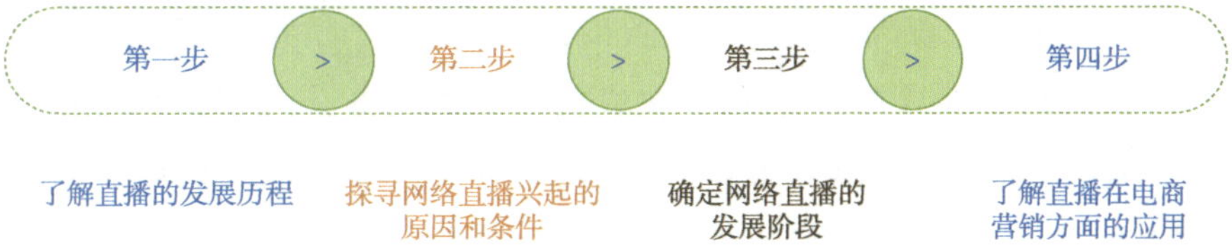

任务一：请通过资料查找以及网络搜索了解直播的起源及发展情况。通过时间轴的形式呈现任务结果。

任务二：请通过资料查找以及网络搜索总结出网络直播兴起的原因和条件，并总结出要做好网络直播我们需要哪些基础支持。

任务三：请用思维导图的形式呈现网络直播的发展阶段以及每个阶段的代表性平台/直播间和直播形式。

任务四：请通过资料查找以及网络搜索完成以下比对，厘清直播的应用场景、要求、特性和优势：

(1) 直播与录播(短视频)的异同；

(2) 传统电商和直播电商的异同；

(3) 网络直播和电视/电台直播的异同。

相关知识学习

“直播”一词由来已久。在传统媒体时代，就已经有基于电视或广播的现场直播形式，如晚会直播、访谈直播、体育比赛直播、新闻直播等。那时，“直播”一词是指“广播电视节目的后期合成、播出同时进行的播出方式”。

后来，随着互联网的发展，尤其是智能手机的普及和移动互联网网速的提升，直播的概念有了新的延展，越来越多基于互联网的直播形式开始出现。自此以后，直播的含义更倾向于“网络直播”。当下俗称的“直播”，即网络直播，也叫互联网直播，是指用户在PC端或移动端安装直播软件后，利用摄像头对某个事物、事件或场景进行实时记录，并在直播平台实时呈现，同时，其他用户可以在直播平台直接观看与实时互动。

一、直播行业的初始业态——广播电视节目直播

直播定义：早期的直播指的是广播电视节目的后期合成、播出同时进行的播出方式。

世界上的第一台电视设备诞生于20世纪20年代，彼时录像机还未发明，因此，播出的电视节目多是采用直播形式。1958年5月1日，中央电视台的前身——北京电视台实验播出电视节目；6月1日，首次播放该台记者拍摄的新闻影片；6月15日，播出我国第一部电视剧《一口菜饼子》；6月19日，第一次成功地现场直播了一场篮球比赛。10月1日、12月20日，上海电视台、哈尔滨电视台(今黑龙江电视台前身)也相继问世。这是中国最早的一批电视台。

到了1982年西班牙世界杯，央视就开始正式转播世界杯比赛了，这次央视和其他一些国家联合购买了转播信号，把宋世雄送到香港的演播室里，边看画面边配解说。这次一共转播了22场比赛。不过，这22场比赛，除了决赛，其他场次全是录播——凌晨的比赛傍晚播。一些球迷为了不在事前知道比赛结果，不准身边的人听每日必听的电台“新闻和报纸摘要”。但严格来说，直到1986年墨西哥世界杯，央视才是真正的现场直播。虽然国足依然无缘世界杯，但央视还是派遣报道组赴墨西哥现场直播或录播了全部52场世界杯比赛。

那一年，中国生产出了1447万台电视机，其中有414万台彩电，成为世界上第二大电视生产国。

20世纪末期开始，直播成为电视台和电台的节目播出形式之一。当时的电视台和电台只在重要节日来临或重要事件发生时，才会制作直播节目，如通过电视台或电台直播重要的新闻节目或新闻事件、体育赛事、文艺活动、综艺节目等。

二、短视频与直播行业概述——网络直播兴起的原因

直到21世纪后，网络直播和短视频迅速升温。随着互联网技术的不断发展和智能手机的普及，直播逐渐成为一种全新的信息传播和娱乐消费形式。总结起来是以下多个因素的合力促成了这一行业的蓬勃兴起：

1. 互联网及 IT 技术的支持

随着网络运行的条件越来越好，网络资费不断下降，网络带宽逐步提升到 100M 再到千兆光纤，移动网络也从 3G 进入 4G 再到如今的 5G。同时，计算机以及手机硬件能力的不断提升也让直播和短视频的清晰度和流畅度大幅提升。

2. 用户的需求

随着社会的开放，人们已经不再局限于从电视获取信息，更多地通过自媒体等模式满足个性化的表达和选择的需求。互联网技术的发展激发了用户需求，用户需求又反向推动互联网技术的广泛应用。

3. 社会风向的引导

随着人民生活水平的逐步提高，人们在温饱之余对于文化生活有了更多的要求。能供用户娱乐消遣、为用户带来放松和愉悦感受的内容越来越受到用户的欢迎。互联网帮助用户连通了更广阔的网络世界，为用户提供了丰富多样的娱乐内容

三、直播的发展历程——网络直播的发展

最近几年，直播成了一个超级风口。各大直播平台为了抢占市场份额使尽浑身解数，市场一度处于白热化状态，竞争异常激烈。新的直播平台不断出现，但是也有很多直播平台倒下。才艺、游戏、带货等多个领域都和直播产生了联系。那么直播到底是怎样兴起的呢？

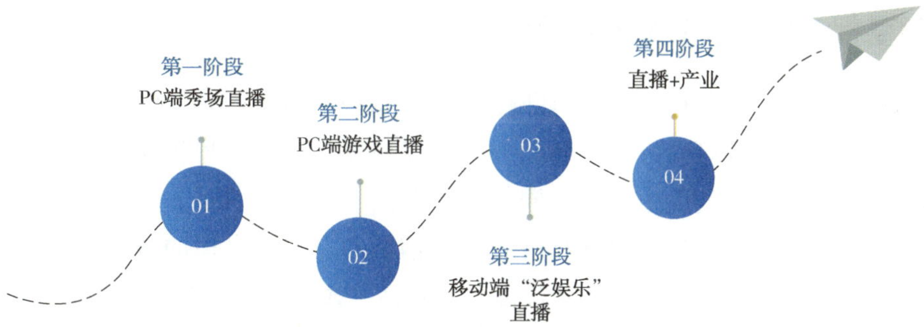

1. 第一阶段：PC 端秀场直播

这是网络直播发展初期较为流行的模式之一。从 2005 年到 2013 年，网络直播市场随着互联网的发展逐渐兴起，其中以 YY、六间房、9158 为代表的 PC 端秀场直播模式为众人熟知。

秀场直播模式的出现，让 PC 端的网络直播展示出强大的商业价值，并直接推动了网络直播平台的转型和发展。

2. 第二阶段：PC 端游戏直播

这是继秀场直播之后，另一种受到众多年轻用户喜爱的直播模式。2014 年 1 月，视频平台 AcFun 将自己的“生放送”直播板块剥离出来，成立了子平台斗鱼直播。2014 年 11 月，YY 平台将游戏直播业务剥离出来，成立了子平台虎牙直播。

2014—2015 年，网络直播市场进入新的发展阶段，尤其是电竞游戏直播的出现，在大量游戏玩家的推动之下，网络直播一夜暴红。

3. 第三阶段：移动端“泛娱乐”直播

这阶段直播内容不再局限于才艺表演和游戏竞技，而是涉及衣食住行的方方面面，用户可以边吃饭边直播，边逛街边直播。直播也满足了普通用户分享、表达和互动的心理需求，带动了“粉丝经济”向直播领域的迁移。

2016 年，网络直播市场迎来了真正的爆发期，用户在脱离计算机后通过移动手机客户端实现移动端秀场直播。手机视频直播成为视频秀场的新兴市场，备受各大直播平台的青睐。2016 年是移动直播的“元年”，网络直播真正进入全民时代。

4. 第四阶段：直播+产业

随着直播技术的应用逐渐深入，直播变成一种基础性的功能或服务。越来越多的专业内容融入直播中，如电商、教育等垂直领域的涉足，为用户提供专业的、优质的内容，这就是目前的“直播+”时代。

这个阶段各个产业都将自己的业务放在直播平台上，直播+教育、直播+金融、直播+政务、直播+零售业、直播+制造业、直播+农业……我们可以将直播当作一个连接线上与线下、增强个人及企业影响力、开发产品/服务商业价值、开展危机公关的工具。“直播营销”“直播带货”已经成为广大用户耳熟能详的模式。

四、直播在营销方面的应用

随着电商的普及，商业社会的营销已经从以往的实体卖场转战到网络平台。在电商 1.0 时代，依靠图片和文字去打动买家的营销方式已经转变为动态的短视频和直播手段。直播营销是指在现场随着事件的发生、发展同时制作和播出节目的营销方式。该营销活动以直播平台为载体，可帮助企业达到包装品牌或提升销量的目的。直播的核心价值在于它聚集注意力的能力，未来直播营销将成为多数商品的营销方式。

这些都得益于直播本身具有的三大特征：

（1）参与门槛低。

通过一台联网的智能手机，打开直播软件进行简单的开播操作，便可以开启一场不限年龄、学历、文化背景、地域、场景的直播。

（2）用户基数大。

观看直播日渐成为广大用户的一种生活方式，直播的商业价值也被越来越多的企业和个人看到。

（3）表现形式多样。

不论是生活场景还是工作场景，不论是才艺展示还是现场实况播报，不论是人物、动物还是风景，均可以通过直播进行分享和展示。

可以看到的是，当直播和营销结合在一起的时候，便具备了以下优势：

（1）实时性。

哪怕对比起同样火热的短视频，直播实时的沟通和互动，能够提升用户的参与感、获得感、信任度以及直播间的热度。同时，各直播平台和第三方平台均开发了直播数据监控与分析工具，可以实时帮助直播团队了解直播间数据，直播方根据实际情况作出调整。这些是其他手段无法比拟的。

（2）互动性。

在直播过程中，主播可以向直播间用户进行一对多的实时讲解和答疑，还可以安排专业人员针对互动区用户的提问进行回答，使用户的问题能够得到解决。用户也可以针对直播中发现的问题发言。良好的互动会活跃直播间的气氛，为观众提供丰富的情绪价值输出。直播真正实现了企业与用户、用户与用户之间的互动。

（3）真实性。

直播间里所展示的内容几乎是“所见即所得”。主播可以模拟出各种场景，打破地理的限制。向用户呈现直播产品的原产地情况、产品生产过程、产品使用步骤、产品使用效果、产品性能检测实验等。通过这种真实呈现，顾客和观众的信任度大幅提高，进而促进营销效果。

营销的本质是连接商品和用户，连接的主要方式是构建消费场景。产品是“货”，用户是“人”，场景是“场”。“人”“货”“场”，即营销的三要素。直播营销则是使用直播这一形式从事营销活动的方式，不仅没有脱离“人”“货”“场”三要素，还有效重构了“人”“货”“场”三要素，打造了沉浸式的购物场景，让用户身临其境地感受更好、更真实的购物体验。

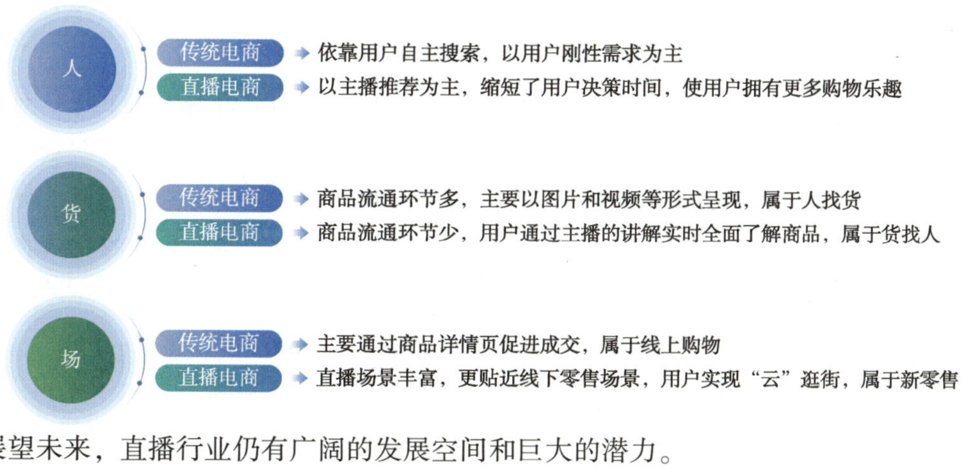

展望未来，直播行业仍有广阔的发展空间和巨大的潜力。

首先，随着5G技术的普及和成熟，直播将会更加流畅和稳定，同时也会产生更多创新的应用场景。例如，可以利用5G的高速传输和低延迟特性实现更加丰富、高质量的直播内容。

其次，虚拟现实（VR）和增强现实（AR）技术的不断发展也将为直播带来新的机遇。通过这些技术，观众可以身临其境地体验到直播内容，提升观看体验，同时也会产生更多新颖的直播形式。

最后，直播行业的监管也将进一步加强。随着直播行业的迅猛发展，一些不良现象也随之出现。未来，相关部门将更加重视对直播行业的监管，为观众提供一个更加健康、积极的直播环境。

总之，直播作为现代社会中不可或缺的一部分，在未来仍将保持强劲的发展势头。随着技术的不断进步和市场的持续扩大，直播行业将在多个领域发挥更加重要的作用，为人们的生活带来更多便利和乐趣。

知识训练与巩固

一、情景题

假设面试中面试人员向你提出这样的问题："既然你选择来我们公司求职，而我们公司就是以直播为主营业务的公司，请问你对于这个行业的了解有多少呢?"这时候你会如何作答?

二、单项选择题

1. 以下关于直播的表述哪个是错误的(　　)

A. 直播是专指电台和电视台的现场实时播报

B. 新媒体直播更多的指网络直播，也叫互联网直播，是指用户在 PC 端或移动端安装直播软件后，利用摄像头对某个事物、事件或场景进行实时记录，并在直播平台实时呈现

C. 新媒体直播中用户可以在直播平台直接观看与实时互动

D. 新媒体直播的兴起得益于网络运行的条件越来越好，网络资费不断下降，网络带宽逐步提升

2. 小红每天利用业余时间在晚上用手机通过网络直播唱歌、跳舞、讲笑话，吸引了一批粉丝。她只求开心和希望得到赞许，偶尔有些人打赏小礼物，但不是她的主营收入。请问小红进行的直播属于哪种类型(　　)

A. 秀场直播　　B. 游戏直播　　C. "泛娱乐"直播　　D. 直播+产业

3. 在直播带货营销活动中，直播的核心价值是什么(　　)

A. 说服顾客购买　　B. 方便顾客购买

C. 聚集目标群体注意力　　D. 释放目标群体购买力

4. 直播和营销结合时，以下哪项不是其主要优势(　　)

A. 实时性　　B. 互动性　　C. 盈利性　　D. 真实性

5. 以下哪项不属于直播营销三要素(　　)

A. 人　　B. 价　　C. 货　　D. 场

实操记录表

任务	任务内容	指定完成时间	完成状态	评价等级/分数	导师评语
任务一	通过时间轴呈现直播的起源及发展				
任务二	分析网络直播兴起的原因和条件				
任务三	制作网络直播的发展阶段思维导图				
任务四	制作直播的应用场景、要求、特性和优势比对表				
情景题					
选择题					

完成状态用指定符号标注：按时完成√，迟交▲，缺交×。

附答案和解释

1. 答案：A　解释：直播是专指电台和电视台的现场实时播报。这个表述过于狭窄，因为直播不仅仅局限于电台和电视台，还包括网络直播，即新媒体直播。

2. 答案：C　解释：因为她的直播内容涉及唱歌、跳舞、讲笑话等多个方面，不局限于单一的娱乐形式，符合“泛娱乐”直播的特点。

3. 答案：C　解释：直播带货的核心在于通过直播吸引观众的注意力，进而转化为购买行为。

4. 答案：C　解释：虽然盈利是直播营销的一个结果，但它并不是直播营销的主要优势，直播营销的主要优势在于实时性、互动性和真实性。

5. 答案：B　解释：直播营销的三要素通常指的是“人”(主播或 KOL)、“货”(产品)、“场”(直播场景或平台)，而“价”(价格)虽然在营销中很重要，但不是直播营销的核心要素之一。

第二节　直播常见分类以及主流平台比较

知识导图

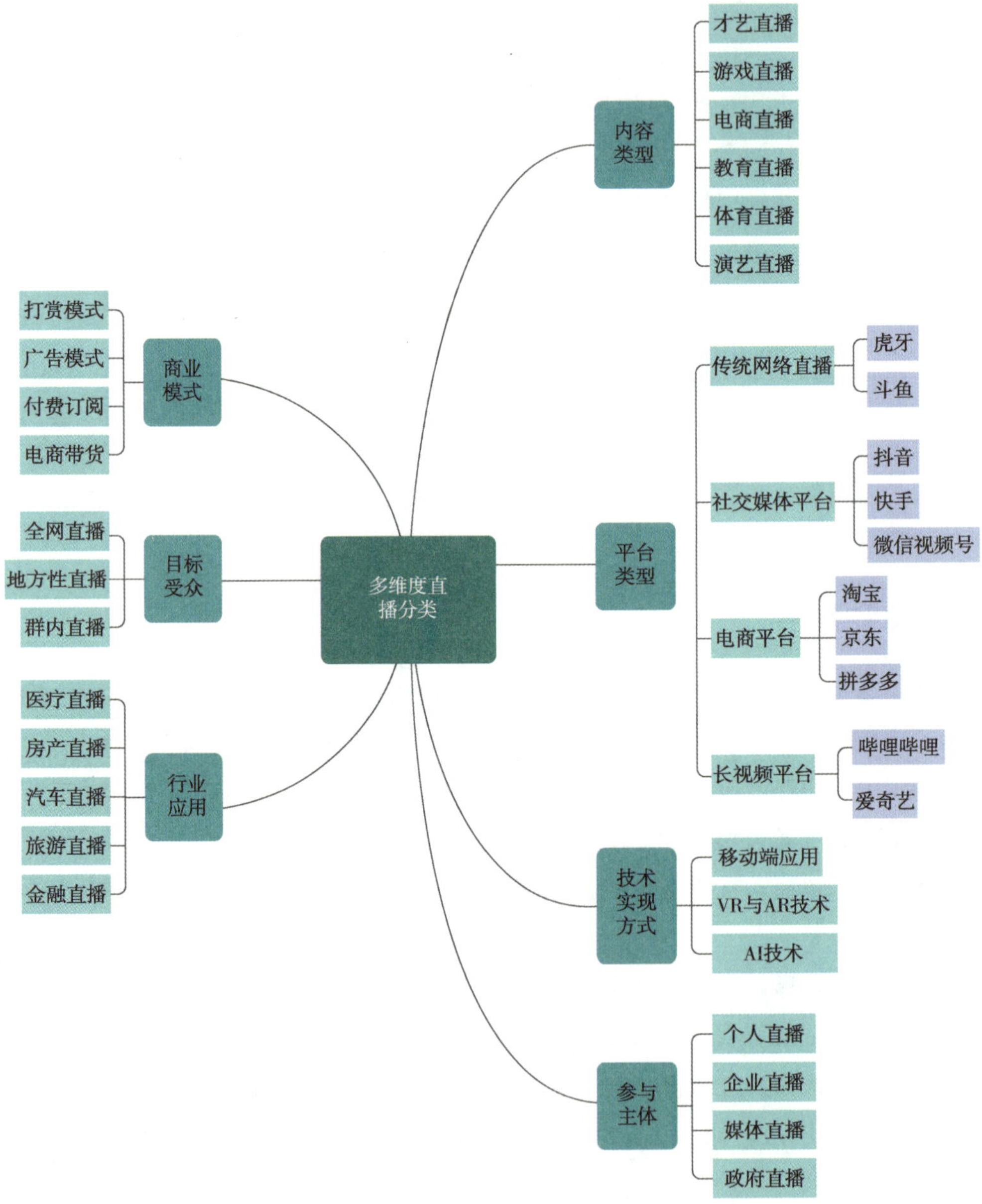

学习任务目标

一、知识目标

（1）能够理解并识别和解释直播行业的主要分类；

（2）了解主流直播平台的特点、用户群体和入驻规范；

（3）认识并理解直播行业的职业素养要求。

二、技能目标

（1）能够分析不同直播内容的受众和市场定位；

（2）能够熟练使用至少一个直播平台的进驻功能；

（3）能够列举并理解直播行业从业人员应具备的职业素养。

三、素养目标

（1）培养良好的网络素养，能够遵守网络道德，维护网络环境的清洁；

（2）培养合法合规的意识，自觉遵守直播相关的法律法规，抵制违法违规的直播行为；

（3）能够主动思考和尝试新的直播内容和形式，提高直播的吸引力；

（4）培养社会责任感：理解直播活动对社会的影响，并承担起相应的社会责任。

通过这些教学目标，中职学生不仅能够对直播行业有一个全面的了解，还能培养实际操作技能和职业素养，为将来可能涉足的直播行业打下坚实的基础。

模拟情景引入

小陈所在的文体用品公司随着业务的展开，现在亟须开拓直播业务。但是市面上的直播平台种类繁多，公司领导并不清楚应该选择入驻哪一个平台更适合自己的业务。于是王经理将这个任务交给了小陈，要求小陈组织人手进行研讨并给出一个可行性方案报告，以便公司正确选择后续进入哪个平台进行直播推广。如果你是小陈，你会如何着手此事呢？

工作基本流程

任务一：以小组为单位对现有主流平台进行分析研究，选出不少于三个有可能作为你们小组后续进行直播的平台，在进行分析比对后将结果制作成思维导图，展现出各个平台的特点和优缺点。

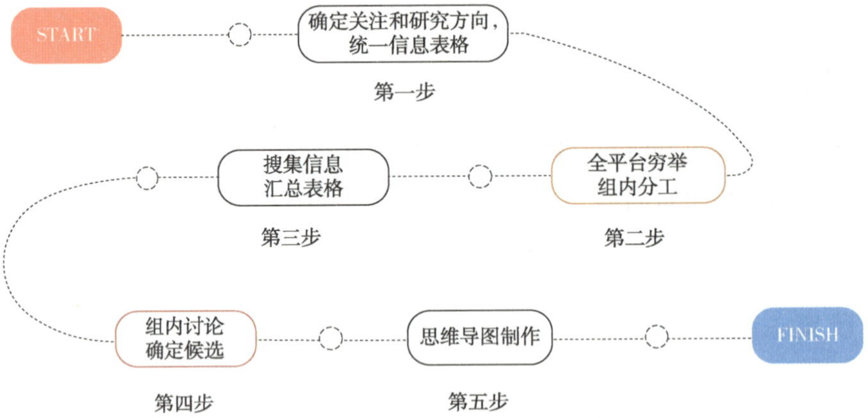

任务二：根据前面的分析，在小组内讨论确定你们认为最适合的直播平台，形成可行性分析报告 PPT。

任务三：分小组上台进行陈述展示。

相关知识学习

一、直播的常见分类及相关标准

在当今数字化飞速发展的时代，直播行业已经成为一个不可忽视的重要领域。它不仅为人们提供了丰富多样的娱乐选择，还深刻影响了商业、教育、医疗等多个行业。为了更全面地了解直播行业，我们可以从多个维度进行分类探讨，以便更深入地挖掘其内在价值和潜力。

（一）内容类型：直播的灵魂所在

直播行业的内容类型繁多，每一种类型都承载着不同的功能和价值。秀场类直播以其独特的魅力吸引着大量观众，通过聊天、才艺展示、星秀等形式，让人们在忙碌的生活中找到片刻的放松和愉悦。而游戏直播则成为电竞爱好者的聚集地，主播们不仅展示高超的游戏技巧，还分享游戏攻略和心得，为观众带来精彩的视觉盛宴。

电商直播的兴起更是彻底改变了人们的购物方式。主播们通过生动的商品展示和专业的销售话术，让观众在享受购物乐趣的同时，也能获得实实在在的优惠和便利。教育直播则打破了时间和空间的限制，让优质的教育资源得以广泛传播，为更多人提供了学习和提升的机会。

除了以上几种类型，体育直播、演唱会/音乐直播等也各具特色，为观众带来了丰富的精神享受。这些多样化的内容类型不仅满足了不同人群的需求，也推动了直播行业的不断发展和壮大。

（二）平台类型：直播的载体与舞台

直播行业的平台类型同样丰富多样。传统网络直播平台如虎牙、斗鱼等，凭借其专业的技术实力和丰富的运营经验，在行业内占据重要地位。它们不仅拥有庞大的用户群体和完善的生态系统，还通过不断创新和优化服务体验，赢得了用户的青睐。

与此同时，社交媒体平台如抖音、快手、微信视频号等也纷纷加入直播大军。这些平台凭借其庞大的用户基数和强大的社交属性，为直播行业注入了新的活力和动力。主播们可以在这些平台上与观众进行更加紧密的互动和交流，建立起更加稳固的粉丝基础。

电商平台如淘宝、京东等也利用直播形式进行商品销售和推广。这种“边看边买”的购物模式不仅提升了用户的购物体验，也促进了商品的销售和转化。长视频平台如哔哩哔哩、爱奇艺等则通过直播形式为用户提供更多元化的内容选择和服务体验。

（三）技术实现方式：直播的基石与支撑

直播的技术实现方式也是分类的重要标准之一。实时视频直播以其直观、生动的特点成为主流形式之一。观众可以实时看到主播的画面和动作，感受到身临其境的观看体验。实时音频直播则更注重声音的传递和表达，适用于音乐、电台等领域。图文直播则通过文字和图片的形式进行内容呈现，适用于一些对画面要求不高的场景。

随着技术的不断进步和创新，直播的技术实现方式也在不断更新和升级。例如，VR（虚拟现实）和 AR（增强现实）技术的应用让直播变得更加沉浸式和互动化；人工智能（AI）技术的应用则可以实现智能剪辑、自动推荐等功能，提升直播的效率和效果。

（四）参与主体：直播的推动者与参与者

直播行业的参与主体包括个人、企业、媒体等。个人主播是直播行业的中坚力量之一，他们凭借自己的才华和魅力吸引了大量粉丝和观众。企业直播更加注重品牌传播和商业价值实现，通过官方直播形式进行产品推广和品牌形象塑造。媒体直播则凭借其专业的新闻素养和强大的传播能力为观众提供及时、准确的新闻资讯和报道。

这些参与主体在直播行业中发挥着各自独特的作用和价值，共同推动了直播行业的不断发展和壮大，为观众带来了更加丰富多样的观看体验和服务选择。

（五）商业模型：直播的盈利与变现

直播行业的商业模型同样多样且灵活。打赏模式是最常见的盈利方式之一，观众可以通过打赏支持自己喜欢的主播并表达自己的喜爱之情。广告模式是通过在直播中嵌入广告获得收益的一种方式，广告主可以通过直播平台精准地触达目标受众并实现品牌传播和销售转化。付费订阅是观众付费订阅直播内容以获取更多优质内容和服务的模式之一。电商直播通过直播带货实现商品销售并获得佣金收益。

这些商业模型不仅为直播平台带来了可观的收益和利润，也为整个直播行业的可持续发展提供了有力支撑。

（六）用户年龄层与地域：直播的受众与市场

直播行业的受众群体广泛且多元化。从儿童到成人，从城市到乡村，不同年龄段和地域的观众都有着自己的观看需求和偏好。因此，直播行业需要根据不同受众群体的特点和需求进行精准定位和差异化服务以满足其需求并赢得其青睐。

同时，地域因素也对直播行业的发展产生着重要影响。全国性直播平台可以覆盖更广泛的受众群体并实现更大规模的用户增长；而地方性直播平台则可以更深入地挖掘当地市场潜力和资源优势以实现特色化发展。

（七）行业应用：直播的拓展与融合

随着技术的不断发展和应用场景的不断拓展，直播行业已经逐渐渗透到各个行业中并实现深度融合。医疗直播为观众提供医疗咨询和健康教育服务；房产直播展示房产信息和销售情况；汽车直播为观众带来汽车展示和试驾体验等。除了这些，还有旅游直播、金融直播等。

这些行业应用不仅为直播行业带来了更多的发展机遇和市场空间，也为相关行业的转型升级和创新发展提供了有力支持。未来，随着技术的不断进步和应用场景的不断拓展，直播行业还将继续深化与各行业的融合与合作，以实现更加广泛和深入的发展。

综上所述，直播行业是一个充满活力和潜力的领域。通过从不同维度进行分类探讨，我们可以更全面地了解其发展状况和内在价值。未来，随着技术的不断进步和用户需求的不断变化，直播行业还将继续迎来新的发展机遇和挑战，并为我们带来更多惊喜和可能。

二、主流平台特点比较

当前主流的直播平台各具特色，它们在内容、用户群体、引流策略和运营模式上都有所不同，形成了各自独特的市场定位和竞争优势。以下是对几个主要直播平台的详细分析：

（一）快手直播

1. 特点

快手平台以其独特的社区氛围和强大的用户互动性而著称。它不仅提供短视频分享，还深度整合了直播功能，使得内容创作者能够与观众实时互动，形成紧密的社区联系。平台内容覆盖广泛，从日常生活分享到才艺展示，再到教育和知识传播，应有尽有。

2. 目标群体

快手的用户群体非常广泛，尤其在三四线城市和农村地区拥有庞大的用户基础。这些用户更倾向于寻找贴近生活、真实感人的内容，并积极参与互动性强的直播活动。

3. 引流手段

快手利用其强大的算法推荐系统，能够根据用户的浏览历史和喜好，精准推送个性化内容，从而提高用户的观看时长和参与度。此外，平台经常举办各种挑战赛和互动活动，通过奖励机制鼓励用户创作内容，进一步增强用户黏性。

4. 运营模式

快手的盈利模式多元化，包括广告收入、直播打赏、电商平台的交易佣金等。平台还积极与 MCN 机构合作，培养和支持内容创作者，共同构建繁荣的内容生态系统。

（二）抖音直播

1. 特点

抖音以其创新的内容形式和强大的算法推荐系统而闻名。平台上的短视频内容创意十足，视觉效果出色，能够迅速吸引用户的注意力。抖音的界面设计简洁，操作流畅，使用户在浏览和分享内容时感到轻松愉快。

2. 目标群体

抖音的主要用户群体是追求时尚、潮流的年轻人。他们喜欢新鲜事物，乐于尝试和分享，对生活品质有一定的追求。抖音的内容和功能设计，正是围绕这一群体的兴趣和习惯进行优化。

3. 引流手段

抖音通过热门话题和挑战赛等形式，激发用户的创作热情，鼓励用户制作和分享原创内容。同时，平台与明星、网红和意见领袖的合作，进一步提升了内容的吸引力和平台的知名度。

4. 运营模式

抖音的盈利模式主要依赖广告收入，同时也在积极探索电商、直播打赏等多元化变现途径。平台不断优化算法，提升用户体验，以保持用户的高活跃度和参与度。

（三）微信视频号直播

1. 特点

微信视频号直播依托微信庞大的用户基础，具有天然的社交属性和流量优势。用户无须下载额外的应用程序，即可在微信内直接观看直播，实现无缝跳转和分享。

直播内容多样化，既包括专业主播的才艺展示、产品推荐，也涵盖用户日常生活的分享，满足了用户多样化的观看需求。

2. 目标群体

微信视频号直播的目标群体广泛，覆盖各个年龄段和兴趣爱好的用户，尤其是那些在微信平台上活跃、喜欢社交分享的用户群体。

3. 引流手段

借助微信生态内的朋友圈、公众号、小程序等渠道，通过社交裂变的方式快速引流。同时，平台也会通过算法推荐和热门话题引导，吸引用户进入直播间。

4. 运营模式

微信视频号直播的盈利模式包括广告、打赏、电商销售等。平台鼓励内容创作者通过直播带货实现流量变现，同时也为商家提供直播营销解决方案，助力品牌宣传和产品销售。

（四）拼多多直播

1. 特点

拼多多直播以“社交+电商”为核心理念，将直播与购物紧密结合，为用户提供边看边买的购物体验。平台上的商品价格实惠，吸引了大量追求性价比的消费者。

2. 目标群体

拼多多直播的主要目标群体是下沉市场的用户，以及注重性价比和团购优惠的消费者。他们喜欢在直播中寻找优惠商品，享受团购带来的乐趣。

3. 引流手段

通过拼多多 App 内的推荐位、活动页面和消息推送等方式，引导用户进入直播间。同时，平台也会与商家合作，通过优惠券、举办秒杀等促销活动吸引用户关注和参与。

4. 运营模式

拼多多直播的盈利模式主要包括商品销售的佣金收入和广告收入。平台通过直播带货促进商品销售，实现流量变现。同时，也为商家提供流量支持和营销工具，助力其扩大销售规模。

（五）淘宝直播

1. 特点

淘宝直播专注于电商领域，将直播与购物体验无缝结合。平台上的直播内容不仅包括商品展示和介绍，还有各种互动环节，如问答、抽奖等，使得购物过程更加生动有趣。

2. 目标群体

淘宝直播的目标用户主要是网购爱好者，尤其是那些追求性价比和便捷购物体验的消费者。他们喜欢通过直播了解商品详情，与主播互动，从而做出更明智的购买决策。

3. 引流手段

淘宝直播依托淘宝平台庞大的用户基础和流量资源，通过内部推荐和外部社交媒体宣传相结合的方式，吸引用户进入直播间。同时，邀请明星和网红进行直播带货，利用他们的影响力和粉丝基础，进一步扩大用户群体。

4. 运营模式

淘宝直播的盈利模式主要依靠商品销售的佣金收入，同时包括广告和品牌合作等多元化收入来源。平台注重商品品质和购物体验，致力于为用户提供更加丰富和高质量的购物服务。

（六）虎牙直播

1. 特点

虎牙直播以游戏直播为核心，拥有大量知名游戏主播和丰富的电竞赛事资源。平台的直播画质高、延迟低，为游戏爱好者提供了极佳的观看体验。此外，虎牙直播还提供弹幕评论、游戏社区等互动功能，增强了用户的参与感。

2. 目标群体

虎牙直播的主要用户群体是游戏爱好者和电竞粉丝，尤其是年轻男性用户。他们对游戏内容有着极高的热情，喜欢观看高水平的游戏直播和赛事。

3. 引流手段

虎牙直播通过举办各类游戏赛事和活动，吸引用户关注和参与。同时，与游戏厂商、电竞战队和知名游戏主播合作，提升了平台的知名度和吸引力。

4. 运营模式

虎牙直播的盈利模式包括广告、打赏、会员服务等。平台还探索了游戏联运、周边商品销售等变现途径。虎牙直播致力于为用户提供高质量的游戏直播和赛事观看体验，同时也在不断拓展与游戏相关的其他服务。

快手直播　抖音直播　视频号直播　淘宝直播　拼多多直播　虎牙直播

可以看到，各个直播平台在目标群体、引流手段和运营模式上各有侧重。前三个直播平台更侧重于社交分享和多元化内容展示，而淘宝、拼多多这类直播平台则更聚焦于下沉市场和性价比商品的销售。大家都充分利用了自身的平台优势和用户基础，通过创新的运营模式和服务，为用户带来更加丰富的直播体验和购物体验。

通过上述分析，我们可以看到，每个直播平台都有自身的优势和特色，它们通过不同的策略吸引和维护各自的用户群体，形成了多元化的直播生态。用户可以根据自己的兴趣和需求，选择最适合自己的直播平台，享受丰富多彩的直播内容和互动体验。

平台	分析项目	要点	具体分析
微信	用户分析	性别	男性 56%，女性 44%
		年龄	全阶段年龄
		地域	全分布地域
		兴趣	3C、游戏、家居生活、旅游、汽车、奢侈品、娱乐、孕产育
	引流	引流触点	微信生态：微信公众号、视频号、朋友圈基本可以相对开放地引流，特别是公众号和朋友圈，直接发送二维码就可以。 视频号主要通过挂链和主页简介，包括小店简介和公众号链接都可以引流
		注意事项	目前视频号不断发展壮大，未来是个不可不做的主战场； 微信的用户群体相对非常平均，用户量大，所以变现能力是非常强的
	转化思路	引流触点	广点通、粉驻裂变、矩阵账号互导、异业合作导流
		注意事项	优化朋友圈海报设计、广点通落地页展示设计
小红书	用户分析	性别	男性 31%，女性 69%
		主力年龄	18~35 岁
		地域	一线或者新一线城市
		兴趣	家居生活、旅游、美食、娱乐、美妆等
	引流	前景	小红书的用户在快速增长，且用户黏性较强
		起点	小红书对新作者相对友好，引流的限制比较严格，起号的门槛较低
	转化思路	引流触点	适当以个人简介、私信和收藏的方式导流到私域
		项目列举	个人成长提升、减肥健身、美妆、品牌种草、宠物等
微博	用户分析	性别	男性 45%，女性 55%
		主力年龄	18~35 岁
		地域	一线或者新一线城市
		兴趣	社会、旅游、美食、娱乐、美妆等
	引流	通过图文评论区和私信进行引流，多应用滚动式播报式引流	
		微博的玩法一般是实时号搜索、超话大 V 截流等	
	转化思路	玩法不算丰富，但是更多会用于某些品牌的官宣渠道	

三、主流平台入驻条件与要求

以下是抖音、快手、微信视频号、淘宝、拼多多五个直播平台的入驻条件和要求对比分析。

（一）抖音

1. 账号基础要求

（1）年龄需满 18 周岁；

（2）完成实名认证。

2. 粉丝及内容要求

账号粉丝数量需达到 1000 及以上，且个人主页的视频数量（公开且审核通过）需达到 10 条及以上。这是为了确保主播具有一定的内容创作能力和受众基础，能够有效吸引观众进入直播间。

3. 其他要求

直播内容要符合平台的规定和政策，不得出现违法违规、低俗暴力、虚假宣传等不良信息。

（二）快手

1. 账号基础要求

（1）实名认证，用户需提供真实有效的身份证件信息；

（2）账号注册时间须超过 7 天；

（3）发布公开作品须达到 1 个及以上；

（4）粉丝数量需超过 6 个；

（5）连续 7 天每天观看至少 1 分钟的视频（部分用户可能需满足此项条件才能激活直播权限）。

2. 行为规范要求

必须遵守平台的直播行为准则，包括言行文明、不得进行人身攻击等；确保直播内容合法合规，不得侵犯他人权益等。

（三）微信视频号

1. 带货身份区别

（1）若有货源且想售卖自营商品，需开通视频号小店，分为企业店和个体店两种形式。企业店需提供营业执照、经营者身份证件、超级管理官身份证件以及对公/对私银行账户等资料（有品牌的还需品牌授权书、商标注册证等）；个体店需提供营业执照、经营者身份证件、超级管理官身份证件以及对公/对私银行账户等资料。

（2）若无货源想通过带货变现，可选择成为带货达人，但也需进行相关的身份验证和账号绑定等操作。

2. 账号基础要求

账号需完成注册和基本的信息设置，保证账号的合法性和真实性。

（四）淘宝

1. 账号相关要求

（1）拥有一个淘宝账号且完成实名认证，同时账号的信用积分不得低于一定标准（部分情况下有此要求）；

（2）若个人申请直播，最好有一定的粉丝基础和内容创作能力，但目前也有针对新主播或商家的扶持政策，降低了部分门槛。

2. 店铺关联要求

通常需要关联一个已开设的淘宝店铺，如果没有店铺则需先创建店铺。店铺需具备一定的运营经验和良好的数据表现，如店铺等级、销量、主营类目商品数等方面达到一定要求，具体标准会因平台政策和类目的不同而有所差异。

3. 其他要求

遵守淘宝直播平台的规则和协议，直播内容符合法律法规和平台规定，准备好直播设备以确保直播质量。

（五）拼多多

1. 商家资质要求

（1）在拼多多平台上有正规的店铺，并完成店铺认证；

（2）商家需具备良好的商业信誉，店铺经营状况正常，无严重违规记录。

2. 商品要求

直播商品需要符合拼多多平台的规定，保证商品质量和售后服务。直播内容要具有吸引力和购买性，能够引导观众关注和购买商品。

3. 设备及推广要求

准备好直播设备，如摄像头、麦克风等，确保直播画质和声音效果良好。同时，商家需要制定直播推广计划，包括直播时间、促销活动等。

知识训练与巩固

一、单项选择题

1. 以下哪种直播的直播内容包括游戏赛事解说和游戏玩法展示（　　）

A. 电商直播　　B. 在线教育直播　　C. 游戏直播　　D. 美食直播

2. 当直播内容以售卖商品和产品介绍为主时，这种直播属于以下哪一类(　　)

A. 娱乐直播　　B. 电商直播　　C. 教育直播　　D. 旅游直播

3. 如果直播内容主要是教师在线教授课程和答疑解惑，这种直播应归类为(　　)。

A. 游戏直播　　B. 在线教育直播　　C. 电商直播　　D. 体育直播

4. 主播通过直播与粉丝聊天互动，展示日常生活，这种直播内容通常属于以下哪一类(　　)

A. 生活分享直播　　B. 游戏直播　　C. 教育直播　　D. 金融直播

5. 涉及实时解说体育赛事的直播内容应该被归类为什么类型的直播(　　)

A. 游戏直播　　B. 体育直播　　C. 教育直播　　D. 美食直播

6. 主播在直播中进行唱歌、跳舞等才艺展示，这种直播属于以下哪一类(　　)

A. 教育直播　　B. 游戏直播　　C. 娱乐直播　　D. 电商直播

7. 直播内容主要是主播对当前热点新闻事件的评论和分析，这种直播应被归为什么类型(　　)

A. 新闻直播　　B. 游戏直播　　C. 教育直播　　D. 体育直播

8. 主播在直播中进行化妆技巧分享和产品测评，这种直播内容通常属于哪一类(　　)

A. 美妆直播　　B. 游戏直播　　C. 教育直播　　D. 旅游直播

9. 主播进行烹饪演示和美食介绍的直播内容应该被归为什么类型的直播(　　)

A. 美食直播　　B. 教育直播　　C. 游戏直播　　D. 旅游直播

10. 主播提供金融投资建议和市场分析的直播内容属于以下哪一类(　　)

A. 金融直播　　B. 教育直播　　C. 体育直播　　D. 美食直播

11. 根据《关于加强网络直播规范管理工作的指导意见》，网络直播平台应持有哪种许可证(　　)

A. 网络文化经营许可证　　B. 信息网络传播视听节目许可证

C. 互联网新闻信息服务许可证　　D. 以上都是

12. 网络直播平台在提供服务时应遵循的原则是什么(　　)

A. 仅追求经济效益　　B. 遵守法律法规和公序良俗

C. 只关注用户数量增长　　D. 忽视内容审核

13. 网络直播平台对主播的着装和行为举止有何要求(　　)

A. 无特别要求　　B. 应符合社会主义核心价值观

C. 可以穿着暴露　　D. 可以随意发表政治言论

14. 网络直播平台应如何保护未成年人的权益(　　)

A. 允许未成年人自由注册和打赏　　B. 提供青少年模式

C. 不限制未成年人观看时间　　D. 允许未成年人参与成人内容直播

15. 网络直播平台对于直播内容的审核应采取哪些措施(　　)

A. 不需要审核　　B. 只依赖主播自我管理

C. 建立内容审核机制　　D. 忽略用户举报

16. 网络直播平台对于主播的违法行为应如何处理(　　)

A. 忽视不管　　B. 立即上报监管部门

C. 鼓励违法行为　　D. 私下解决

17. 网络直播平台对于用户举报的违法直播内容应如何响应(　　)

A. 忽略不计　　B. 及时受理并处理

C. 要求用户提供法律文件　　D. 拒绝受理

18. 网络直播平台对于主播的培训和考核应包括哪些内容(　　)

A. 仅包括直播技术培训　　B. 包括法律法规和职业道德教育

C. 不需要培训和考核　　D. 只关注提高打赏技巧

19. 网络直播平台对于直播营销活动应如何管理(　　)

A. 不需要管理　　B. 建立直播带货管理制度

C. 允许虚假宣传　　D. 不限制商品类别

20. 网络直播平台对于主播的法律责任有哪些要求(　　)

A. 主播无法律责任　　B. 主播应依法依规开展直播活动

C. 主播可以随意侵犯他人权益　　D. 主播可以传播违法信息

实操记录表

任务	任务内容	指定完成时间	完成状态	评价等级/分数	导师评语
任务一	制作直播平台分析比对思维导图				
任务二	制作直播平台选择分析报告 PPT				
任务三	分组上台进行陈述展示				
选择题					

完成状态用指定符号标注：按时完成√，迟交▲，缺交×。

附答案和解释

1. 答案：C　解释：游戏直播专注于游戏相关内容，包括游戏赛事解说和游戏玩法展示。

2. 答案：B　解释：电商直播的主要目的是销售商品，通常包括产品介绍和推销。

3. 答案：B　解释：在线教育直播涉及教师通过直播平台进行课程教授和答疑。

4. 答案：A　解释：生活分享直播通常指主播与观众分享个人生活、日常活动或旅行经历等内容。

5. 答案：B　解释：体育直播专注于体育赛事的实时解说和分析。

6. 答案：C　解释：娱乐直播包括主播的才艺展示，如唱歌、跳舞、脱口秀等。

7. 答案：A　解释：新闻直播是主播对正在发生或近期发生的新闻事件进行实时评论和分析的直播类型。

8. 答案：A　解释：美妆直播专注于美容化妆技巧的分享、化妆品的测评和推荐。

9. 答案：A　解释：美食直播是主播通过直播展示烹饪过程、分享美食制作技巧和介绍美食的直播类型。

10. 答案：A　解释：金融直播是主播提供金融信息、投资建议和市场趋势分析的直播类型，通常针对投资者和金融爱好者。

11. 答案：D　解释：根据规定，网络直播平台在开展不同类别的直播活动时，需持有相应的许可证，包括网络文化经营许可证、信息网络传播视听节目许可证、互联网新闻信息服务许可证等。

12. 答案：B　解释：网络直播平台在提供服务时应遵守法律法规，遵循公序良俗，坚持正确导向，营造积极健康的网络环境。

13. 答案：B　解释：主播在着装和行为举止上应符合社会主义核心价值观，积极健康，不得含有违法违规内容。

14. 答案：B　解释：网络直播平台应提供青少年模式，限制未成年人观看不适宜的内容，并保护他们免受网络侵害。

15. 答案：C　解释：网络直播平台应建立内容审核机制，对直播内容进行有效管理，确保内容的合法合规。

16. 答案：B　解释：网络直播平台对于主播的违法行为应立即上报监管部门，并采取相应的平台处罚措施。

17. 答案：B　解释：网络直播平台应建立有效的用户举报机制，对于用户举报的违法直播内容应及时受理并处理。

18. 答案：B　解释：网络直播平台应对主播进行法律法规和职业道德的教育，确保主播在直播活动中遵守相关法律法规。

19. 答案：B　解释：网络直播平台应建立直播带货管理制度，对直播营销活动进行规范管理，确保合法合规。

20. 答案：B　解释：网络直播平台要求主播应依法依规开展直播活动，不得从事违法违规活动，维护良好的网络直播秩序。

第三节　直播电商岗位及从业人员素养

知识导图

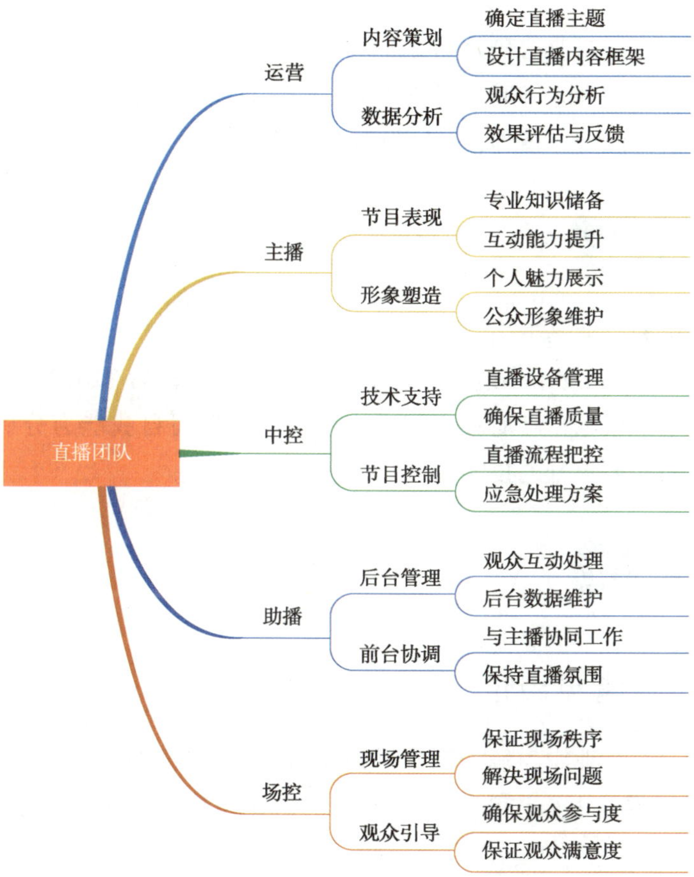

学习任务目标

一、知识目标

（1）掌握直播电商的主要岗位；

（2）了解各岗位的基本职责；

(3) 熟悉各岗位在直播运营流程中的分工与职责；

(4) 了解电商直播的法律法规。

二、技能目标

(1) 在团队中能够根据个人能力特长进行有效分工；

(2) 能根据各团队角色特点找到自己的素养提升点。

三、素养目标

(1) 培养对电商直播行业的热爱和专业精神，不断提升个人专业水平和服务质量；

(2) 树立诚信经营的理念，遵守行业规范，确保直播内容的真实性和可靠性；

(3) 培养良好的团队合作精神，与团队成员协作，实现直播项目的成功。

工作基本流程

任务一：默写电商行业基本岗位及相关职责。

任务二：以小组为单位对本小组人员进行能力特长摸查，然后对组内人员进行分工到岗。

任务三：每个学生根据自己所在小组内岗位分配，撰写自我能力分析表，要求指出自己对应特长、不足及需要提升的技能。

相关知识学习

一、直播行业常见岗位

在日新月异的直播行业中，每个岗位都扮演着至关重要的角色，它们共同编织出了一幅丰富多彩的直播画卷。下面，我们将深入剖析这些岗位的职责、要求及其背后的价值，揭示直播背后的秘密。

直播间各个岗位职责

运营

直播前：选品、直播脚本、预热宣传、标题封面
直播中：与主播互动、检查流量、解决突发情况
直播后：直播复盘，话术优化

中控

直播前：熟悉脚本与产品、话术准备、选品、配合预热宣传
直播中：与主播互动，提供中控台参考
直播后：直播复盘

主播

直播前：熟悉脚本与产品话术、选品、配合预热宣传
直播中：商品讲解与展示、引导用户互动、促进下单转化
直播后：直播复盘，话术优化

投手

直播前：制定投流计划
直播中：直播投流
直播后：投流效果分析

客服 确定订单状态、处理中差评、联系未付款客户、整理客户资料

（一）主播——直播舞台上的璀璨明星

主播，作为直播活动的核心，他们的职责远不止于简单地展示产品或与观众互动。他们需要凭借独特的个人魅力、丰富的专业知识以及敏锐的洞察力，将每一次直播打造成为一场场引人入胜的盛宴。从产品的详细介绍到销售引导，从氛围的营造到情绪的调动，主播的每一个细节都至关重要。为了胜任这一角色，主播们需要具备出色的沟通能力、亲和力，以及高情商和应变能力，能够在瞬息万变的直播环境中游刃有余。

据统计，优秀的主播往往能够吸引数倍于普通主播的观众流量，其带货能力更是令人瞩目。这背后，离不开主播们日复一日的努力和积累。他们通过不断学习产品知识、提升直播技巧，以及与观众的深度互动，逐渐建立起自己的粉丝群体，成为直播领域的佼佼者。

（二）直播运营——幕后的策划大师

如果说主播是直播舞台上的明星，那么直播运营则是幕后的策划大师。他们负责整个直播项目的策划、组织和执行，从直播计划的制定到内容的策划，从流程的控制到数据的分析，无一不体现着他们的智慧和汗水。直播运营人员需要熟悉直播平台的规则和运营模式，具备敏锐的市场洞察力和数据分析能力，能够根据观众的需求和市场变化，灵活调整直播策略，实现直播效果的最大化。

在数据为王的时代，直播运营人员还需要通过数据分析工具，对直播数据进行深入挖掘和分析，为运营决策提供有力的数据支持。他们通过分析观众的行为习惯、消费偏好等数据，不断优化直播内容和形式，从而提升观众的参与度和满意度。

（三）技术运维——坚实的后盾保障

技术运维团队是直播活动的坚实后盾。他们负责直播平台的技术支持和维护，确保直播活动的顺利进行。无论是服务器的维护、功能的开发，还是系统的优化、安全保障，技术运维人员都需要具备扎实的编程能力和丰富的技术经验。他们如同直播活动的守护者，时刻关注着直播平台的运行状态，确保观众能够享受流畅、稳定的直播体验。

在直播行业竞争日益激烈的今天，技术运维团队的重要性越发凸显。通过不断引入新技术、优化系统架构、提升系统性能等措施，为直播活动提供了强有力的技术支撑和保障。

（四）内容策划——创意的源泉

内容策划团队是直播活动的创意源泉。他们负责直播内容的设计和规划，从脚本编写到流程制定，从内容创意到呈现方式选择，都离不开他们的精心策划和巧妙安排。内容策划人员需要具备较强的创意和策划能力，能够根据直播主题和观众需求，设计出既符合品牌形象又能吸引观众眼球的直播内容。

在内容为王的时代，优质的内容是吸引观众的关键。因此，内容策划团队需要不断关注市场动态和观众需求的变化，及时调整和优化直播内容策略，以满足观众多样化的需求。同时，还需要与主播、直播运营等团队密切合作，共同打造高质量的直播内容。

（五）场控/助理——细致入微的帮手

场控/助理是主播的得力助手。他们负责协助主播进行直播活动，包括产品展示、操作演示、现场秩序维护等。场控/助理人员需要具备一定的产品知识和操作能力，能够迅速响应主播的需求并准确执行指令。同时，还需要具备良好的组织能力和沟通能力，能够协调好直播现场的各个环节，确保直播活动的顺利进行。

在直播过程中，场控/助理的细致工作往往能够给观众留下深刻的印象。他们通过精心布置直播场景、调整灯光与音效等方式营造出良好的直播氛围；通过及时回应观众的问题和反馈，提高观众的参与度和满意度。

（六）客服——沟通的桥梁

客服团队是直播活动中与观众沟通的桥梁。他们负责与观众互动，包括回答观众问题、处理投诉和建议以及维护直播间秩序等工作。客服人员需要具备良好的沟通能力和服务意识，能够耐心细致地为观众答疑解惑并处理相关问题。同时，还需要关注观众的需求和反馈，及时调整和优化服务策略，以提升观众的满意度和忠诚度。

在竞争激烈的直播市场中，优质的客户服务是吸引和留住观众的关键。因此，客服团队需要不断提升自身的服务水平和专业素养，以更好地满足观众的需求和期望。

（七）数据分析——洞察未来的慧眼

数据分析团队是直播活动中的智囊团。他们负责收集和分析直播数据，为运营决策提供数据支持。数据分析人员需要具备较强的数据分析能力和对数据的敏感度，能够通过对直播数据的深入挖掘和分析发现其中的规律和趋势，为运营决策提供有力的数据支撑。

在数据驱动的时代，数据分析团队的重要性不言而喻。他们通过精准的数据分析为直播活动提供科学的决策依据，帮助运营团队更好地把握市场脉搏和观众需求，从而制定出更加精准有效的营销策略和推广计划。

（八）推广营销——扩大影响力的推手

推广营销团队是直播活动中的宣传推手。他们负责直播间的宣传和推广工作，包括制定营销计划和宣传策略，以及运用各种推广工具和手段扩大直播间的知名度和影响力。推广营销人员需要熟悉平台的推广工具和营销策略，并关注市场趋势和竞争态势，以便制定更加精准有效的推广计划。

在直播行业中，优秀的推广营销团队能够迅速提升直播间的曝光度和关注度，为直播活动带来更多的流量和观众。他们通过精心策划的营销活动、精准的推广策略以及高效的执行能力，为直播活动注入强大的动力。

（九）短视频制作——吸引眼球的利器

短视频是直播活动中吸引观众眼球的利器。短视频制作团队负责拍摄和制作主播的短视频，以更加生动、有趣的方式展现主播的风采和魅力，吸引更多的观众和粉丝。短视频制作人员需要掌握一定的拍摄和剪辑技巧，并了解平台规则和用户需求，以便制作出符合平台规定和观众喜爱的短视频作品。

在短视频盛行的时代，优秀的短视频作品能够迅速在网络上走红，为直播活动带来更多的曝光和关注。因此，短视频制作团队需要不断提升自身的创作能力和技术水平，以制作出更优质、更具吸引力的短视频作品。

（十）内容审核——守护合规的卫士

内容审核团队是直播活动中的合规卫士。在一些成熟的公司中，会有专门的法务部门，负责审核直播内容，确保其合法合规。内容审核人员需要对法律法规有一定的了解，并具备判断直播内容是否合规的能力，以便及时发现并处理违规内容，促进直播行业的健康有序发展。

随着直播行业的快速发展，合规问题也日益受到关注。因此，内容审核团队的重要性越发凸显，通过严格的内容审核机制，确保直播内容的合法合规性，为观众提供一个安全、健康的直播环境。

综上所述，直播行业中的每一个岗位都至关重要，它们共同协作，确保了直播活动的顺利进行和直播内容的高质量。在未来的发展中，我们相信随着技术的不断进步和市场的不断拓展，直播行业将会迎来更加广阔的发展空间和更加美好的发展前景。

	人员	职责
直播间人员职能划分	主播	负责直播全程，引导观众，保持直播间活跃
		根据产品特点调动观众情绪，增加产品关注度
		引领话题，掌控直播节奏
		带动观众情绪，提高互动率
		商品介绍，介绍产品特点
		处理观众提问，回答问题
		互动送礼物，维护直播间气氛
	副播	辅助主播工作，协助介绍产品
		配合主播进行问答，提供意见
		调节直播间气氛，带动观众情绪
		处理细节问题，维护直播秩序
		后期数据整理，分析直播效果
	助播/助理	协助主播进行产品讲解，引领观众互动
		配合主播进行多场直播，维护直播间形象
		协助主播和副播的工作
		提前准备直播素材和资料
		监控直播数据，反馈问题
		协助处理观众问题，维护直播间秩序
		协助主播发货及售后，提高效率
		协助处理直播中出现的突发事件
	场控/运营	负责直播间的氛围营造，利用互动游戏增加观众活跃度
		负责解答观众问题，引导观众关注直播间，提升直播效果
		负责对接推广，利用各类推广渠道推广直播间
	后台支持及数据整理	统计直播数据，分析观众需求和行为，反馈给相关部门
		收集直播素材和资料
		负责直播视频剪辑、包装和发布
		维护直播间形象，确保直播间环境干净整洁
		负责前期和后期视频剪辑、发布等工作

岗位	直播前	直播中	复盘
直播PM	制定每周直播排期； 推进 BD 对接商家； 推进各小组直播进度； 把控直播物料； 落实各岗位人员任务	协调各岗位职能分工； 把控直播质量； 解决直播中出现的突发问题； 客户沟通对接	整理复盘整场直播的经验，撰写文档； 组织召开复盘分享会
视觉中控	预热视频制作； 直播间包装物料准备； 直播间网络测试； 直播间设备调试； 虚拟直播间配置	预热视频发布； 直播间记录； 虚拟直播间控台； 副机位摄像	技术复盘与优化； 预热视频效果复盘
直播运营	提前上架团购商品； 告知全员本场直播玩法； 检查直播间各项开播前准备	上架商品、开价、改价； 数据监测、数据截图； 画调跟进、调动人员； 直播间弹幕管理	统计数据：观看人数、停留人数、ROI、GMV、UV 值、转化率等； 数据分析：商品点击率、转化率等； 制定下场直播的投放策略及直播策略
	投放模型； 数据分析； 团队协调对接	dou+投放； 商品点投、成交数据监测； 投放数据及时跟进汇报； 根据数据及时调整产品组合	
主播	1～2 小时，刷直播、抄话术、分类、关键词； 每个直播间 15 分钟：看画面、看货盘、看主播、听解说	产品话术、场景化搭建话术； 增加信任感话术； 憋单话术； 展示福利品、优惠信息	话术复盘调整； 整理直播产品、还原直播间
助播	熟悉福利信息； 熟悉活动信息	介绍福利； 根据场控数据信息提示主播； 逼单； 产品更换	

二、直播行业从业人员应具备的职业素养

在互联网高速发展的时代，直播行业以其独特的魅力和广泛的受众群体迅速崛起，成为不可忽视的重要力量。然而，随着行业的繁荣，也暴露出了一系列的问题和挑战。为了应对这些挑战，直播行业的从业人员必须具备一系列的职业素养，以确保行业的健康有序发展。

（一）遵守法律法规

遵守法律法规是直播行业从业人员的首要职责。网络直播作为互联网的重要组成部分，

必须严格遵守国家关于网络直播的法律法规。这包括但不限于版权法、广告法和网络安全法等。从业人员需要时刻保持警惕，确保自己的直播内容不触碰法律红线，不从事任何违法违规的活动。只有这样，才能为观众提供一个安全、健康的网络环境，也为自己的职业生涯奠定坚实的基础。

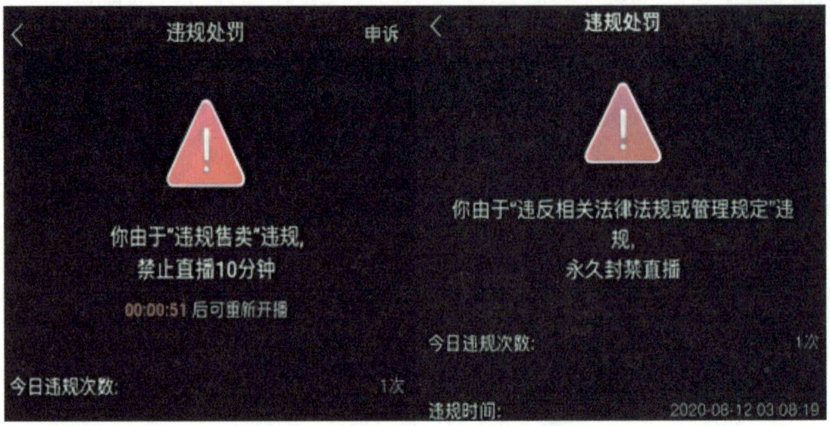

在直播内容平台中，一般会有被称为“雷区”的违禁词。作为直播行业从业人员，这些词必须谨记在心，以下是一些常见的违禁词。

直播带货违禁词

禁用词明细	常见违禁词
表示权威	国家××领导人推荐、国家××机关推荐、国家××机关专供/特供、质量免检、无须国家质量检测、免抽检、人民币图样(央行批准的除外)、老字号、中国驰名商标等
包含“首/家/国”	首个、首先、全球首发、全国首家、全网首发、首款、首家、独家、独家配方、全国销量冠军、国家级产品、国家(国家免检)、国家领导人、填补国内空白等
包含“最”	最、最佳、最具、最爱、最赚、最优、最先进、最优秀、最好、最大/最大限度、最高、最高级、最高档、最奢侈、最低、最低级、最低价、最便宜、时尚最低价、最流行、最受欢迎、最时尚、最聚拢、最符合、最舒适、最先、最先进、最先进科学、最先进加工工艺、最先享受、最后、最后一波、最新、最新科技、最新科学等
包含“一”	第一、中国第一、全网第一、销量第一、排名第一、唯一、第一品牌、No.1、TOP1、独一无二、全国第一、一流、一天、仅此一次(一款)、最后一波、全国×大品牌之一等
包含“级/极”	国家级(相关单位颁发的除外)、全球级、宇宙级、世界级、顶级(顶尖/尖端)、顶级工艺、顶级享受、极品、极佳(绝佳/绝对)、终极、极致等
表示绝对且无法考证	绝对值、绝对、大牌、精确、超赚、领导品牌、领先上市、巨星、著名、奢侈、世界/全国×大品牌之一、世界级、金牌、名牌、世界领先、顶级工艺、王牌、销量冠军、极致、永久、掌门人、领袖品牌、绝无仅有、史无前例、万能、100%、国际品质、高档、正品等

续表

禁用词明细	常见违禁词
迷信用语	带来好运气、增强第六感、化解小人、增加事业运、招财进宝、健康富贵、提升运气、有助事业、护身、平衡正负能量、消除精神压力、调和气压、逢凶化吉、时来运转、万事亨通、旺人、旺财、趋吉避凶、转富招福等
虚假内容	史无前例、前无古人、永久、万能、祖传、特效、无敌、纯天然等

面对各种违禁词，专业的直播行业从业人员通常会想办法进行合理合法的规避，例如，对于禁用词可以选择使用一些意思类似的替换词。下表为一些替代词的常见用法。

违禁词	替换词
权威	国际、资深
全球领先、全国领先	遥遥领先
国家级、世界级、最高级	高级
领导	领先、引领
首榜	名列前茅
首批	头一次
首发	刚刚发
首播	刚刚开播、新主播
首选	优选
首席、第一人	负责人
最便宜	地板价
最新	新鲜出炉
最新款	本季新款
最	较、理想、超出
最全	齐全
最强	优秀、优异、卓越
最强	强韧、优异
全网最快	当天发货、闪电配送无须等待
王牌、销量冠军	领先
领导品牌	专业品牌
第一、唯一、No. 1、TOP1、一流	仅此、当先
仅此一天/次/款、最后一波、全国×大品牌之一	只在今日/次、中国××品牌佼佼者
独一无二、独家、绝无仅有	精工铸造、少有

（二）确保内容健康

内容健康是直播行业的生命线。直播作为一种新兴的传播方式，其影响力日益增强。因此，从业人员必须保证直播内容的积极健康，不传播低俗、暴力、淫秽色情等不良信息。这些不良信息不仅会对观众造成负面影响，还会损害直播行业的整体形象。

案例1：在2024年1月，抖音就封杀近5000位主播。公布的封杀原因是：抖音直播新版健康分正式生效，其中190名主播被无限期回收直播权限，303名主播被关闭收礼物权限。

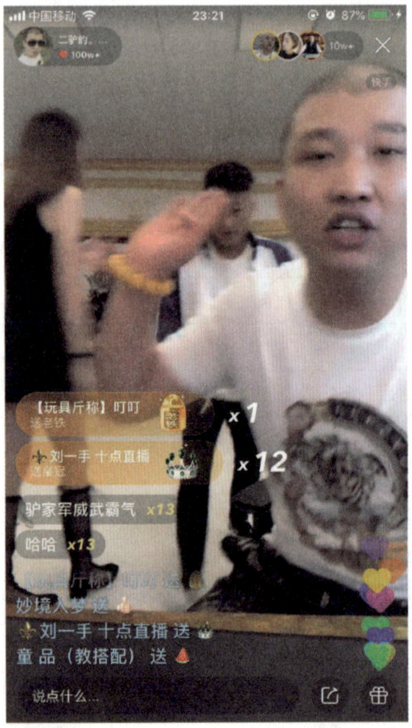

案例2：快手在2020年7日封杀了名为“二驴的”的账号，实施账号无限期封禁。根据平台封杀原因描述：编造剧本在户外摆拍直播，被警察中断直播。调查清楚是摆拍后，“二驴的”账号被平台无限期封禁。

为此，从业人员需要时刻保持高度的社会责任感，严格筛选直播内容，确保其符合社会公德和道德标准。

（三）恪守诚实守信原则

诚实守信是直播行业的又一重要职业素养。在直播过程中，从业人员应该坚持诚实守信的原则，不进行虚假宣传，不误导消费者。应该真实、客观地介绍自己的产品和服务，不夸大其词，不隐瞒真相。只有这样，才能赢得观众的信任和尊重，才能建立起长期的客户关系。

例如，在2020年，辛巴团队直播间销售的茗挚品牌燕窝产品被消费者质疑为糖水。辛巴在直播中展示了检验报告以证明产品合格，但随后承认存在夸大宣传，并提出召回及赔偿方案。最终，辛巴直播间因此遭到了平台的封号处理。

即使是李佳琦这样的头部直播间，也在2020年因其持股的天猫网店销售的菲诗蔻洗发水在广告中宣称具有防脱发功效却无法提供相应依据，而被市场监督管理局处以罚款。

除了以上几点，直播行业的从业人员还需要具备一定的专业知识和技能。这包括但不限于语言表达、互动技巧、产品知识等。他们需要通过不断学习和实践，提升自己的专业素养和综合能力，以提供更加优质的直播内容。同时，他们还需要保持良好的个人形象，包括着装、语言、行为等方面。良好的形象不仅可以提升观众的观看体验，还可以增强他们的自信心和影响力。

（四）尊重他人和保护隐私

尊重他人和保护隐私是直播行业从业人员的基本素养之一。在直播过程中，他们需要尊重观众和其他主播的权益和感受，不得进行人身攻击或侵犯他人隐私的行为。他们还需要严格遵守相关法律法规和职业道德规范，确保不泄露他人信息或侵犯他人隐私。这种保护隐私的行为不仅可以赢得观众的信任和尊重，还可以为自己的职业生涯赢得良好的口碑和声誉。

（五）团队协作和持续学习

持续学习是直播行业从业人员必备的职业素养之一。随着社会的不断发展和变化，直播行业也在不断更新和迭代。因此，从业人员需要时刻保持学习的热情和动力，不断掌握新知识、新技能和新方法。只有这样，才能跟上时代的步伐和行业的发展趋势，为观众提供更加优质和创新的直播内容。

此外，直播行业从业人员还需要注重团队协作和配合，与团队成员共同完成直播任务。

这种团队合作精神不仅可以提高工作效率和质量，还可以增强团队的凝聚力和向心力。

总之，直播行业从业人员需要具备一系列的职业素养以应对行业的挑战和机遇。这些职业素养包括遵守法律法规、确保内容健康、恪守诚实守信原则、尊重他人和保护隐私以及团队协作和持续学习能力等。只有具备这些职业素养的从业人员才能为观众提供更加优质和健康的直播内容，也才能为直播行业的健康有序发展贡献自己的力量。

知识训练与巩固

一、单项选择题

1. 直播行业从业人员应遵守的基本准则是什么(　　)

A. 只追求商业利益　　B. 遵守法律法规

C. 可以传播低俗内容　　D. 可以侵犯他人权益

2. 直播内容应该如何(　　)

A. 可以包含暴力、淫秽内容　　B. 应积极健康

C. 可以误导消费者　　D. 可以侵犯他人隐私

3. 直播行业人员应如何对待观众(　　)

A. 可以不尊重　　B. 应诚实守信

C. 可以进行虚假宣传　　D. 可以泄露他人信息

4. 直播行业人员的形象应该如何(　　)

A. 不重要　　B. 应保持良好

C. 可以不注重着装　　D. 可以使用攻击性语言

5. 直播行业人员应如何处理与其他主播的关系(　　)

A. 可以进行人身攻击　　B. 应尊重他人

C. 可以侵犯他人权益　　D. 不重要

6. 直播行业人员应如何保护隐私(　　)

A. 可以泄露他人信息　　B. 应尊重和保护个人隐私

C. 不需要保护　　D. 可以公开他人隐私信息

7. 直播行业人员的团队协作应该如何(　　)

A. 无须团队协作　　B. 应具备良好的团队合作精神

C. 可以单打独斗　　D. 不重要

8. 直播行业人员应该如何提升自己(　　)

A. 不需要学习　　B. 持续学习新知识和新技能
C. 可以停滞不前　　D. 不重要

9. 直播行业人员应承担怎样的社会责任(　　)
A. 不需要承担社会责任　　B. 积极参与公益活动
C. 可以忽视社会责任　　D. 不重要

10. 直播行业人员应该如何对待未成年人(　　)
A. 可以忽视其存在　　B. 应特别保护
C. 可以诱导其消费　　D. 不重要

11. 直播行业中负责直播脚本编写的岗位是什么(　　)
A. 主播　　B. 技术运维　　C. 内容策划　　D. 数据分析

12. 直播运营岗位的主要职责包括什么(　　)
A. 直播技术维护　　B. 直播内容展示
C. 直播项目的策划与执行　　D. 直播数据的分析

13. 在直播行业中，负责与观众互动和反馈的岗位是什么(　　)
A. 主播　　B. 客服　　C. 技术运维　　D. 内容审核

14. 在直播行业中，负责直播技术支持和维护的岗位是什么(　　)
A. 主播　　B. 技术运维　　C. 内容策划　　D. 场控/助理

15. 在直播团队中，场控/助理的主要职责是什么(　　)
A. 直播内容的策划　　B. 直播技术维护
C. 协助主播进行直播　　D. 直播数据分析

16. 在直播行业中，主播的主要职责包括什么(　　)
A. 直播技术维护　　B. 直播内容策划
C. 直播互动与展示　　D. 直播数据分析

17. 在直播行业中，负责审核直播内容是否合规的岗位是什么(　　)
A. 主播　　B. 内容审核　　C. 技术运维　　D. 数据分析

18. 在直播行业中，负责拍摄和制作短视频的岗位是什么(　　)
A. 主播　　B. 短视频制作　　C. 技术运维　　D. 数据分析

19. 在直播团队中，负责数据分析的岗位通常需要具备什么能力(　　)
A. 编程能力　　B. 表演能力　　C. 设计能力　　D. 写作能力

20. 在直播行业中，推广营销岗位的主要职责包括什么(　　)
A. 直播技术支持　　B. 直播内容策划

C. 制定营销计划和宣传策略　　　　D. 直播设备维护

实操记录表

任务	任务内容	指定完成时间	完成状态	评价等级/分数	导师评语
任务一	默写电商行业基本岗位及相关职责				
任务二	组内人员分工到岗				
任务三	制作自我能力分析表				
选择题					

完成状态用指定符号标注：按时完成√，迟交▲，缺交×。

附答案和解释

1. 答案：B　解释：直播行业从业人员应遵守法律法规，不得从事违法违规活动。

2. 答案：B　解释：直播内容应积极健康，不得传播不良信息。

3. 答案：B　解释：直播行业人员应诚实守信，尊重观众，不得误导消费者或泄露他人信息。

4. 答案：B　解释：直播行业人员应保持良好形象，包括着装、语言和行为等。

5. 答案：B　解释：直播行业人员应尊重其他主播，不得侵犯他人权益。

6. 答案：B　解释：直播行业人员应尊重和保护个人隐私，不得泄露他人信息。

7. 答案：B　解释：直播行业人员应具备良好的团队合作精神，与团队成员共同完成任务。

8. 答案：B　解释：直播行业人员应持续学习新知识、新技能，以提升自己的职业素养。

9. 答案：B　解释：直播行业人员应积极参与公益活动，传播正能量，承担社会责任。

10. 答案：B　解释：直播行业人员应特别保护未成年人，不应诱导其消费，要为其创造一个健康的网络环境。

11. 答案：C　解释：内容策划负责直播内容的设计和规划，包括脚本编写、流程制定、内容创意等。

12. 答案：C　解释：直播运营负责整个直播项目的策划、组织和执行，包括直播计划、内容策划、直播流程控制、数据分析和主播培训等。

13. 答案：B　解释：客服负责观众互动和反馈，包括回答观众问题、处理投诉和建议、维护直播间秩序等。

14. 答案：B　解释：技术运维负责直播平台的技术支持和维护，包括服务器维护、功能开发和系统优化等。

15. 答案：C　解释：场控/助理协助主播进行直播，包括产品展示、操作演示和现场秩序维护等。

16. 答案：C　解释：主播负责直播内容的展示，包括与观众互动、介绍产品、引导销售和活跃直播间氛围。

17. 答案：B　解释：内容审核负责审核直播内容，确保其合法合规。

18. 答案：B　解释：短视频制作负责拍摄和制作主播的短视频，以吸引更多的观众和粉丝。

19. 答案：A　解释：数据分析负责收集和分析直播数据，为运营决策提供数据支持，通常需要具备数据分析能力和对数据的敏感度。

20. 答案：C　解释：推广营销负责直播间的宣传和推广，包括制定营销计划和宣传策略。

第二章

规划电商直播内容

第一节　塑造直播人设

知识导图

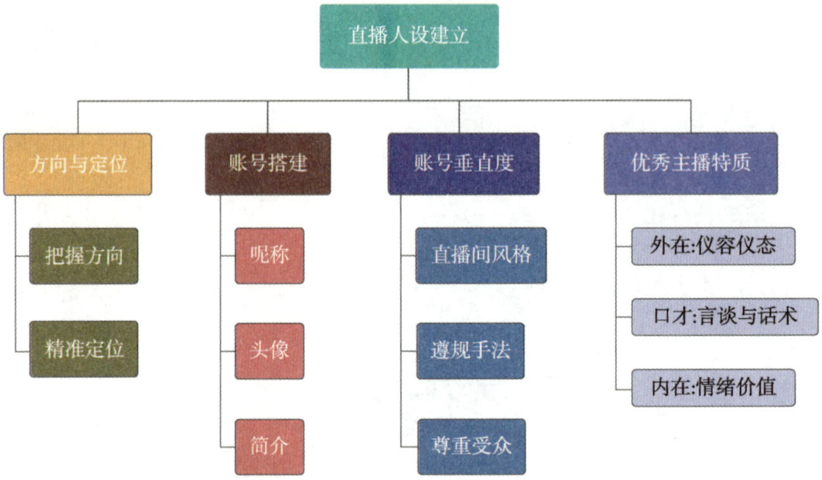

学习任务目标

一、知识目标

(1) 了解直播账号人设打造的基本要素和要求；

(2) 理解人设定位的常见分类和手段；

(3) 熟悉直播中主播应该具备的素质条件。

二、技能目标

(1) 掌握主播人设的打造方法；

(2) 能够根据实际经营设置直播账号头像和昵称；

(3) 能够按照平台要求完成账号的基本搭建。

三、素养目标

（1）理解正向形象树立的重要意义；

（2）培养以诚待人的诚信品质；

（3）形成礼貌待客、为客着想的职场服务意识。

模拟情景引入

曾经有一名学生认为要成为主播必须拥有出众的颜值，总是觉得自己长得不如其他人，而且自己身形也不够好，认定自己不是当主播的料。老师带着她看了李雪琴出道的历史，尤其是当初李雪琴参加一档综艺，和其他颜值不错的嘉宾一同到李佳琦直播间初试直播。这位同学发现，原来直播中一个主播的颜值对于其成功与否并非主要因素。要做好直播，首先要根据自身能力做好定位，打造合适的账号和人设。随后，这位同学从自己的兴趣爱好特长出发，找准定位，树立有礼有节的专业形象，吸引了众多粉丝。

工作基本流程

任务一：请按照指定模板及范例为自己填写完整的人设规划表。

主播人设规划（姓名）		
1	昵称	
2	基本形象	
3	性格魅力	
4	爱好特长	
5	个人背景	
6	粉丝群体	
7	搭建目的	
8	标志性的语言或动作	

任务二：请根据自己的人设制作头像照片和账号简介，并提交照片和账号注册后账号情况截图。

任务三：请根据自己的人设模拟直播开场进行自我介绍及账号介绍，录制成2~5分钟的视频。

相关知识学习

在海外，中小企业进行视频营销和直播营销近年来非常普遍，但是海外的视频传播核心依然聚焦于企业的传播内容，通过发布与企业相关的有价值、有意思的视频，在社交媒体上扩大营销影响力和进行品牌传播，最终实现转化率的提升。

一、人设打造

合适的人设定位可以帮助主播从激烈的直播竞争中脱颖而出。基于人设定位形成的个人品牌不仅提高了个人的知名度和认可度，还代表着个人的信誉和口碑，从而能更好地获得用户的信任。

人设是用户识别主播的符号。主播进行人设定位时要结合自身特点，并适当放大自身的闪光点，展现自己的真实特征，以吸引和感染用户。对于新手主播而言，可以尝试参考行业热门主播的人设定位方向，结合自身特点进行人设的定位。

（一）明确方向

电商直播行业的直播人设主要有三种定位方向，如下表所示：

直播人设的定位方向	
专业达人	基于自己的兴趣爱好、特长、专业领域等来打造的人设，如美妆教程达人、服装穿搭达人等
泛娱乐达人	通过展示才艺，如唱歌、跳舞等，建立独特的个人形象，进而打造出的人设
专家学者	基于自己的职业形成的人设，一般需要机构或职称认证，并有专业技术支持，因此很难批量复制，但这类人设可以在短时间内获得用户信赖，更容易促使用户下单

（二）精准定位

明确直播人设定位的关键在于能够真实、全面地剖析自己。新手主播可以从以下五个维度进行分析，具体如下表所示：

维度	说　明	示　例
我是谁	确定身份和形象	我是一名经验丰富的数码产品店员，热情诚恳，个人形象气质佳

续表

维度	说　明	示　例
面对谁	目标用户群体的地域、年龄、性格、偏好、收入状况、消费能力等	面对追求产品品质和人性化贴心功能的年轻人，尤其是对于游戏感受要求较高的群体
提供什么	突出自己的核心竞争力	提供店内多款不同价位、极具功能性的数码产品
解决什么问题	能解决用户的痛点(尚未充分满足而又迫切需要满足的需求)	能满足用户不知道如何解决手机卡顿、发热、充电等问题的需求
给用户带来什么好处	能给用户带来的利益或好处	能提供价格折扣，并赠送小礼品

颜值型

明星型

专业型

气质/温暖型

知心姐姐

朴实兄弟

闺蜜档

清宫主题妆造

人设的形象与直播中要统一

主播人设打造

不同产品与品牌需要不同人设的主播

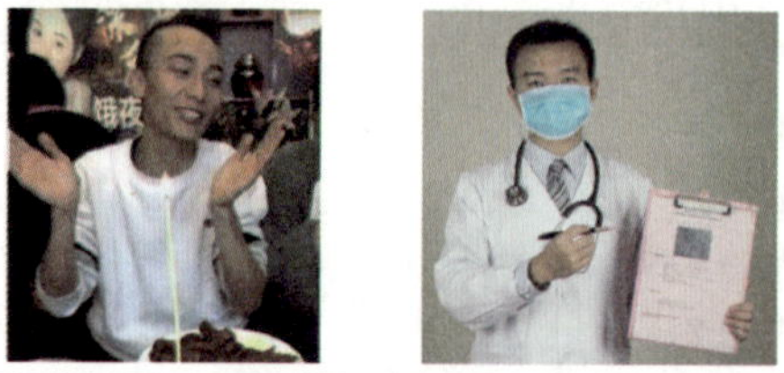

如果你直播销售的是保健品，你会选择上图中的哪个做主播？

零食类产品，同年龄段的主播更能吸引消费者共鸣

二、账号搭建

主播人设的打造是一个系统化的过程，直播账号的搭建是其中一个十分重要的环节。账号的打造需要从以下几个方面进行。

（1）注意文化差异。由于地理差异，我们的生活和文化背景、审美和偏好与外国用户存在较大差异。例如，在发布变装视频时，将黄种人变成白种人或黑种人可能会被视为种族歧视并容易被举报。

（2）设置易于识别的账号资料。头像、用户名应与行业相匹配，并尽量突出特色。具有特色的账号信息可以为账号增加不少分数。个人简介可以侧重于描述账号的价值，并使用缩写、表情符号等有趣的元素来加深用户的印象，增加账号的趣味性。

（3）内容精细化归类。为了树立独特的账户形象，我们要做到专号专用。也就是说，一个账号里面的短视频和直播内容都应充分匹配原设定的人设和定位。试想一下，一个介绍美食的账号，不时出现旅游攻略、数码产品使用介绍等内容的时候，这个账号只会给人留下杂乱、不专业的印象，严重影响账号的形象以及平台对该账号的定位和资源分配。

（一）账号昵称

一个合适的名字有助于主播获得用户的关注，被用户记住。主播拟定的名字应朗朗上

口，简单易记，不存在歧义，同时名字要与自己的细分领域相关，可以引发用户联想，从而吸引一批具有黏性的粉丝群体。

因此，账号昵称的要求如下：

（1）通俗易懂，突出人设，避免重复，充满个性。例如，ladyerringsb，简单易记，不复杂，与账号定位相符，一看就知道是女士饰品。

（2）体现个人特点并足够好记，让用户能够脱口而出。例如，Jeffreestar，这很有可能是主播名+star，主播意在把自己打造成明星。不要使用过多难以输入的特殊符号或者难以记忆的字词，因为这样会降低受众的回访率和传播度。

（3）保持一致，一旦确定账号昵称，一般情况下不要更换，且保持多平台账号昵称统一，从而强化用户的记忆。

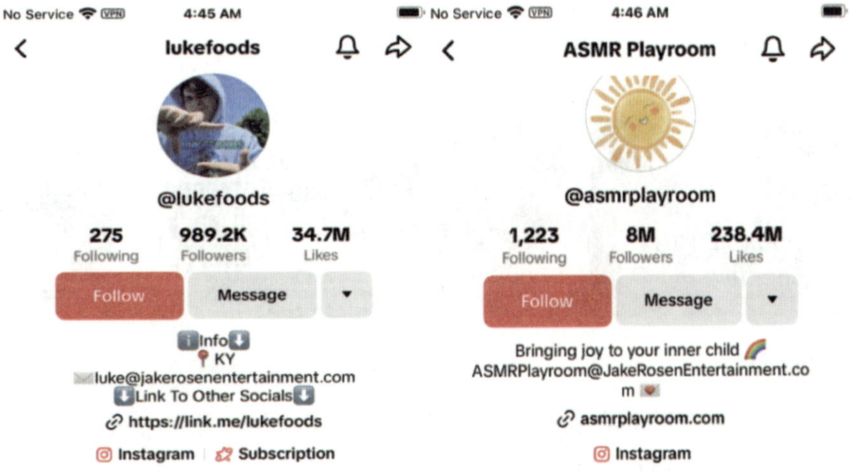

小结：

【建议】简短、好记，与直播内容相关，能突出个人特色。

【避免】太多英文数字、太长、与产品无关。

【错误示例】香蕉吧啦、你好 2333、明日之星 123……

(二) 账号头像

账号头像要求图像清晰、主体突出、与账号定位一致。直播账号一般以真人照片、特色标志、公司 Logo 等作为头像。如果使用真人照片作头像，应保证背景干净，人物突出，有明显的色彩对比；如果使用特色标志或公司 Logo 作头像，则应保证图片裁剪合理，比例适宜。

在选择照片或者图片时我们还要考虑平台呈现时头像是否会被圆形切割，避免出现被切割后头像或图案不完整的情况。同时，避免使用过于远景使人看不清的照片作为头像。

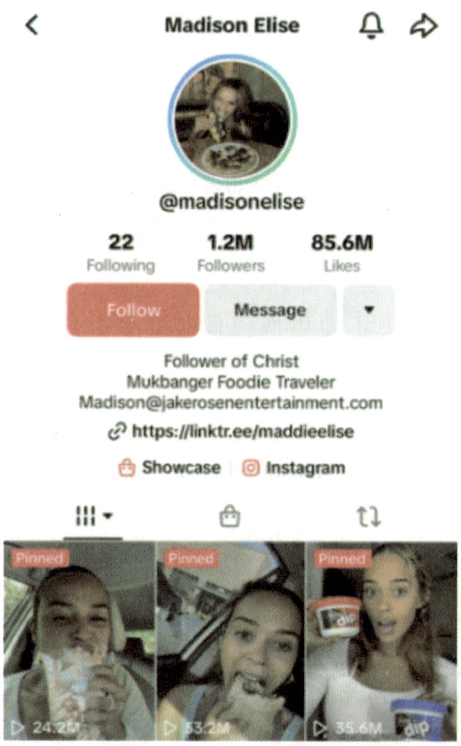

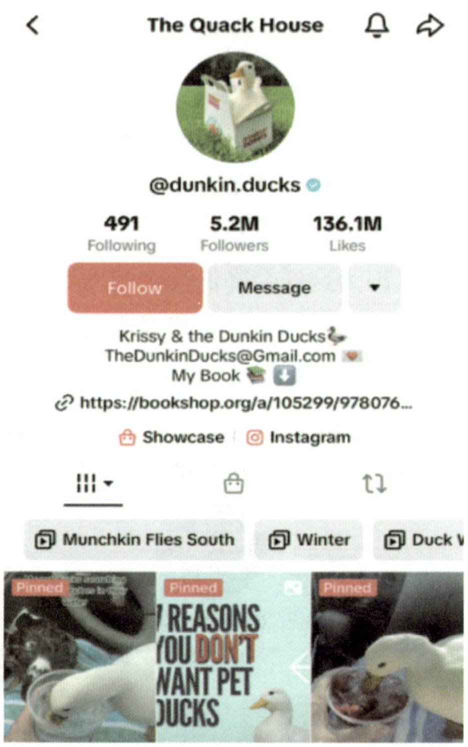

(三) 账号简介

不同的直播和短视频平台给予账号简介的空间不同，但无论哪个平台，账号简介都应能够体现账号的定位，简单的一句话就可以说明该账号侧重哪个方向。无论在哪个平台，账号介绍都是最重要、曝光率最高的部分，应当通过简洁的语言告诉用户该账号所定位的领域及内容特色。

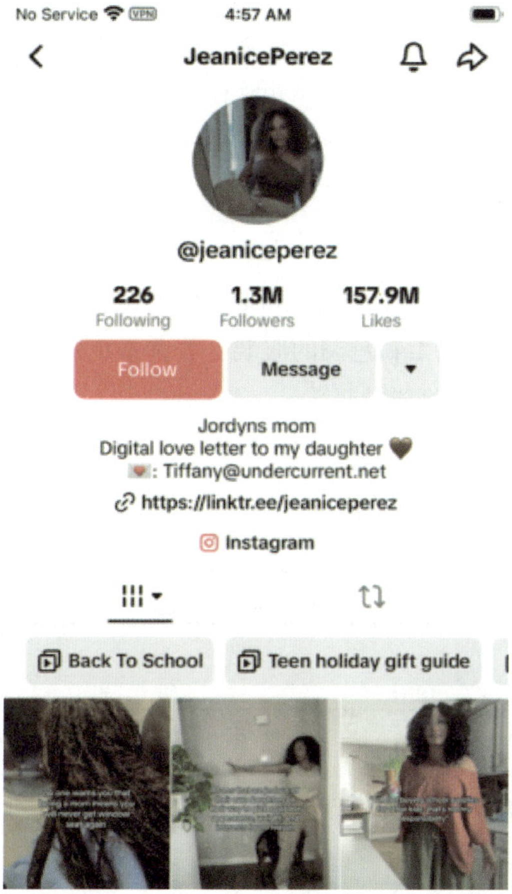

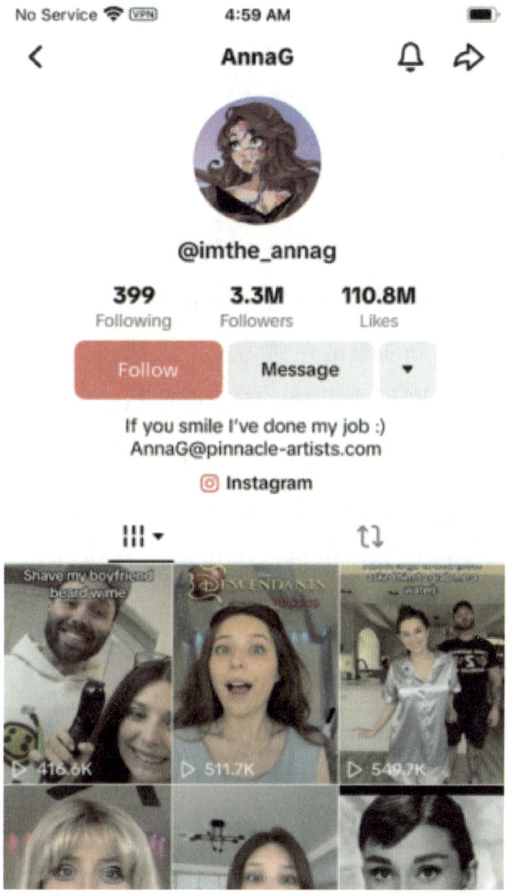

三、培养账号垂直度

当人设和账号设定好之后，我们就要进入所谓的“养号”阶段。这个阶段的目标是为账号树立一个公认的正面形象，为此，需要重视以下几个问题。

主播往往连续数小时在镜头前直播，尤其要注意礼仪形象的管理，包括外在形象和内在形象。外在形象的设计需要契合直播产品的特点，同时注意职业性和专业性；内在形象除了保持亲和力和良好的言谈举止，还要克制不良情绪。主播想要长远发展，就要具备正确的价值观，传递网络正能量。如果主播不注重维护自己的正面形象，不但会受到用户的抵制，还有可能被直播平台封禁。

（一）主播形象与直播间风格一致

从用户的观看感受来看，主播和直播间是一体的，所以主播的形象要与直播间统一风格。

1. 主播的形象要与产品特性统一

主播的妆容、发型及整体造型应与产品特性保持一致。例如，在美妆直播中，主播的妆容应成为展示的重点，与直播间内关于美妆产品的装饰和布置相呼应；而在知识分享类直播中，主播的形象则应更注重专业与亲和力，服饰和背景都应简洁大方，便于观众集中注意力。

2. 主播形象要与直播间背景契合

主播的着装颜色应与直播间背景色彩相协调，形成视觉上的和谐。例如，如果直播间背景以清新淡雅的色调为主，主播可以选择浅色系或柔和色调的服装；若背景色彩较为鲜艳，主播则可选择对比或相近色系的服装来平衡整体视觉效果。

（二）遵守直播间的规则和规范

主播开展直播活动应遵守相关法律法规和部门规章、规范性文件、行业公约的规定，坚持正确导向，遵循公序良俗，传递社会正能量，内容积极健康，向上向善，保障直播及互动环境绿色、健康、文明、有序。如果违规，直播平台会根据相关规范对主播进行处罚。

违规级别	常见违规行为	面临处罚
一级违规	一级违规在着装上的体现是穿着国家机关人员的制服、军警人员制服或其他政治敏感服饰进行直播	永久封禁主播账号或永久封禁开播权限
二级违规	• 带有性暗示、性挑逗、低俗趣味的内容 • 含有荒诞、惊悚、影响社会和谐的内容	平台有权根据主播的违规情节严重程度给予警告、断播或封禁开播权限一天到永久的处罚
三级违规	• 着装暴露、低俗，妆容夸张、恐怖、恶俗、不雅 • 在直播过程中做出危害生命健康的行为 • 通过展示联系方式、链接等形式引导用户私下交易或导流至其他平台进行交易 • 穿着、佩戴不适宜直播的衣物、配饰或敏感服饰	平台有权根据主播的违规情节严重程度给予警告、断播或封禁开播权限一天到一周不等的处罚

（三）尊重直播目的国的风俗与文化

在跨境直播中，尊重直播目的国的风俗与文化是至关重要的，这不仅能避免文化冲突和误解，还能增强与当地观众的共鸣，提升直播效果。

1. 尊重文化差异

不同国家和地区有着各自独特的风俗习惯、宗教信仰和敏感话题。跨境直播时若忽视这些差异，可能会引发不必要的争议和冲突。因此，应根据当地文化的特点，选择合适的直播内容。例如，在庆祝当地重要节日时，可以直播与节日相关的活动或产品；在涉及宗教信仰时，应避免触碰敏感话题。

2. 融入目的国元素

在直播中融入当地元素，使用当地语言(或至少提供字幕翻译)、展示当地特色美食、风景或文化符号等，以增加观众的亲切感和兴趣。

四、好主播必备条件

- 直播团队职责分工
- 主播能把控节奏
- 人设应风格化、有说服力（身份背景）、亲和力、引导力，使观众有信任感
- 主播自身的妆容、造型、情绪状态适宜
- 懂货、了解行业和产品优劣，针对用户痛点用产品匹配需求

风格化	可以是颜值高、有才华或者奇奇怪怪、有趣的灵魂，总之要区别于他人，这样才有记忆点。如佰草集延禧宫
定位	需要明确你专攻哪方面，先做垂直领域，定位精准，保持调性。如胖仔小卖部
妆造	对于主播来讲，应该是“君子淑女，人皆爱之”，赏心悦目的妆容或者有精气神的造型可以为直播的成功助力不少
话术	主播本来就是靠“嘴”吃饭的，锻炼口才显然是必修课，练好一些话术，对于直播成交帮助很大
心理建设	不要怕：不要怕镜头、不要怕说错、不要怕没人，坚持就有收获； 相信产品：对产品有信心，高度认可产品才能打动别人
情绪状态	情绪的好坏能够直接影响一场直播的优质程度，从而间接影响转化率。你的一切就代表了直播间，想让直播间销售效果好一定要有和粉丝良好的交流与充足的耐心

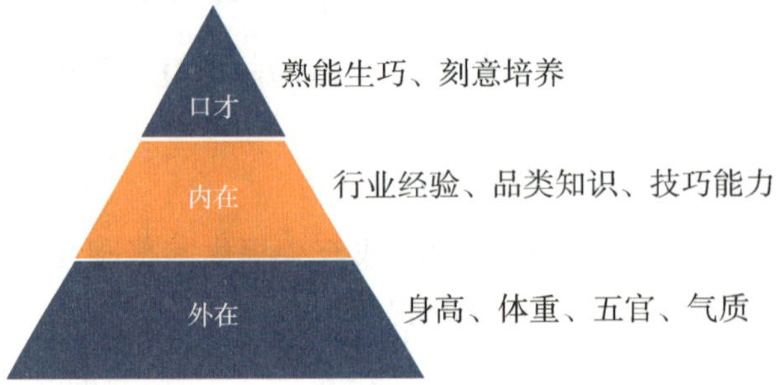

知识训练与巩固

一、单项选择题

1. 在直播人设打造中，以下哪项不是关键要素(　　)

A. 个人形象　B. 语言表达　C. 直播背景　D. 直播时长

2. 直播人设的核心是什么(　　)

A. 产品销售　B. 粉丝互动　C. 个人品牌　D. 直播技术

3. 以下哪个不是直播人设打造的策略(　　)

A. 故事化营销　B. 频繁更换人设　C. 利用社交媒体　D. 定期更新内容

4. 在直播人设打造中，以下哪个不是有效的粉丝互动方式(　　)

A. 回答问题　B. 忽略评论　C. 互动游戏　D. 粉丝投票

5. 在直播人设打造中，以下哪个不是有效的内容规划(　　)

A. 定期直播　B. 随意直播　C. 系列主题　D. 节日特别节目

6. 以下哪个不是直播人设打造中的视觉元素(　　)

A. 服装　B. 道具　C. 语言风格　D. 直播场景布置

7. 在直播人设打造中，以下哪个不是有效的个人品牌定位(　　)

A. 专业知识　B. 幽默风趣　C. 极端观点　D. 亲和力

8. 以下哪个不是直播人设打造中的风险管理策略(　　)

A. 预设敏感词过滤　B. 直播前彩排

C. 随意发表意见　D. 建立应急响应机制

9. 在直播人设打造中，以下哪个不是有效的粉丝增长策略(　　)

A. 合作推广　B. 粉丝福利　C. 忽视粉丝反馈　D. 内容多样化

10. 以下哪个不是直播人设打造中的数据驱动决策(　　)

A. 观众留存率分析　　B. 观众互动数据分析
C. 随意更换直播时间　　D. 观众来源分析

实操记录表

任务	任务内容	指定完成时间	完成状态	评价等级/分数	导师评语
任务一	主播人设规划				
任务二	提交头像照片和账号简介及注册后账号情况截图				
任务三	自我介绍及账号介绍视频				
选择题					

完成状态用指定符号标注：按时完成√，迟交▲，缺交×。

附答案和解释

1. 答案：D　解释：直播时长虽然对直播有一定的影响，但它不是人设打造的关键要素。人设打造更侧重于个人形象、语言表达和直播背景等，这些因素更能体现主播的个性和风格。

2. 答案：C　解释：直播人设的核心是个人品牌，品牌能够体现主播的独特价值和个性，吸引并留住粉丝。产品销售和粉丝互动是直播过程中的重要环节，但它们服务于个人品牌的建立和维护。

3. 答案：B　解释：频繁更换人设会让观众感到困惑，不利于建立稳定的粉丝群体。有效的策略包括故事化营销、利用社交媒体和定期更新内容，这些都有助于加深观众对主播人设的认知和忠诚度。

4. 答案：B　解释：忽略评论不利于和粉丝互动，它会降低观众的参与感和满意度。有效的互动方式包括回答问题、互动游戏和粉丝投票，这些都能够增强观众的参与度和忠诚度。

5. 答案：B　解释：随意直播缺乏规划和规律性，不利于观众形成观看习惯。有效的内容规划包括定期直播、系列主题和节日特别节目，这些都有助于吸引和保持观众的兴趣。

6. 答案：C　解释：语言风格是主播在直播中使用的语言特点，它属于直播内容的一部分，而不是视觉元素。视觉元素包括服装、道具和直播场景布置，这些都能够增强直播的视觉效果和吸引力。

7. 答案：C　解释：极端观点可能会引起争议，不利于建立广泛的观众基础。有效的个人品牌定位包括专业知识、幽默风趣和亲和力，这些都能够帮助主播塑造积极的形象和吸引观众。

8. 答案：C　解释：随意发表意见可能会引起不必要的争议和风险。有效的风险管理策略包括预设敏感词过滤、直播前彩排和建立应急响应机制，这些都有助于维护直播秩序并提升主播形象。

9. 答案：C　解释：忽视粉丝反馈会降低粉丝的参与感和忠诚度，不利于粉丝增长。有效的粉丝增长策略包括合作推广、粉丝福利和内容多样化，这些都有助于吸引新粉丝并保持现有粉丝的活跃度。

10. 答案：C　解释：随意更换直播时间会让观众难以形成稳定的观看习惯，不利于观众留存。数据驱动决策包括观众留存率分析、观众互动数据分析和观众来源分析，这些都有助于优化直播策略并提高观众满意度。

第二节　做好直播选品及定价

知识导图

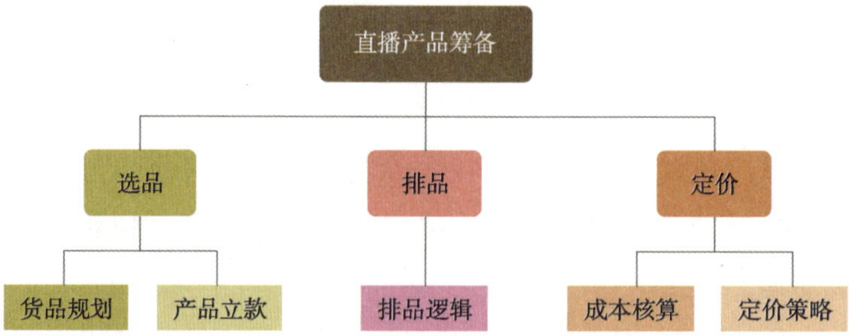

学习任务目标

一、知识目标

（1）了解直播选品的作用与规则；

(2) 了解电商业界，尤其是直播带货常用的定价方式。

二、技能目标

(1) 能熟练运用选品逻辑进行选品决策；
(2) 能结合多个因素对需要直播带货的产品进行合理定价。

三、素养目标

(1) 在选品定价中做到合法合规；
(2) 具备独立的判断能力，能客观对待顾客需求，不唯佣金论，不唯销量论。

模拟情景引入

以粉丝需求为核心			
洞察用户	匹配标签	监管品控	寻找差异
从用户需求出发	从主播人设出发	从产品质量出发	从地域季节出发

工作基本流程

以小组为单位，根据直播间的定位从1688一件代发渠道每人选择1~2个有足够利润空间的产品，通过组内筛选确定最终适合在直播间上架的货品。

任务一：完成产品基础信息表。

产品基础信息表

序号	产品基本名称	本店产品图 800px×800px	货源原图	包装情况	款式	功能	发货地	成本（含邮费）（元）	运费（元）	市场基本售价（元）	购买理由	售后保证	供货方式
范例1	颈椎按摩器			彩色瓦楞硬纸盒	充电 充电热敷 遥控充电热敷	低频脉冲 恒温热敷 磁石理疗 力度可调 六大模式	深圳	20.5	22	23	充电一次待机200天； 预防调理颈椎病 仿真按摩 小巧轻盈	7天包换 1年保修	1688 魅兰科技
范例2	足底按摩仪				电池款 充电款	生物电按摩 智能捕捉穴位	浙江	41	46	60	保健养生 便于收纳携带 多种模式可调 智能适配脚型大小	8天无理由包退换	厂家直接供货
范例3													
范例4													
…													
…													
…													
范例10													

任务二：通过 PPT 介绍产品规格、特点、进货成本和定价思路。

每家公司需通过内部讨论筛选出四到六款产品作为直播间上架货品，并为每个产品制作用于宣讲介绍的 PPT。PPT 内容要求结合产品的规格、特点、进货成本、卖点，针对客户群体的痛点进行介绍，与市场的同类竞品进行比对，努力提升产品在顾客心目中的预期价值，最终形成选定这些产品的理由。

任务三：小组展示。

将以上 PPT 进行合并，而且需要介绍这四到六款产品的定位以及定价。四到六款产品中必须包含引流款、主推款和旗舰款三大类。其定价和优惠方式需要与之对应。最终，由不少于两人上台向全班解读自己的选品、排品和定价思路。

相关知识学习

一、直播间货品规划

在直播带货中，“人”“货”“场”是三个核心要素，其中“货”指的是商品本身，包括商品的质量、特性、价格、品牌等方面。在电商选品和直播带货中，做好“货”的环节至关重要。“货”不仅是交易的对象，也是建立品牌信誉、满足消费者需求、实现销售目标和维护客户关系的基础。

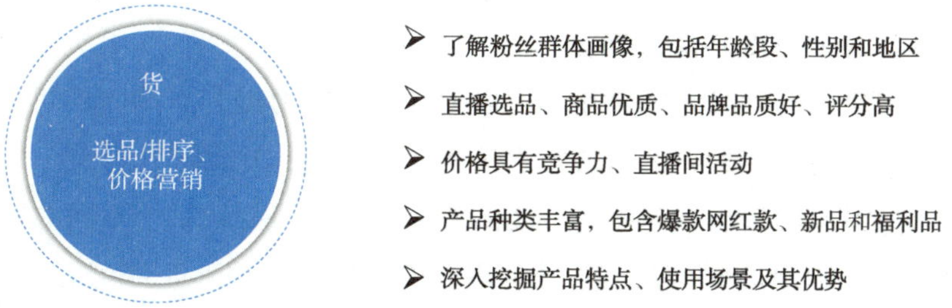

因此，当我们在策划电商直播带货时，一定要在直播前不断地围绕“货”的要素问自己以下几个问题：

（1）直播间里卖什么？我们有什么货品？粉丝的需求是什么？什么货品更好卖？

（2）直播间里怎么卖？如何策划优惠机制？如何策划产品展示？如何安排直播时间？

这些问题其实就是我们需要学习的直播选品策略。要实现有效选品，我们需要掌握以下几点：

（1）深入了解目标受众：要想成功地进行直播选品，首要任务是深入了解你的目标受众。不仅包括他们的基本信息（如年龄、性别、地域和职业），还应该深入挖掘他们的生活方式、消费习惯、喜好和痛点。通过社交媒体分析、问卷调查、用户评论和反馈，甚至直播间的实时互动，获得宝贵的信息，从而选择能够引起他们兴趣的商品。

(2) 紧跟市场趋势：市场趋势是选品时不可忽视的因素。通过各种数据分析工具，如抖音的电商分析工具，实时追踪哪些品类正在上升，哪些产品正在成为爆款。此外，关注行业报告、参加行业展会、订阅专业杂志，以及与供应链上游厂商保持紧密联系，都是获取市场趋势信息的有效途径。

(3) 研究竞争对手：在直播领域，了解竞争对手的策略至关重要。可以通过观看他们的直播，分析他们的产品组合、直播风格、互动方式以及促销手段。同时，也可以通过购买并体验他们的产品，从而获得第一手的资料。通过这些信息，你可以发现他们的优势和不足，从而在自己的直播中做出相应的调整和优化。

(4) 选择刚需产品：在直播中，选择能满足消费者基本需求的产品往往更容易获得成功。这些产品通常具有较高的复购率和较低的退换货率。例如，日常消费品、健康产品、美妆个护等。通过提供性价比高的刚需产品，可以快速获得忠实的粉丝群体。

(5) 注重产品质量：在直播选品时，产品的质量是决定成败的关键。高质量的产品能够赢得良好的口碑，而良好的口碑是吸引和留住粉丝的基石。因此，在选品时，一定要亲自试用或查看产品评价，确保所选产品能够经得起市场的考验。

(6) 考虑利润率：直播带货虽然需要吸引人，但也不能忽视利润。在选品时，要综合考虑产品的成本和潜在的利润空间。合理的利润不仅能保证直播间的持续运营，还能为未来的营销活动和优惠活动提供资金支持。

(7) 品牌知名度：与知名品牌合作，可以借助其影响力提升直播间的可信度和吸引力。知名品牌的产品往往自带流量，更容易吸引消费者的注意，并促进销售。

在完成以上的基本工作后，对于每一场的直播我们都需要从三个不同的方向进行选品：

(1) 根据主播选款。这是达人类账号常用的选品方式。当一个账号已经形成鲜明的特色人设，主播的性别、年龄、气质形象以及社会身份都会影响其吸引客户的方向。这种选品方式能有效地针对目标群体，也更容易被客户接纳。

(2) 根据定位选款。这是新手商家常用的选品方式。按照这个模式，我们可以从产品价格、产品风格、产品类目和客户属性出发，选择符合自己定位以及目标客户画像的产品。这样一方面可以强化账号的定位，另一方面也更能聚合具有共性的粉丝群体。

(3) 根据粉丝选款。这是成熟类账号常用的选品方式。成熟类账号通常有着比较固定的基础粉丝属性，结合往期爆款属性，我们可以从数据分析中获得客户喜好和需求进而补充类似的产品。

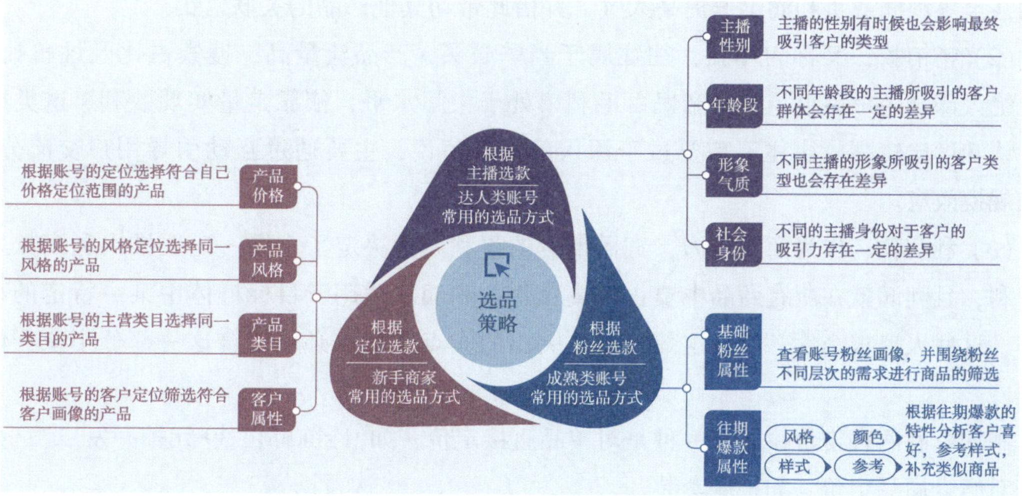

综上所述，作为电商直播选品，我们选择出什么样的产品往往影响着直播间的形象，也影响着最终客户的黏度。在实际操作中我们需要从品类、品相、品质和陈列四个方面去考虑。

一场直播的时间是有限的，因此其中货品的种类及配比应该体现出很好的相关度，同时这些货品间的关联营销也能有效提升直播中的销售。而直播的画面属性决定了每个单品的品相，将直接体现其辐射力和转化力。优良可靠的品质则是粉丝黏性的保障。总结起来，好的选品通常都会具有粉丝需求大、产品卖相好、消费门槛低、辐射能力强的特征。因此我们除了按照以上的思路模式，在具体选品中还可以从以下三个渠道去获取我们需要的信息，并进行综合分析进而精准选品。

（1）大盘数据——行业搜索词，行业爆款属性；

（2）渠道热点——活动氛围，大主播动向舆论诉求；

（3）粉丝偏好——人群需求。

二、直播间的产品立款

在我们为直播间的产品进行选品或者已经完成选品后，我们还有一个需要做的环节，那就为这些产品进行立款定位。所谓的立款定位就是把产品按照以下几种定位进行归类：

（1）福利款，又称为引流款。一般是粉丝专属，也就是所谓的“宠粉款”。直播间的用户需要加入粉丝团才有机会抢购福利款。主播在做福利款时，有的是直接免费送某款商品作为福利，回馈粉丝；有的是将某款商品做成低价款，如“原价 99 元，今天‘宠粉’，9.9 元秒杀，限量 1 万件”，以此来激发粉丝的购买热情。

通常，如果以引流或者吸粉为目的，这些产品都会具有价格特别低廉的特点，通过低利润甚至零利润或负利润迅速提高人气，并借此带动其他产品的关联营销。

（2）畅销款，又称为爆款，往往属于当季必买，产品流量高，搜索占比及性价比高，符合绝大部分用户需求，价格亲民。毛利率处于中间水平，依靠走量实现盈利。这类产品由于认知度比较高，往往不需要过于深入的产品解说，主要通过互动引导用户交流分享，形成规模效应。

（3）利润款，作为商业行为，直播带货的盈利属性决定了主播一定要推出利润款来实现盈利，且利润款在所有商品中要占较高比例。利润款适用于目标群体中某一特定的小众群体，这些人追求个性，所以这部分商品突出的卖点及特点必须符合这一部分小众群体的心理。

利润款有两种定价模式，一种是对单品直接定价，如“冷冻虾仁 39 元拍一发二”；另一种是对组合商品定价，如护肤套装。

（4）常规形象款，这些产品在市场上未必具有明显的价格优势，但是符合直播间日常定位方向。通常采用常规定价，产品趋于日常化，但能满足部分市场用户的需求，一般可用于商品替换款。

（5）新品新款，随季节变换、产品升级换代、品牌联名等推出的新产品。直播间常为此类新品设立专题活动，进行多新品测试，以孵化新的爆款产品。

除了以上分类方式，我们还可以看到以下分类方式，虽然主要品类分配大致相同，但是对于形象款和对比款还是略有差异，可作参考。

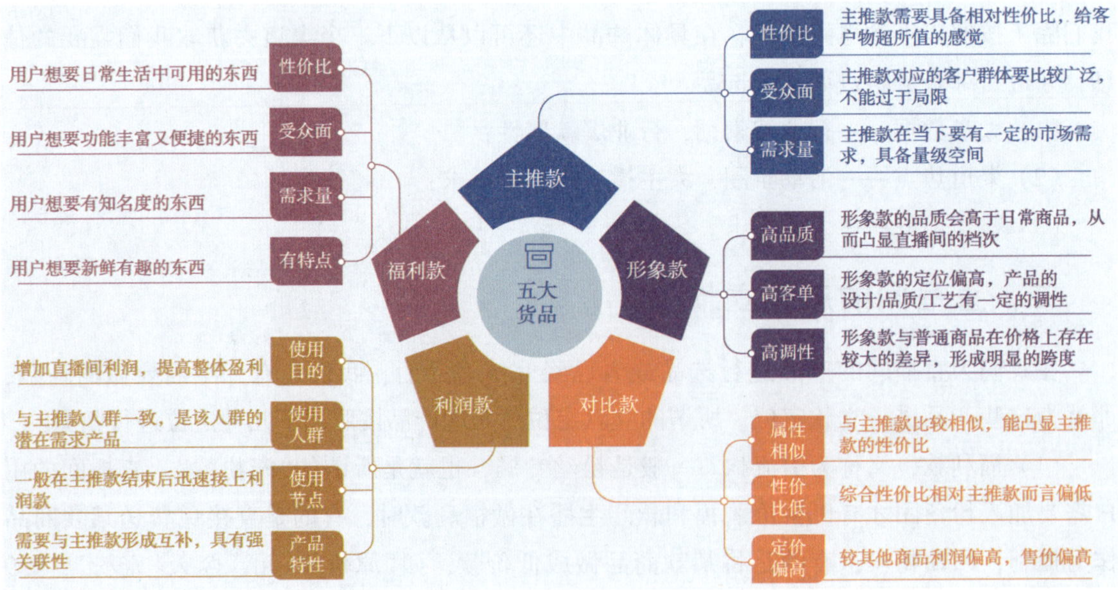

三、排品逻辑规划

当选定了产品和确定好品款分类后，在实际的直播策划中，我们往往还要考虑如何配合整场直播进行排品规划。通常，产品的配置结构主要是50%的畅销款、30%的福利款、20%的利润款和形象款。对于引流和保基础销量的产品，可做详细讲解，主要目的在于吸引直播间的新客户。在固定时间段，我们可以推出利润款和形象款，以实现快速销售。这样做可以培养顾客的观看习惯，或助力当天的直冲销量。同时，在达到一定人气时，我们可以考虑在直播间每天推出“新款”，让老客有新鲜感，又能拉动店铺平销款的销量，服务于日常的积累，稳定老客户，用内容推动拉新。

四、产品的定价策略与方法

在电商行业，产品的定价必须考虑成本以及利润空间。因此，我们首先要从成本构成去考虑。

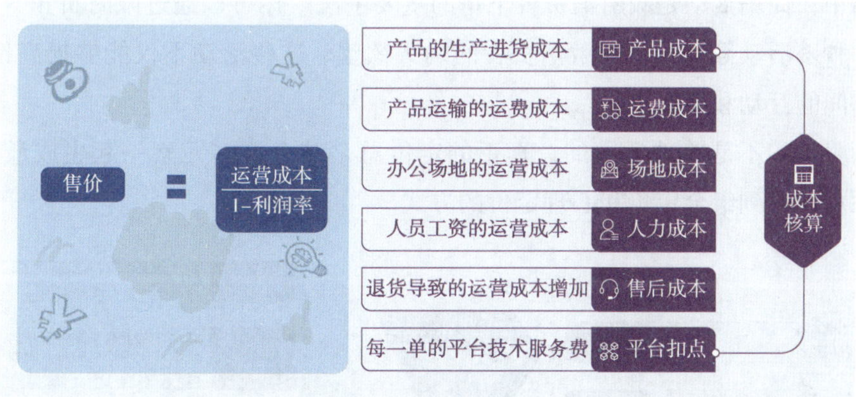

从上图可以看到，一个产品的最终售价要考虑的不仅是生产进货成本，还要考虑运费、场地、人工、售后以及平台营销和扣点等支出。在最终整个运营成本的基础上，再加上我们预期的利润率，才能生成最终的售价。在这个基础上，我们还要考虑以下的定价方法：

1. 定价金字塔原则

在直播带货中，构建一个合理的定价结构至关重要。金字塔定价策略意味着应提供不同价格层次的产品，以满足不同消费者的需求。例如，可以设置一些价格较低的引流产品来吸引观众进入直播间，然后逐步推出中等价位的潜力爆款产品，最后推出高客单价的稀缺限量款，以满足高端消费者的需求。

2. 成本加成法

在定价时，首先需要计算出产品的总成本，包括采购成本、物流成本、税费、平台费用以及可能的营销成本。在此基础上，加上你希望获得的利润百分比，就可以得出产品的最终售价。这种方法简单明了，能够确保每件商品都有盈利空间。

3. 市场比较法

在定价时，参考市场上类似产品的价格是十分必要的。这样不仅可以帮助你确定一个合理的价位，还能让你了解竞争对手的定价策略。通过比较，你可以发现自己的优势和劣势，从而调整价格以获得竞争优势。

4. 消费者心理定价

消费者的心理定价是一种非常有效的策略。例如，将价格定为 199 元而不是 200 元，可以给消费者一种价格更低的错觉。这种定价策略利用了消费者的心理预期，可以有效促进销售。

5. 促销策略

在直播中，促销活动是吸引消费者下单的重要手段。你可以通过限时折扣、满减优惠、买一赠一、秒杀活动等方式来刺激消费者的购买欲望。这些活动不仅能够提高销售额，还能提升直播间的互动和活跃度。

这些策略其实不是单独运用的，真正的定价总是结合许多元素一起生成最终的价格，我们从下图可以看到组合定价和心理定价的方式。

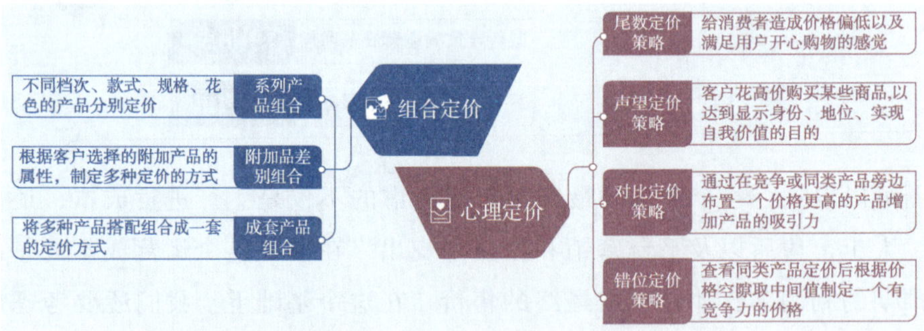

一个产品的价格并非确定后就一成不变。在直播过程中，通过 A/B 测试不同的定价策略，可以更准确地了解哪种策略更有效。例如，可以尝试在不同的时间段、不同的直播风格下，使用不同的价格策略，然后根据销售数据和消费者反馈进行调整。

直播带货是一个动态的过程，需要不断地学习和适应。通过定期分析销售数据可以发现哪些产品受欢迎，哪些产品表现不佳。同时，通过收集消费者的反馈，可以了解他们的需求和期望，从而不断优化产品组合和定价策略，以保持竞争力。

相信通过以上策略和步骤的深入探讨，你可以更加精准地进行直播选品和定价，从而在竞争激烈的直播带货市场中脱颖而出。

知识训练与巩固

一、单项选择题

1. 在直播带货选品时，以下哪项不是首要考虑的因素(　　)

A. 目标受众　　B. 商品品质

C. 产品包装设计　　D. 市场需求

2. 在直播带货中，选择热门商品的主要目的是什么(　　)

A. 提高品牌知名度　　B. 增加观众参与度

C. 减少库存积压　　D. 提升直播观看时长

3. 关于直播带货的商品定价，以下哪种说法是不正确的(　　)

A. 应根据产品成本定价　　B. 应考虑市场需求和竞争状况

C. 应始终保持低价策略　　D. 应考虑品牌定位和形象

4. 在直播带货中，以下哪种定价策略最能吸引消费者(　　)

A. 固定高价　　B. 限时折扣

C. 长期高价　　D. 无折扣

5. 在直播带货中，以下哪种行为不是良好的选品策略(　　)

A. 选择与主播形象相符的产品　　B. 选择利润高但需求低的产品

C. 选择有良好口碑和评价的产品　　D. 选择符合当前市场趋势的产品

6. 直播带货时，对于新品牌或小众品牌的产品，以下哪个策略是正确的(　　)

A. 高定价以体现独特性　　B. 低定价以吸引尝试

C. 不进行直播推广　　D. 仅依靠品牌故事销售

7. 在直播带货中，以下哪个因素不应该作为选品的依据(　　)

A. 产品的季节性　　B. 产品的品牌知名度

C. 产品的生产成本　　D. 产品的独特卖点

8. 直播带货时，如何通过定价策略提高产品的附加值(　　)

A. 增加产品的功能　　B. 通过套餐销售

C. 降低产品的质量　　D. 提高产品的包装成本

9. 在直播带货中，以下哪种情况最适合采用高价策略(　　)

A. 销售日常消费品　　　　　　　B. 销售奢侈品或限量版产品
C. 销售大众化商品　　　　　　　D. 销售季节性产品

10. 在直播带货中，如何确定产品的价格(　　)
A. 仅根据成本定价
B. 仅根据市场需求定价
C. 综合考虑成本、市场需求、品牌定位等因素
D. 根据竞争对手的价格定价

11. 直播带货时，以下哪种行为不利于建立长期的客户关系(　　)
A. 提供优质的售后服务　　　　　B. 频繁更换销售的产品
C. 保持产品价格的稳定性　　　　D. 定期举办优惠活动

12. 在直播带货中，以下哪种定价策略不适合用于提高销量(　　)
A. 限时折扣　　B. 捆绑销售　　C. 提高产品价格　　D. 买一赠一

13. 直播带货时，以下哪种情况不应该采用低价策略(　　)
A. 销售库存积压产品　　　　　　B. 销售高端电子产品
C. 吸引新客户　　　　　　　　　D. 提升品牌知名度

14. 在直播带货中，以下哪种产品最适合采用高价策略(　　)
A. 日常生活用品　　B. 稀有收藏品　　C. 季节性水果　　D. 普通服装

15. 直播带货时，以下哪种定价技巧可以提高消费者的购买紧迫感(　　)
A. 长期低价销售　　　　　　　　B. 限时折扣
C. 逐步提高价格　　　　　　　　D. 固定高价销售

实操记录表

任务	任务内容	指定完成时间	完成状态	评价等级/分数	导师评语
任务一	产品基础信息表				
任务二	产品介绍 PPT				
任务三	上台展示				
选择题					

完成状态用指定符号标注：按时完成√，迟交▲，缺交×。

附答案和解释

1. 答案：C　解释：直播带货选品首先考虑的是目标受众、商品品质和市场需求，这些因素直接关系到消费者的购买决策。产品包装设计虽然重要，但不是首要考虑的因素。

2. 答案：B　解释：选择热门商品可以吸引更多观众参与直播，提高销售转化率，这是直播带货中选择热门商品的主要目的。

3. 答案：C　解释：直播带货的商品定价应该综合考虑多种因素，包括成本、市场需求、竞争状况、品牌定位等，而不是始终保持低价策略。

4. 答案：B　解释：限时折扣能制造紧迫感，促使消费者在短时间内做出购买决策，从而吸引消费者。

5. 答案：B　解释：选择利润高但需求低的产品可能会导致销售困难，不是良好的选品策略。

6. 答案：B　解释：对于新品牌或小众品牌，较低的定价可以吸引消费者尝试，提高曝光度和接受度。

7. 答案：C　解释：产品的生产成本虽然重要，但不是消费者直接关心的因素，不应该作为选品的直接依据。

8. 答案：B　解释：通过套餐销售可以将多个相关产品打包，提高整体的附加值，增加销量。

9. 答案：B　解释：奢侈品或限量版产品通常具有独特性和高价值，适合采用高价策略。

10. 答案：C　解释：确定产品的价格应该综合考虑多种因素，包括成本、市场需求、品牌定位等，以确保价格既能吸引消费者，又能保证盈利。

11. 答案：B　解释：频繁更换销售的产品可能会使消费者难以形成品牌忠诚度，不利于建立长期的客户关系。

12. 答案：C　解释：提高产品价格可能会降低消费者的购买意愿，不适合用于提高销量。

13. 答案：B　解释：高端电子产品通常需要维持一定的价格水平以体现其价值和品质，不适合采用低价策略。

14. 答案：B　解释：稀有收藏品因其具有独特性和收藏价值，适合采用高价策略。

15. 答案：B　解释：限时折扣可以制造紧迫感，促使消费者在短时间内做出购买决策，从而提高购买效率。

第三节　直播间场地与设备筹备

知识导图

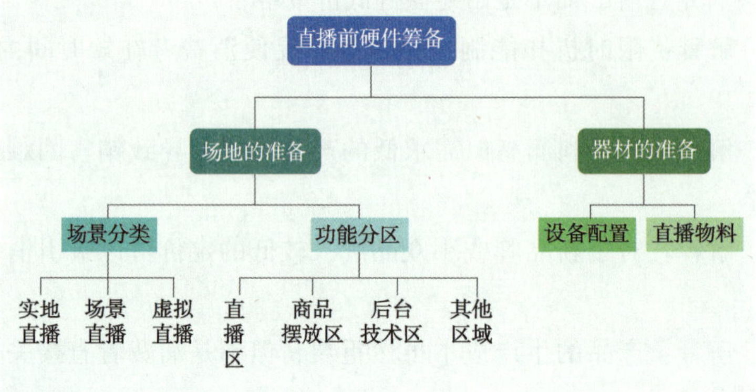

学习任务目标

一、知识目标

(1) 了解直播间场地选择和直播间功能分区；

(2) 熟悉直播设备购买要求和调试标准。

二、技能目标

(1) 能够根据直播品类选择直播场地，配置场室分区；

(2) 能够合理配置直播间各项硬件配备。

三、素养目标

(1) 具备全局观念，能对直播间搭建进行统筹规划；

(2) 具备团队合作精神，能按照团队分工完成直播间搭建工作。

模拟情景引入

小萌电商毕业后回到爸爸开的服装企业，接手线上销售工作。经过父女两人的沟通，都认同需要尽快推进直播板块业务。这就要求他们搭建两个专业的直播间，并做好开播准备。父亲把这个任务交给了小萌，由她负责进行调研和实地考察，并提供一份直播开播准备和直播间搭建方案。

【案例分析】 直播场景搭建和开播准备是一项比较系统的工作，也是做好直播的基础。在搭建直播间之前，首先要对同类目直播进行考察，看看优秀直播间的主播、装修风格、直播背景设置、产品展示等。同时，要根据直播要求对直播场地面积和设备购置成本等进行预算和规划，接下来要做好设备购置和调试，主要包括灯光设备、拍摄设备和网络设备等。

工作基本流程

任务一：模拟划分直播间场地区域。

分小组将学校指定的房间作为直播间进行分区规划。首先确定自己的直播商品品类，然后确认场地空间的大小，最后通过电脑软件绘制空间布局图，模拟场地区域分布。最终向全班或公众展示和讲解设计思路。

任务二：按预算开具设备购置清单。

由导师给出实际总预算，学生分小组讨论并通过网络搜索，最终生成合理的直播设备购置清单。最终向全班或公众展示和讲解配置思路。

任务三：布光与设备调试。

学生以小组为单位，将导师准备的设备按照直播前准备工作进行调试设置。最后，主播和助播坐在镜头前，通过群内直播进行 1 分钟的互相介绍。通过录像效果确认灯光和音响效果是否已经达到开播要求。

相关知识学习

在当今这个数字化时代，直播已经成为一种流行且有效的沟通方式。无论是进行在线教育、产品展示、娱乐表演还是个人分享，一个良好的直播体验对于吸引和保持观众至关重要。为了确保直播的质量和观众的满意度，选择合适的直播场地并配以直播设备进行细致的调试是不可或缺的步骤。

一、直播场地的选择

直播场地选择要根据直播类型和产品品类而定，目前比较常见的有以下三种：

1. 实地直播

将直播场地设在真实场景中，常见于户外直播，但有时会出现在展会摊位或者仓库等室内场合。例如，文化旅游类、农产品类的直播经常采用这种方式。观众在直播中经常会看到农产品、水产海鲜销售的直播场地就设在果园或者海边，结满果实的树林、放满刚刚捕捞上来的海鲜的渔船就是真实的背景，主播直接从树上摘下水果或者直接在海边装箱发货海鲜，都能瞬间激发用户的购买欲望。

2. 场景直播

其实就是在室内有限的空间内预先搭建的专门直播间。

古人云："三军未动，粮草先行"，直播亦是如此。要把直播做好，必须有一个各方面都能给予充足支持的直播间。对于直播间面积，要做好前期规划，提前考虑场地的具体使用安排。例如，美妆、食品适合10~30平方米的空间，以半身坐在桌前直播为主；服饰适宜50平方米的空间，以便站立展示全身；饰品、珠宝等小件商品则对面积不限，可以做近距离的产品展示；村播、代购类则以场景为主。

若条件允许，最好能有一定的空间用于存放样品、后台操作人员办公、过道、更换背景以及不同类目直播时展示架、货架、样品的摆放和主播活动。因此，穿搭类直播间的面积建议增加到50~100平方米，层高不低于2.7米；美妆、食品类建议增加到30平方米左右；饰品、珠宝类因为重在商品特写，对场地大小要求最低，10平方米即可满足基本需求了。

3. 虚拟直播

通过抠图技术以及贴片技术适时更换背景和插图。更有甚者，现在已经开始使用数字人代替真人出镜。

二、直播间场地的区域划分

环境布设是至关重要的一步。选择一个安静且光线充足的场地，可以确保直播过程中不受外界噪声的干扰，同时充足的光线能够使画面更加清晰，提升观看体验。背景选择同样不容忽视，应该简洁而专业，避免分散观众的注意力。可以选择一面纯色的墙壁或者专用背景布，或根据直播内容设计一个具有特色的背景，如展示品牌Logo或产品图案，这样可以增强品牌印象，使观众一眼识别。

在空间布局方面，要确保主播有足够的活动空间，同时也要考虑到产品展示的需要。合理安排直播区域，使其既美观又实用。

通常，在实地直播中，我们只能根据现场情况进行简单划分。而场景直播则可以根据室内直播间将整体空间划分为直播区、商品摆放区、后台技术区及其他区域，不同区域的面积和作用不同，如下表所示：

区　域	说　明	面积大小
直播区	主播直播的区域，展示直播情景和道具、推荐商品的排列和演示等	根据直播商品的体积灵活调整，如 3～5 平方米
商品摆放区	用于放置讲解的直播商品样品，当商品数量较多时，可用货架或柜子分门别类放置	根据直播商品的体积和数量灵活调整，如 8～10 平方米
后台技术区	幕后工作人员的工作区域	根据幕后工作人员的数量和所需设备(如计算机、摄像机等)灵活调整，如 3～5 平方米
其他区域	可作为主播的试衣间、化妆间等，或用于放置直播设备、道具等	根据实际需要灵活调整，如 3～5 平方米

三、直播设备的购置与筹备

(一) 直播设备的购置

基于电脑直播的现实需求，以下直播间基础设备清单可以满足打造基础功能直播间的需求：

类别	配置	实现功能	现实要求
网络设备	百兆以上网络	满足直播间数据上传及下载需求，确保至少 20Mbps 的上传速度，以支持高清直播	如非户外直播，建议首选有线宽带连接，在直播前进行网络速度测试，并在直播期间尽量减少其他网络活动，以避免不必要的干扰
	千兆路由器	高清直播间数据全速传输	实现电脑端数据传输通畅，手机端观看直播流畅
	千兆网线		
办公设备	主播电脑	稳定流畅运行直播及办公软件，便于录制和存储直播内容	推荐使用搭载最新处理器和足够内存的电脑，以确保直播软件和多任务处理时的流畅性。同时，确保电脑的存储空间足够。优先考虑笔记本电脑
	助理电脑	稳定流畅多线程运行辅助及办公软件，便于录制和存储直播内容	台式机优先，如有户外实地直播需求建议考虑笔记本电脑
	手机	方便主播及场控随时查看粉丝评论并进行互动	千元机及以上级别，考虑到长时间直播建议选择发热量低、散热好的手机，以免中途过热卡顿。为配合长期直播建议配合大容量的充电宝
	摄像头	便于以电脑作为直播端，适合推流使用	至少可以提供 720P 的清晰度和 30FPS 的帧率，自带收音功能更佳。配合适当的接线和软件可以使用单反或者微单代替
	耳麦	在降噪模式下清晰无线传播主播声音，避免现场杂音收录传播，提升音质	支持手机、电脑和单反相机多接口的一拖三无线耳麦
	办公桌椅	满足办公需求	满足主播、助播办公需求
	直播桌椅	满足直播中商品陈列以及主播和助播的就座需求	桌面需要宽大适合陈列，建议用滚轮凳子代替有靠背的椅子。可考虑配备高脚凳
	打印机	提供文档打印功能	满足直播间直播脚本、重要提示手卡、活动信息等文档打印需求的 A4 彩色打印机
灯光设备	顶灯	形成均匀的平面发光，保证整体环境亮度	要求亮度均匀性好，光线柔和，直播镜头成像无频闪。条件允许可以把背景用灯和人物用灯进行区分设置
	摄影灯	作为环境光，提供泛光源照射	优秀的色温还原度，满足呈现鲜艳度和画面感的需求
	美颜灯	局部补光，通过柔光和色温调节让人脸更加好看，提高局部亮度	满足重点凸显脸部及细节的需求

续表

类别	配置	实现功能	现实要求
其他类别	背景幕布	便于后台抠图换背景等 AI 需求	能保证镜头画面完整呈现的绿幕，条件允许可以增加蓝、红、白等纯色幕布
	各类支架	灯具、摄像头、麦克风的稳定支撑	通常灯具和摄像头都需要比较稳固的三脚架，桌面上可以考虑配置能架起手机或者麦克风的八爪鱼式支架
	提词器	直播中辅助主播记住要点	可根据实际情况使用大屏幕作为题词器，也可以使用投影式桌面提词器
	展示用货架	收纳和展示商品	建议多层简约即可，以配合产品特性为宜
	液晶屏幕	帮助主播和助播了解直播实时情况，包括客户端画面以及后台数据变化，以便做出适时调整	建议采用移动支架式，并且可以根据实际使用进行横屏或者竖屏的调整，确保视觉最大化
	手持补光设备	进行局部补光，尤其进行外景直播时作为临时补光设备	手持全色温可调补光灯、摄影反光板/伞

（二）直播设备的调试与准备

通常在直播的场地和设备购置到位后，并不代表就可以高枕无忧，每场直播前，都需要根据当场直播的需求进行测试和调整，力求以最好的效果完成直播。

1. 摄像头位置与角度

首先，摄像头与主播的距离不宜过远或者过近。过远的话，观众不仅无法看清主播展示的物品，还会产生距离感；过近的话，主播无法完全出现在画面中，会影响观众的观看体验。一般而言，建议主播处于画面中间，后方、左右以及上方都能留有一定的空间，避免主播一旦活动起来产生“跳出画面”的体验。

其次，需要将摄像头放置在略高于屏幕的位置，以此模拟面对面交流的视角，使观众感觉更加亲切。确保摄像头正对主播的面部，以便捕捉到主播的表情和眼神。

最后，在带货直播中，还要通过调整摄像头的位置和角度，确保产品以及示范操作能很好地呈现给观众，帮助观众了解产品，形成氛围感。

2. 灯光调整

通常每次在直播前都应该先进行光线测试，调整灯光的位置和亮度，直到光线均匀地覆盖在主播和助播的面部和身体上。避免直射的强光，以免造成眩光或局部过曝。同时，我们还要根据直播的时间和环境调整色温，以适应不同的光线条件。有背景时，还要考虑把人物前景灯光和背景灯光进行有效区分，避免前后光比差异过大。

良好的照明对于直播至关重要。需要至少三盏灯来实现均匀的光线分布：一盏作为主光源，放置在摄像头一侧；一盏作为补光灯，放置在另一侧，以减少阴影；还有一盏作为背景光，放置在身后，以突出主播的轮廓并使背景更加生动。

3. 声音调试

除非在比较专业的录音空间进行，否则一般我们都建议主播使用声卡和麦克风，确保直播中的声音干净明亮，减少现场噪声干扰。所以在直播前，进行几次试音，确保声音清晰且无杂音，检查麦克风的灵敏度和声音的均衡度。使用监听耳机实时监听声音，调整音量和音质，确保声音输出符合预期。

4. 网络稳定性测试

在直播前，必须进行网络速度和稳定性的全面测试。这包括实际直播中要使用到的手机和电脑运行流畅度，使用在线工具检查上传和下载速度，确保网络连接能够支持直播需求。如果可能，关闭其他占用网络资源的设备和应用程序，以减少潜在的干扰。

5. 直播前预演

也称为全面彩排。在正式直播前，建议整个团队模拟整个直播流程，检查所有设备是否正常工作，包括摄像头、灯光、麦克风、声卡和网络连接。彩排时，可以邀请几位朋友或同事观看，收集他们的反馈，以便在正式直播前做出必要的调整。

通过以上详细的步骤，你可以确保直播设备的选择和调试达到最佳状态，从而提供高质量的直播内容，吸引并保持观众的兴趣。记住，直播的成功不仅取决于内容的质量，还取决于技术细节的完美呈现。

知识训练与巩固

一、单项选择题

1. 直播间的选址应优先考虑以下哪个因素（　　）

A. 交通便利性　　　　B. 周边环境的美观度

C. 租金成本　　D. 附近是否有餐饮设施

2. 在筹备直播间时，关于场地面积的选择，以下哪种说法是正确的(　　)

A. 面积越大越好，可以展示更多商品　　B. 根据直播内容和参与人数来决定

C. 越小越好，节省成本　　D. 选择与品牌形象相符的面积

3. 以下哪个不是直播间必备基础设备(　　)

A. 稳定的网络连接　B. 高清摄像头　C. 专业照明设备　D. 高级音响系统

4. 在直播间布置中，以下哪个元素对于提升直播效果最为关键(　　)

A. 背景颜色　B. 背景图案　C. 背景的材质　D. 背景的品牌标识

5. 以下哪个因素不影响直播间照明效果(　　)

A. 灯光的色温　B. 灯光的亮度　C. 灯光的方向　D. 直播员的服装颜色

6. 在筹备直播间时，以下哪个设备不是必需的(　　)

A. 摄像头　B. 麦克风　C. 电脑或移动设备　D. 投影仪

7. 以下哪个不是直播间网络连接的考虑因素(　　)

A. 网络速度　B. 网络稳定性　C. 网络流量费用　D. 网络覆盖范围

8. 直播间的隔音效果对以下哪个方面没有影响(　　)

A. 直播音质　B. 直播员的舒适度　C. 观众的观看体验　D. 直播的隐私性

9. 在直播间设备采购中，以下哪个不是成本控制的策略(　　)

A. 选择性价比高的设备　　B. 购买二手设备

C. 租赁设备　　D. 选择最贵的设备

10. 以下哪个因素对于直播间的舒适度影响最大(　　)

A. 室内温度　B. 室内湿度　C. 室内通风　D. 室内装饰风格

实操记录表

任务	任务内容	指定完成时间	完成状态	评价等级/分数	导师评语
任务一	直播间区域设计图				
任务二	直播间设备采购清单				
任务三	群内直播灯光及音响调试				
选择题					

完成状态用指定符号标注：按时完成√，迟交▲，缺交×。

附答案和解释

1. 答案：A　解释：直播间的交通便利性对于人员和物资的流动至关重要，能够确保

直播团队和嘉宾的顺利到达，以及设备的及时运输。

2. 答案：B　解释：直播间的面积应根据直播内容和参与人数来决定，以确保直播过程中的舒适度和专业性，同时也应考虑到成本效益。

3. 答案：D　解释：高级音响系统虽然可以提升直播体验，但并非必备基础设备。稳定的网络连接、高清摄像头和专业照明设备是直播顺利进行的基础。

4. 答案：D　解释：背景的品牌标识有助于加强观众对品牌的认知，对于提升直播效果最为关键。

5. 答案：D　解释：直播员的服装颜色虽然会影响视觉效果，但不是直接影响照明效果的因素。

6. 答案：D　解释：投影仪可以用于展示 PPT 或其他视觉材料，但并非直播筹备的必需设备。

7. 答案：C　解释：网络流量费用通常不是直播筹备中需要特别考虑的因素，更重要的是网络速度、稳定性和覆盖范围。

8. 答案：B　解释：直播间的隔音效果对于直播音质、观众的观看体验和直播的隐私性都有影响，但与直播员的舒适度关系不大。

9. 答案：D　解释：选择最贵的设备通常不是成本控制的策略，而是通过选择性价比高的设备、购买二手设备或租赁设备等方法来控制成本。

10. 答案：A　解释：室内温度是直接影响直播员和观众舒适度的因素，适宜的温度可以提高直播效率和观看体验。

第四节　直播场景搭建

知识导图

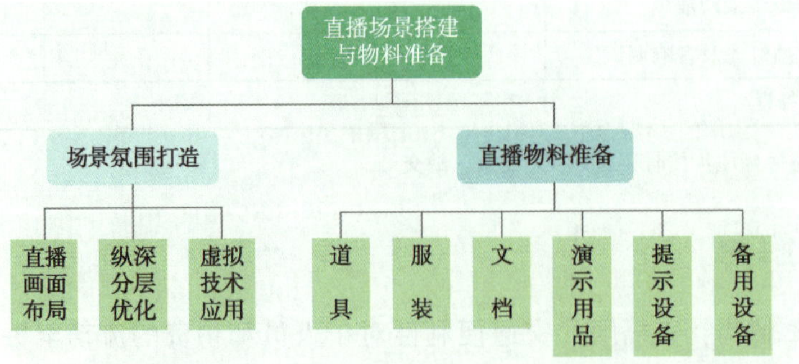

学习任务目标

一、知识目标

（1）了解直播间场景氛围营造的方法；
（2）进一步理解电商直播中的“场”的意义；
（3）能熟记常用直播物料。

二、技能目标

（1）能够根据直播主题选择场景布局设置；
（2）能够根据直播主题制作恰当的背景和虚拟直播间装修相关贴片；
（3）能够为一场直播做好物料列表。

三、素养目标

（1）具备全局观念，能对直播间搭建进行统筹规划；
（2）具备团队合作精神，能按照团队分工完成直播间搭建工作。

工作基本流程

（1）以小组为单位为自己的直播间设置基本的场景搭建模式，实现最终的直播效果画面。最终提交内容包括：

① 为即将进行的直播选取不少于三款产品，为其制作直播期间的屏幕贴片；

② 为即将进行的直播制作合适的静态背景；

③ 为即将进行的直播制作合适的视频背景；

④ 将以上内容结合产品特性和直播间定位，设置恰当的布局，提交主播出镜后的整体画面效果图。

（2）以小组为单位为即将进行的直播制作完整的物料清单，包括物料分类、物料明细、使用时间、交付时间、负责人等信息。

相关知识学习

本节讨论的场景搭建属于“人”“货”“场”三要素中的“场”，即直播间的场景和氛围如何打造。

一、场景氛围的打造

直播间“场”的质量会直接影响到用户的驻留意愿。从观众的角度出发，了解他们想看到以及不想看到的内容分别是什么，这有助于提高直播质量。

观众对于直播场景的意愿	
愿意驻留继续观看	不愿意驻留继续观看
场景光线明亮，给人通透干净的感觉； 主播主体清晰，与背景有明显的层次分离； 直播间场景陈列风格与主播/产品/粉丝特性相匹配； 画面布局合理，便于观众快速找到各个功能板块	背景信息不对称，与直播内容不符； 主播形象不佳，造型不整洁，画面色调灰暗，空间局促，人像屏幕占比不当； 光线布局不均匀，层次不突出； 场景杂乱，缺乏陈列感，画面扁平，没有主体，背景装饰与时下不对应，导致消费者产生错误的信息理解

在直播前应对直播间的场景布置进行必要的设置和策划，以便将最好的一面展现给观众。在直播的场景搭建方面，每一个细节都至关重要，因为它们共同构成观众对直播的第一印象。

从观众角度考虑画面构图，确保直播画面既符合美学原理，又方便观众观看。

符合主播气质的装修风格(如主色调、场景道具)是由场地大小来决定的，例如，背景可以用墙纸来代替，成本低。最好根据主播的喜好来确定颜色和风格，如果想节省成本，只需在直播间镜头中看到的部分下功夫，不必整个场地都装修得很漂亮

对于直播来说，营造良好氛围至关重要。自然光是最理想的选择，但当自然光不足时，可以借助 LED 灯、环形灯等辅助照明设备。灯光的布局要避免产生阴影和反光，确保光线能够均匀地照射在主播和产品上，使画面看起来更加自然和专业。

下面将从几个方面帮助大家一起认识“场”的策划。

（一）直播间画面构成要素

区域划分：当用户进入直播间后，所有信息将在大脑中快速被模块化区分，依照信息属性进行归类。一个直播画面通常包含主播、直播间背景、评论区和产品展示区这几个主要区域。

① 主播：保持良好的状态和妆容，以最佳形象出现在观众面前；

② 直播间背景：信息要简单明了；

③ 评论区：不要把产品放在评论区的后方，容易遮掩产品主体；

④ 产品展示区。

虽然现实中的直播有横屏竖屏之分，但是由于电商直播带货通常的目标用户都是移动端人群，所以习惯性地以竖屏为主。本节就以最常用的竖屏来学习一下直播画面的布局规划。以一个竖屏的直播间布局而言，我们可以简单地将空间布局分成三类：

第一类：品牌型布局

这种布局会把画面顶部作为重点区域展示其品牌名或者相关标志、口号。背景可以是纯色幕布、LED、KT 板等，主打简约。整个画面的底部是产品展示区域，可以用于堆叠产品或者作为产品示范空间。

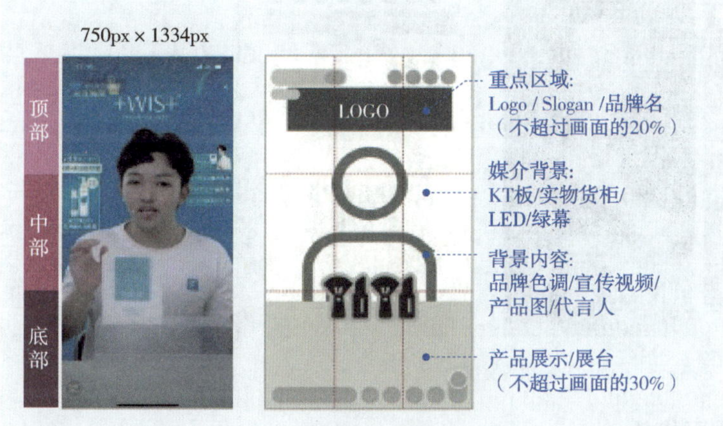

· 品牌型 ·

第二类：促销型布局

这种布局依然采用三分式布局。顶部的品牌名部分不超过画面的 10%，甚至可以去掉。主播头上的重点区域会用于呈现促销信息或者商品展示，这部分在不遮挡重点信息的前提下往往不超过画面的 30%。至于背景方面，可以选取品牌色调、宣传视频或者产品图。其他中部和底部的布局基本与第一类相同。

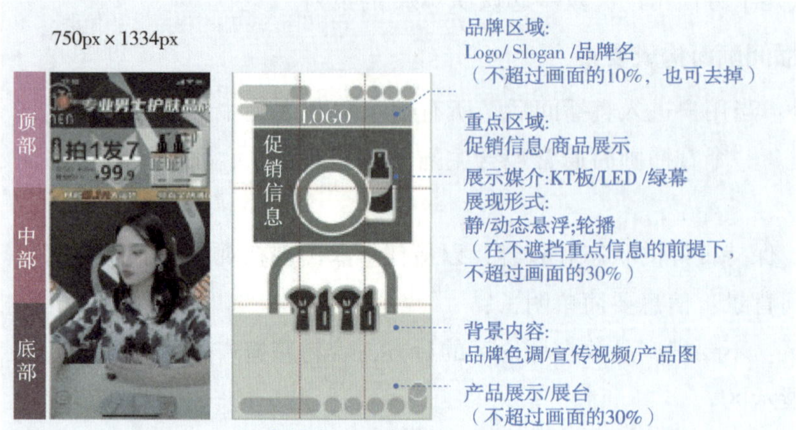

· 促销型 ·

第三类：产品型布局

这种布局往往背景直接就是货架或者卖场，连同产品信息和品牌信息的穿插展示，整个区域不超过画面的 50%。

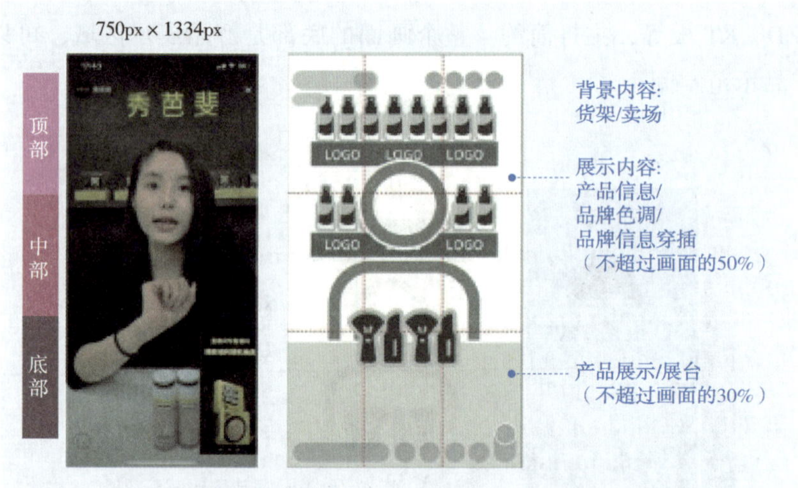

· 产品型 ·

（二）纵深分层优化

为了更好地给观众带来良好的观看体验，我们通常会对画面进行优化，即从纵深层面把直播的画面拆分成贴片、产品和主播以及背景环境。这时候我们要根据不同直播平台事先设计和制作好对应位置和尺寸的贴片，甚至可以通过绿幕抠图预先设置好不同背景环境，随着直播的推进，后台技术人员运用电脑技术适时进行更换和调整，使画面有更多变化，从而吸引和留住顾客。

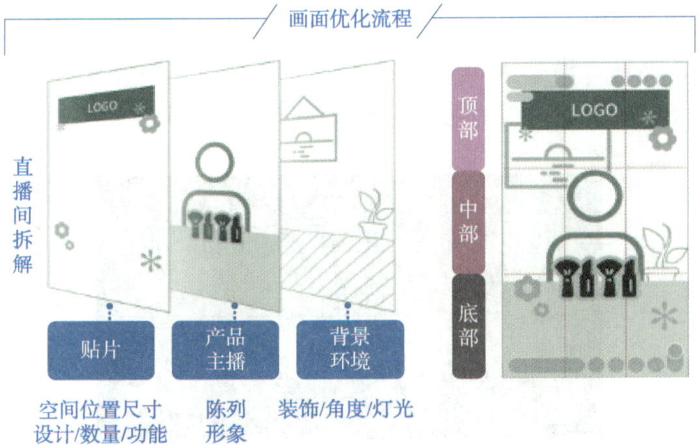

说到贴片，通常都是事前已经制作好的无底 PNG 插图。常见分为包框贴片和悬浮贴片两种：

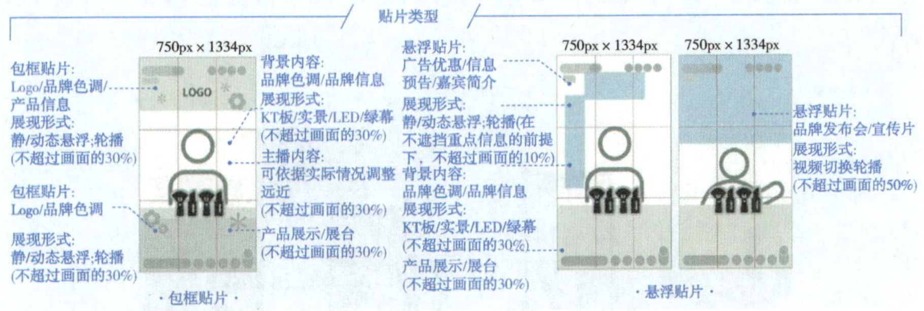

以下是一些贴片制作效果示例图，这些都要求美工人员预先创作好并提前上传到直播平台。

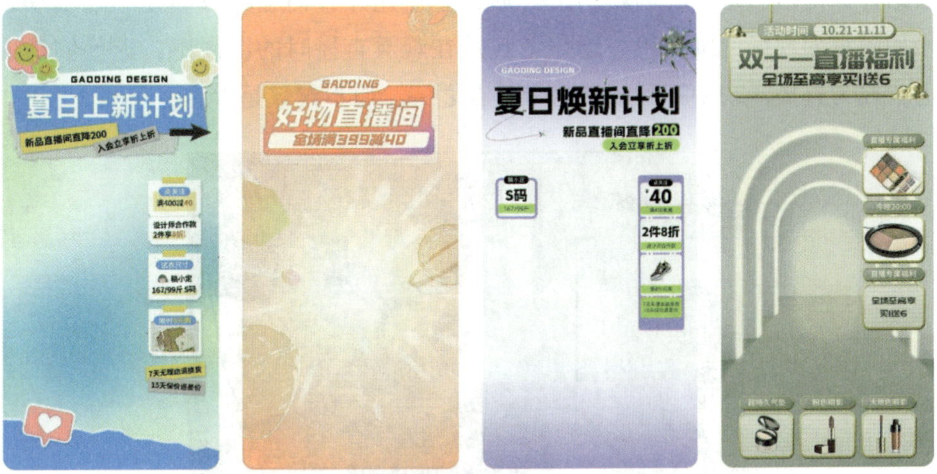

（三）虚拟技术的应用

绿幕直播又叫作抠像直播和虚拟直播。这项技术最初在影视拍摄中使用，随着影视和互联网技术的发展及紧密融合，绿幕技术逐渐渗透至各个领域。

这种技术也被引入直播行业，用来打造虚拟直播间，过去难以更换的直播环境和场景，现在可以随意变换。绿幕技术经过了不断升级，由开始的高设备要求和操作复杂，变得简单易用，几乎人人都可以操作。随着 5G 时代的到来，直播行业进入了一个新的阶段——“后直播时代”。

直播结合绿幕抠图是一种创新的组合形式，它允许直播主办方即使不在活动现场，也能创造出如同身处现场的画面感。增强了观众在观看直播时的沉浸感，让他们仿佛置身于直播现场，成为直播活动中不可或缺的参与者之一，而不仅仅是看客。

二、直播物料的准备

在准备直播物料时，你需要确保所有设备都处于最佳状态。直播设备的选择取决于直播的规模和内容。对于个人直播，高质量的摄像头和麦克风就足够了；而对于更专业的直播，可能需要专业的摄像机和音频设备。无论选择哪种设备，都要确保它们能够提供清晰的图像和声音。关于设备的更详细知识，前面已经学习过，这里主要介绍以下几个方面的物料内容：

1. 道具和装饰

适当的道具和装饰能够为直播增添趣味性和视觉吸引力。根据直播内容的不同，准备相应的道具和装饰，如产品展示架、宣传海报、主播使用的头戴或者手持装饰，以及各种具有视觉冲击力的手卡等，这些都能够帮助观众更好地理解直播内容，同时增加直播的观赏性。

2. 服装和妆容

对于主播来说，良好的外表同样重要。主播的服装和妆容应该与直播的主题相匹配，保持整洁、专业，同时也要考虑镜头前的效果，确保在直播过程中看起来自然、有魅力。因此，我们应该在直播前为主播确定好服装以及对应的配饰，并根据需要提前完成化妆工作。

3. 脚本和资料

文档资料是直播的指南针。准备一份详细的直播脚本，包括开场白、产品介绍、互动环节等内容，可以帮助主播更好地掌控直播节奏，避免出现冷场或忘词的情况。同时，收集相关资料和数据，以便在直播中随时引用，增加直播内容的权威性和说服力。这些资料通常需要准备纸质版和电子版，前者确保整个团队人手一份，后者要便于在提词器上进行呈现。

4. 产品演示用品

在直播过程中，为了更好地向观众展示产品的特性或者通过比对凸显产品卖点，很有可能会安排一些试验或者体验活动。这就需要我们在直播前将这些用品提前准备好。

5. 场控提示设备

人们常说“计划赶不上变化”，而直播的实时性注定了现场有着各种不可控因素。因此，每一场直播总会有需要场控人员现场为镜头前的主播进行提示的时候。在这种情况下，我们就要事先准备一些便于现场提示的设备。常见的如能清晰看见的计时器、手持白板和白板笔，以及其他能第一时间帮助主播理解场控要求的物件。

6. 备用设备的预留

备用设备是直播中的安全网。准备一些备用设备，如备用手机、充电宝、额外的灯光设备等，可以在关键时刻避免直播中断，确保直播的顺利进行。

通过以上这些细致的准备和搭建，你可以为观众创造一个专业、吸引人的直播环境，从而提升直播效果，吸引更多的观众。

在确认了以上的物料内容后，直播前对应的运营人员应该通过表格或者其他有效方式将这些物料根据交付时间、使用时间、负责人等一一落实。

知识训练与巩固

一、单项选择题

1. 在直播带货中，“场”指的是什么(　　)

A. 主播的人气　　B. 直播的产品

C. 直播的场景和场地　　D. 直播平台的选择

2. 以下哪个因素不是直播场景布置中需要考虑的(　　)

A. 背景的颜色搭配　　B. 直播产品的摆放

C. 直播员的穿着风格　　D. 直播员的口才

3. 在直播带货中，以下哪个设备对于提升直播场景的专业度最有帮助(　　)

A. 高清摄像头　　B. 专业照明设备　　C. 优质麦克风　　D. 所有以上设备

4. 以下哪个不是直播间照明设计中应遵循的原则(　　)

A. 光线均匀　　B. 避免强烈阴影

C. 使用单一光源　　D. 根据直播内容调整光线

5. 在直播带货中，以下哪个因素对于营造直播氛围最不重要(　　)

A. 背景音乐的选择　　B. 直播员的情绪表达

C. 直播背景的设计　　D. 直播产品的多样性

6. 在直播带货中，以下哪个不是直播场地选择时的考虑因素(　　)

A. 场地的大小　　B. 场地的地理位置

C. 场地的网络连接稳定性　　D. 场地的租金价格

7. 以下哪个策略不是直播场景布置中用于吸引观众的方法(　　)

A. 使用品牌元素进行装饰　　B. 布置与直播主题相关的场景

C. 保持场景的整洁和简约　　D. 频繁更换直播场地

8. 在直播带货中，以下哪个不是提升直播场景互动性的策略(　　)

A. 在背景中加入互动元素　　B. 使用屏幕显示观众的评论

C. 直播员与观众进行实时互动　　D. 保持直播场景的静态不变

9. 在直播带货中，以下哪个因素不是影响直播场地技术条件的因素(　　)

A. 场地的电力供应　　B. 场地的网络带宽

C. 场地的隔音效果　　D. 场地的装饰风格

10. 在直播带货中，以下哪个不是直播场地布置的基本原则(　　)

A. 确保场地安全　　B. 确保场地整洁

C. 确保场地足够私密　　D. 确保场地有足够的储物空间

实操记录表

任务	任务内容	指定完成时间	完成状态	评价等级/分数	导师评语
任务一	制作直播贴片				
任务二	制作直播静态背景				
任务三	制作直播视频背景				
任务四	制作直播物料清单				
选择题					

完成状态用指定符号标注：按时完成√，迟交▲，缺交×。

附答案和解释

1. 答案：C　解释："场"在直播带货中指的是直播的场景和场地，包括直播的背景、环境布置等，它能够影响观众的观看体验和购买欲望。

2. 答案：D　解释：直播员的口才虽然对直播效果有影响，但它不属于直播场景布置的考虑因素。

3. 答案：D　解释：所有这些设备都有助于提升直播场景的专业度，高清摄像头可以提供清晰的视觉效果，专业照明设备可以优化光线，优质麦克风可以保证良好的音质。

4. 答案：C　解释：直播间照明设计应该避免使用单一光源，以防止产生过于强烈的阴影，应使用多个光源来提供均匀的光线。

5. 答案：D　解释：直播产品的多样性虽然对于销售很重要，但对于营造直播氛围来说并不是最关键的因素。

6. 答案：B　解释：虽然地理位置对于其他商业活动很重要，但在直播带货中，场地的地理位置并不是主要考虑因素，更重要的是场地大小、网络稳定性和租金价格。

7. 答案：D　解释：频繁更换直播场地可能会使观众感到困惑，不利于建立稳定的观众群体。

8. 答案：D　解释：保持直播场景的静态不变不利于提升直播场景的互动性，而应该通过各种手段增加场景的动态性和互动性。

9. 答案：D　解释：场地的装饰风格虽然可以影响观众的视觉体验，但它不是影响直播场地技术条件的因素。

10. 答案：C　解释：直播场地的私密性不是布置的基本原则，更重要的是确保场地安全、整洁，并有足够的储物空间。

第三章

策划和筹备电商直播

第一节　电商直播营销策划

知识导图

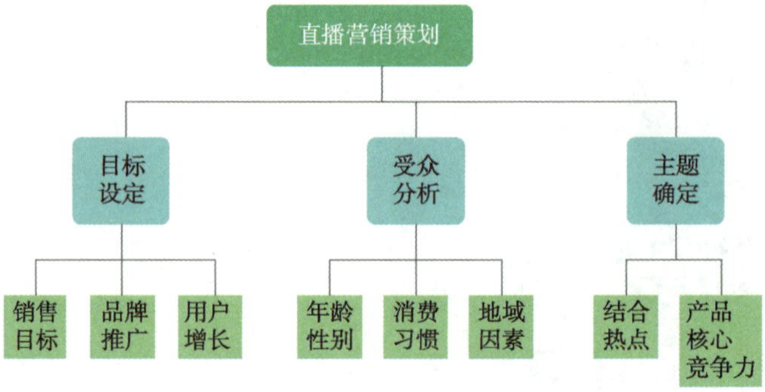

学习任务目标

一、知识目标

（1）了解直播营销的概念、特点和优势；

（2）理解直播营销的常见策略和方法；

（3）熟悉直播营销的流程和各个环节的关键要素。

二、技能目标

（1）掌握直播营销方案的制定方法；

（2）能够根据目标设定、受众分析和主题确定做好直播营销前期策划。

三、素养目标

（1）理解品牌形象塑造在直播营销中的重要性；

（2）培养创新思维和应变能力，以应对直播中的各种情况；

（3）形成团队合作意识，共同完成直播营销任务。

模拟情景引入

小美是一位年轻的创业者，刚刚完成了一系列具有特色的手工文创饰品。小美深知在如今竞争激烈的市场中，仅靠传统营销方式很难让产品脱颖而出。她偶然在看手机视频时刷到了一场非常成功的直播营销活动，直播间里热闹非凡，观众们积极互动，产品销量节节攀升。这激发了小美对直播营销的浓厚兴趣，决定深入了解并尝试运用直播营销来推广她的手工饰品。

工作基本流程

任务一：每位同学为自己小组即将开展的直播活动确立一个主题，并策划一个有吸引力的直播标题。

任务二：以小组为单位对目标受众进行分析，并提交一份目标受众分析报告。

相关知识学习

直播营销策划的概念

直播营销策划是为实现特定营销目标，通过系统性规划、创意构思、资源整合等手段，对直播营销活动进行全面设计与安排的过程。它涉及从明确营销目标、分析目标受众、选择直播平台，到规划直播内容、设计互动环节、确定推广策略以及安排直播前后相关事务等一系列的谋划。这一过程涉及直播前的筹备、直播过程中的执行以及直播后的跟进评估等多个环节的策划工作。

（一）确定直播的目标

直播目标是直播策划和执行的基石。明确的目标有助于团队集中资源，量化成果，并最终实现直播的预期效果。通常，为了明确目标，一个直播团队会遵循以下行动步骤：

1. 团队讨论

组织团队讨论，确定直播的主要目的，如品牌宣传、产品销售或用户教育。

2. 市场调研

通过市场调研了解目标市场和潜在观众的需求。

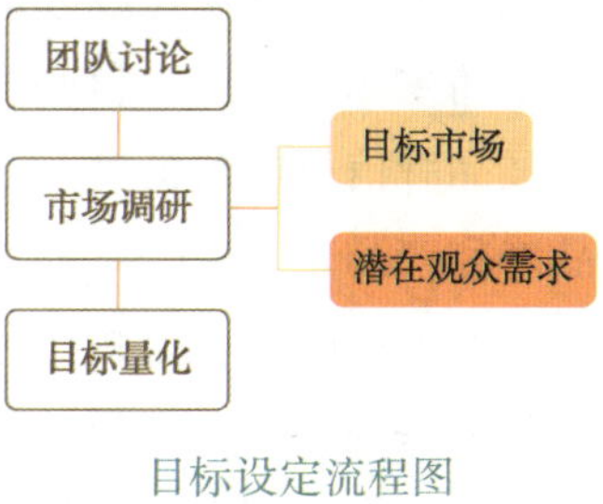

目标设定流程图

3. 目标量化

将目标转化为可衡量的指标，如观看人数、互动次数和转化率。设定具体目标，例如，增加品牌知名度，确保至少有 1000 人观看直播。

（二）为目标观众画像

了解目标观众的特征和需求是制定有效直播内容的关键。通常为了明确自己的目标受众，我们需要在直播前就从以下方面做好有关的“画像”工作：

1. 数据收集

通过问卷调查、社交媒体分析等手段收集目标观众数据。

年龄：了解目标受众的年龄范围，不同年龄层对产品的需求和兴趣点不同。例如，针对年轻消费者（18~30 岁）的直播，在内容呈现上可以更加时尚、潮流、充满活力。

性别：某些产品具有明显的性别倾向，如男性可能更关注电子产品和运动装备，女性可能更关注美妆和时尚服饰。

地域：考虑受众的地域分布，不同地区的文化、消费习惯和经济水平会影响购买决策。例如，一线城市的消费者可能更注重品牌和品质，而三四线城市的消费者可能更看重价格和实用性。

2. 特征分析

分析观众的年龄、性别、兴趣、消费习惯等特征。

消费习惯：研究目标受众的消费频率、消费金额、购买渠道偏好等。例如，有些消费者是冲动型购买者，容易被直播中的促销活动吸引；而有些消费者则是理性型购买者，更关注产品的质量和性能。

兴趣爱好：根据受众的兴趣爱好来定制直播内容。如果目标受众是摄影爱好者，那么在直播中可以展示摄影器材的使用技巧、分享摄影作品等。

3. 需求调研

了解观众对直播内容的期望和需求。

（三）选择直播主题

一场直播的主题是整个直播内容的最直观体现，你想给你的粉丝带来什么样的直播内容，都需要围绕这个主题来展开。

直播主题应与产品核心竞争力匹配。直播主题如果与产品的核心竞争力紧密相关，可以增强品牌信息的可信度。观众会认为品牌对其产品有足够的了解和信心，从而更愿意信任品牌和产品。

（1）产品分析：分析产品的独特卖点和目标市场。

（2）兴趣匹配：选择与目标观众兴趣相符的主题。

（3）创意发想：头脑风暴，结合产品和观众兴趣，发想创意主题。

（4）结合热点：结合热点选择直播主题是一种有效的方式，可以吸引更多的观众并提高直播的参与度。如在春节、国庆节等重要节日，可以策划与节日相关的直播内容，如节日习俗介绍、节日旅游攻略等。

（5）结合社会趋势和流行文化：了解当前的社会趋势和流行文化，如健康生活、环保意识等，将这些元素融入直播主题。

（6）提前准备材料和观点：在直播中利用网络热点话题吸引观众，需要提前准备好相关的材料和观点。例如，如果选择了某个热门电影作为话题，可以事先准备剧情介绍、演员阵容、影评等方面的内容。

（7）创新互动形式：引入新颖的互动形式或游戏机制，吸引用户参与，并以此作为直播的一大亮点。

（8）特殊场景设置：打造特殊的直播场景，营造独特氛围，吸引用户的注意力，并衬托出产品卖点。

通过上述方法，可以有效地利用热点事件来选择直播主题，从而提高直播的吸引力和观众的参与度。

以下是直播主题选择的流程图，展示了从分析产品特性到最终确定直播主题的步骤：

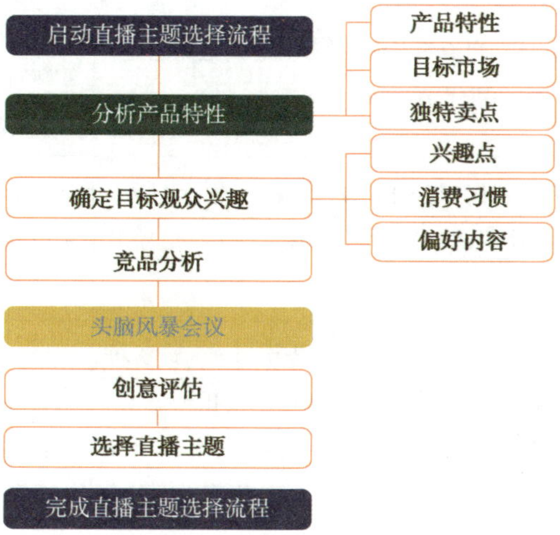

流程图解释：

(1) 开始：启动直播主题选择流程。

(2) 分析产品特性：包括产品特性分析、目标市场和独特卖点。

(3) 确定目标观众兴趣：了解目标观众的兴趣点、消费习惯和偏好内容。

(4) 竞品分析：分析竞品的直播主题和观众反馈。

(5) 头脑风暴会议：结合产品特性、目标观众兴趣和竞品分析，进行头脑风暴，发想创意。

(6) 创意评估：评估创意的相关性、吸引力和可行性。

(7) 选择直播主题：基于评估结果，选择最合适的直播主题。

(8) 结束：完成直播主题选择流程。

通过上述流程图，可以系统地进行直播主题的选择，确保所选主题既能反映产品特性，又能满足目标观众的兴趣，在市场中脱颖而出。

附：设计直播标题的常用策略

策略	说明	示例
借助名人效应	名人是大众关注的对象，直播标题也可以利用名人效应，如名人同款、名人直播带货专场等	时尚百搭，＊＊同款； 你们想看＊＊做什么； ＊＊分享护肤心得
设置疑问	在标题中设置疑问，激发用户的好奇心，增强用户的点击欲望	你用过很好用的防晒是什么？ 宝宝总是红屁股怎么办？
利益化	标题可以直接指明直播利益点，吸引用户观看	美衣即将售罄，一折起售； 大牌女装，粉丝福利一折； 一手翡翠，一件也是批发价
制造紧迫感	在标题中添加“数量有限”等字样，制造紧迫感，促使用户立刻采取行动	奢品代购，数量有限、折扣不断； 断码热卖 19.9 元，手慢无； 今日福利大放送，手慢无
借助热点	热点事件容易引起人们的广泛关注，如节日等。基于热点设计标题，通过大众对热点的关注引导用户观看直播	开学季！新品特惠； 中秋送好礼，团购月饼打折； 助力高考，全场送福利
解决用户需求	在标题中注明用户在生活或工作中遇到的烦恼和困难，或者相关的解决方案，能够解决用户需求，引起他们的关注	微胖女生的穿搭技巧； 显瘦美衣上新； 枕头不对，一夜难眠

内容规划是直播成功的关键，围绕吸引观众的元素规划内容。行动步骤如下：

（1）内容大纲：制定直播内容的大纲，包括开场、主要话题和互动环节等。

（2）互动设计：设计互动环节，如问答、投票和抽奖等。

（3）内容审核：确保内容符合品牌形象，无违规风险。

开场：通过有趣的开场白、精彩的预告或互动活动吸引观众的注意力，如开场进行抽奖，送出小礼品。

主体内容：按照逻辑顺序介绍产品或服务。如果涉及多个产品，可以根据其重要性或受欢迎程度依次介绍。例如，在电子产品直播中，可以先介绍旗舰手机，再介绍周边配件。

互动环节：合理安排问答、抽奖、投票等互动环节，增加观众的参与感。比如每介绍完一个产品，进行一个小问答，答对者获得优惠券。

结尾：对直播内容进行总结，再次强调关键信息，如产品的优惠信息、购买方式等，并感谢观众的观看。

知识训练与巩固

一、单项选择题

1. 直播营销策划的过程不包括以下哪个环节（　　）

A. 明确营销目标　　B. 分析目标受众

C. 随意选择直播平台　　D. 规划直播内容

2. 确定直播目标的行动步骤不包括（　　）

A. 个人思考　　B. 团队讨论　　C. 市场调研　　D. 目标量化

3. 了解目标观众特征和需求的关键是（　　）

A. 目标观众画像　　B. 随意猜测　　C. 不做分析　　D. 主观判断

4. 收集目标观众数据的手段不包括（　　）

A. 问卷调查　　B. 社交媒体分析　　C. 凭空想象　　D. 数据收集

5. 结合热点选择直播主题时，需要提前准备好（　　）

A. 相关材料和观点　　B. 不需要准备　　C. 随意发挥　　D. 临时想内容

6. 直播主题选择流程图中不包括以下哪个步骤（　　）

A. 分析产品特性　　B. 确定目标观众兴趣

C. 忽略竞品分析　　D. 选择直播主题

7. 直播内容规划的关键是(　　)

A. 随意安排内容　　B. 围绕吸引观众的元素规划内容

C. 不考虑观众感受　　D. 没有重点

8. 直播内容规划的行动步骤不包括(　　)

A. 内容大纲　　B. 互动设计　　C. 内容抄袭　　D. 内容审核

9. 撰写直播前营销策划方案的行动步骤不包括(　　)

A. 目标明确　　B. 策略制定　　C. 执行计划　　D. 模糊不清

10. 直播效果评估不包括以下哪个方面(　　)

A. 数据统计　　B. 目标达成情况分析

C. 观众反馈分析　　D. 忽视总结经验教训

实操记录表

任务	任务内容	指定完成时间	完成状态	评价等级/分数	导师评语
任务一	策划直播主题以及有吸引力的直播标题				
任务二	目标受众分析报告				
选择题					

完成状态用指定符号标注：按时完成√，迟交▲，缺交×。

附答案和解释

1. 答案：C　解释：直播营销策划需要谨慎选择合适的直播平台，而不是随意选择，明确营销目标、分析目标受众、规划直播内容是直播营销策划中的重要环节。

2. 答案：A　解释：确定直播目标的行动步骤包括团队讨论、市场调研、目标量化，并没有个人思考，直播目标的确定往往需要团队协作与市场相关的操作。

3. 答案：A　解释：目标观众画像能够系统地分析目标观众的特征和需求，而随意猜测、不做分析、主观判断都不是科学有效了解目标观众的方式。

4. 答案：C　解释：问卷调查和社交媒体分析都是收集目标观众数据的手段，数据收集是一个概括性说法，而凭空想象不能作为收集数据的手段。

5. 答案：A　解释：结合热点选择直播主题时，提前准备好相关材料和观点是很必要的，而不需要准备、随意发挥和临时想内容不利于直播主题的有效开展。

6. 答案：C　解释：直播主题选择流程图包括分析产品特性、确定目标观众兴趣、选择直播主题等，竞品分析是其中的环节，不能忽略。

7. 答案：B　解释：直播内容规划的关键是围绕吸引观众的元素规划内容，随意安排内容、不考虑观众感受和没有重点都不利于直播内容规划。

8. 答案：C　解释：直播内容规划的行动步骤包括内容大纲、互动设计、内容审核，内容抄袭是违反职业道德和规则的行为，不是正常的规划步骤。

9. 答案：D　解释：撰写直播前营销策划方案的行动步骤包括目标明确、策略制定、执行计划，模糊不清不是一个具体的步骤。

10. 答案：D　解释：直播效果评估包括数据统计、目标达成情况分析和观众反馈分析，总结经验教训也是效果评估中的重要部分，不能忽视。

第二节　电商直播活动基本流程

知识导图

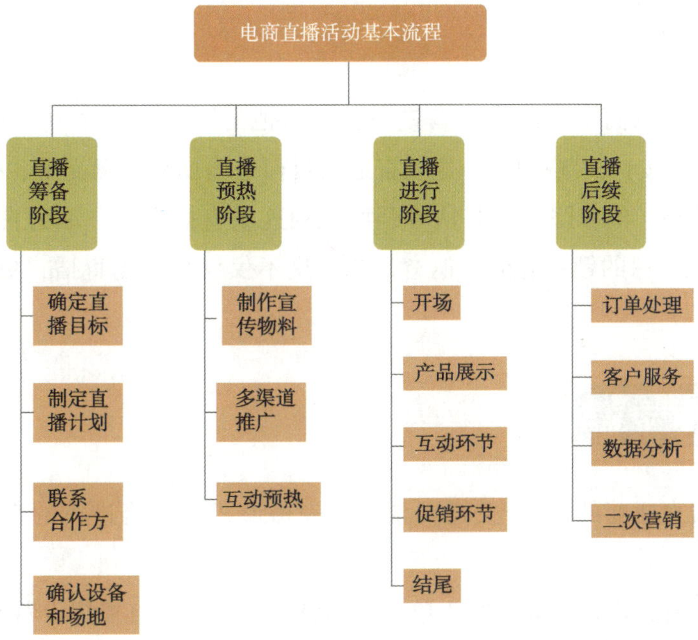

学习任务目标

一、知识目标

（1）了解从直播前的准备到直播后的分析的整个流程；

（2）熟悉电商直播每个环节的关键要素。

二、技能目标

（1）能够为一场电商直播活动拟定初步的整体计划；

（2）能够拟定覆盖整个流程的直播营销策划方案。

三、素养目标

（1）对活动策划养成面面俱到的大局观；

（2）在直播活动的策划过程中，与团队成员有效沟通和协作，共同完成任务，培养团队合作意识。

模拟情景引入

小董是一家知名电商平台的直播营销负责人，他的团队即将举办一场大型直播活动，以推广即将到来的“双十一”购物节。这场直播的目标是增加品牌曝光度、提高用户参与度，并最终推动产品销售。他和团队需要从零开始规划这场直播活动。因为直播活动的成功与否将直接影响“双十一”的销售业绩。他意识到，这不仅仅是一场直播，更是一场精心策划的营销战役。

工作基本流程

任务一：根据直播前的 12 个关键要素，以表格形式为即将进行的直播活动制定初步计划；

任务二：参考有关模板，以小组为单位为即将到来的电商直播拟定营销策划方案。

相关知识学习

一、直播活动前的关键要素有哪些？

直播活动前包括筹备阶段和预热阶段，这两个阶段是确保直播成功的关键时期，直播活动前需注意以下 12 个关键要素：

1. 明确直播目标

如品牌宣传、产品销售等。设定可量化的目标，如观看人数、互动次数、销售转化率等。

2. 了解目标观众

分析目标观众的特点，包括年龄、性别、兴趣、消费习惯等。调研观众需求和偏好，以制定直播内容。

3. 选择直播主题

根据产品特性和目标观众的兴趣，选择有吸引力的直播主题。确保主题与品牌形象和市场定位相符。

4. 制定直播计划

规划详细的直播流程，包括开场、主要话题、互动环节、结束语等。准备直播脚本，确保内容连贯、有趣且富有吸引力。

5. 技术准备

检查直播设备，包括摄像头、麦克风、照明和网络连接。选择合适的直播平台，并确保团队熟悉平台的操作。

6. 主播和嘉宾

确定直播的主持人或嘉宾，如果邀请了嘉宾，需提前与嘉宾沟通直播流程，确保他们了解直播的内容和目标。

7. 产品和物料准备

准备直播中将展示的产品或服务，完成产品信息表的制作，并确保对产品知识有足够的了解。准备所需的展示物料，如演示文稿、道具、背景板等。

8. 营销和推广

制定直播前的推广计划，包括社交媒体、电子邮件营销、合作伙伴渠道等。设计吸引观众的直播预告和海报。

9. 排练和测试

进行直播前的彩排，检查流程、技术设备和内容的流畅性。测试直播链接，确保观众能够顺利进入直播间。

10. 风险管理

预见可能出现的问题，并制定应急预案，如技术故障、嘉宾迟到等。准备备用方案，包括备用设备、内容备份等。

11. 法律和合规性

确保直播内容遵守相关法律法规，如版权、商标、广告法等。获取必要的许可和批准，特别是当涉及嘉宾和音乐版权时。

12. 团队协作

明确团队成员的职责和任务分配。确保团队成员之间的沟通畅通，以便于直播过程中的有效协作。

通过关注这些关键要素，可以确保直播筹备阶段的工作有序开展，为直播的成功奠定坚实的基础。

二、如何撰写直播前营销策划方案

一份详细的营销策划方案能指导直播的准备工作。在撰写方案时，应确保每个部分都清晰、具体，易于执行。行动步骤如下：

1. 目标明确

根据前述步骤明确直播目标。

2. 策略制定

制定实现目标的策略，如内容创意、推广计划等。

3. 执行计划

制定详细的执行计划，包括时间表、人员分工、物料准备等。

以下为电商直播营销策划方案模板：

一、直播主题

[具体、有吸引力的直播主题名称]

二、直播目标

1. 销售目标

设定具体的销售金额或销售数量目标。

例如，在本次直播中实现销售额×万元，销售产品×件。

2. 品牌推广目标

提升品牌的搜索指数至[具体幅度]。

增加社交媒体品牌提及量至[具体数量]。

3. 用户增长目标

吸引新用户的关注量至[具体数量]。

提高用户互动率，如评论数、点赞数达到[具体数值]。

三、直播时间

[具体日期和时间段]

四、直播平台

[所选择直播平台的名称]

五、目标受众分析

1. 年龄与性别

[描述目标受众的年龄范围和性别特点]

例如：主要面向20~35岁的年轻女性。

针对该群体突出的产品优势：[列举适合该群体的产品优势，如时尚设计、便捷使用等]。

2. 消费习惯

冲动型消费者：

促销策略：[列举针对冲动型消费者的促销手段，如限时折扣、限量抢购等]。

信息提供方式：[强调产品的亮点和即时吸引力，如立即拥有，时尚必备等]。

理性消费者：

促销策略：[列举针对理性消费者的促销手段，如提供详细的产品参数对比、用户评价等]。

信息提供方式：[强调产品的品质、性价比和长期价值，如品质保证，耐用实惠等]。

3. 地域因素

[分析目标受众所在的主要地域，以及该地域的气候、文化和经济特点]。

产品推荐：[根据地域特点推荐适合的产品，如针对北方地区推荐保暖产品，针对南方地区推荐清凉产品等]。

六、直播内容策划

1. 开场环节

主播自我介绍，欢迎观众。

简要介绍直播主题和流程。

宣布开场福利，如抽奖活动、优惠券发放等。

2. 产品展示与讲解

按照事先确定的顺序依次展示产品。

详细介绍产品的特点、优势及使用方法。

结合实际案例或用户体验分享，以增强产品的可信度。

3. 互动环节

提问环节：鼓励观众提问，主播应及时回答。

抽奖环节：设置不同奖项，增加观众参与度。

游戏环节：如猜谜语、产品知识问答等，获胜者可获得奖品。

4. 促销环节

宣布直播期间的专属优惠，如折扣、满减和赠品等。

强调限时抢购，营造紧迫感。

展示购买方式和流程，方便观众下单。

5. 结尾环节

总结直播内容，再次强调产品的优势和优惠。

引导观众关注直播间，预告下一次直播的时间和主题。

感谢观众的支持和参与。

七、直播推广方案

1. 社交媒体推广

在微博、微信、抖音等平台发布直播预告，吸引粉丝关注。

利用话题标签提高直播的曝光度。

2. 合作推广

与相关领域的博主、达人合作，邀请他们宣传直播。

与品牌合作伙伴共同推广，扩大直播的影响力。

3. 站内推广

在直播平台上进行推广，如购买推荐位、发送站内通知等。

八、直播团队分工

1. 主播

负责产品展示、讲解和互动环节的主持。

需要具备良好的表达能力和销售技巧。

2. 助播

协助主播进行产品展示和互动环节。

负责回复观众的提问和评论。

3. 运营人员

负责直播的策划、推广和数据分析。

监控直播过程中的技术问题和突发情况。

4. 技术人员

确保直播设备的正常运行。

负责直播画面的拍摄、剪辑和后期制作。

九、直播预算

1. 直播设备费用

[列举所需的直播设备，如摄像头、麦克风、灯光等，并估算费用]。

2. 产品成本

[计算直播中展示和销售的产品成本]。

3. 主播费用

[如果邀请了外部主播，列出主播费用]。

4. 推广费用

[包括社交媒体推广、合作推广等费用]。

5. 其他费用

[如场地租赁、道具制作等费用]。

十、效果评估与总结

1. 数据统计

直播结束后，统计观看人数、点赞数、评论数、销售金额等数据。

2. 目标达成情况分析

对比直播目标，分析销售目标、品牌推广目标和用户增长目标的达成情况。

3. 观众反馈分析

收集观众的反馈意见，如产品评价、直播体验等。

4. 总结经验教训

根据效果评估结果，总结本次直播的成功经验和不足之处。

提出改进措施，为下一次直播提供参考。

三、直播活动前的营销推广

在直播活动前进行营销推广是确保直播成功的关键步骤，以下是一些有效的营销推广策略。

1. 明确目标受众

在策划直播活动之前，需要明确定义目标受众群体。通过细分目标受众群体，可以更好地了解他们的需求和兴趣，从而提供更有针对性的内容和营销活动。

2. 社交媒体推广

利用社交媒体平台进行直播预告和分享，吸引更多观众关注。与意见领袖和网红合作，扩大品牌影响力。

3. 内容种草

在直播前，通过内容平台如抖音、快手等进行种草，吸引用户关注并产生购买兴趣。内容种草已成为消费者形成购买决策的重要途径之一。

四、直播后续阶段的基本工作

一场电商直播结束后，并不代表工作就全部结束了，其实还有以下基本工作需要完成：

1. 数据分析

直播结束后，团队成员需要迅速行动，收集并深入分析直播过程中的各项关键数据。包括但不限于观看人数、点赞数、评论数、转化率以及销售额等重要指标。通过这些数据，可以评估直播的整体表现，了解哪些环节做得好，哪些环节需要改进。数据分析的结果将为未来的直播策划提供宝贵的经验和依据。

2. 客户反馈

直播期间，观众的提问和评论是了解他们真实想法的直接途径。直播结束后，团队需要仔细整理这些反馈信息，从中挖掘出观众的需求和对产品的看法。这些信息对于产品改进和优化至关重要，有助于提升用户体验和满意度。

3. 回复评论

直播虽然结束，但与观众的互动不应停止。及时回复直播间的评论，不仅能够增强观众的参与感，还能进一步提升用户黏性。回复时，可以适当加入一些个性化和情感化的元素，让观众感受到品牌的温度和关怀。

4. 物流跟进

确保所有订单准确无误地发出，并实时跟踪物流情况。在物流过程中，可能会出现各种意外情况，及时处理如延误、损坏等问题，是保证客户满意度的关键。良好的物流服务能够为品牌赢得更多的信任和好评。

5. 售后服务

提供优质的售后服务是维护客户关系的重要环节。包括退换货处理、客户咨询解答等。通过高效的售后服务，可以有效解决客户的问题，提升客户满意度，甚至将不满的客户转化为品牌的忠实粉丝。

6. 内容整理

直播结束后，将直播内容进行剪辑，制作成回放视频或精华片段。这些内容可以用于后续的宣传和营销，比如在社交媒体上分享，或者作为邮件营销的素材。通过这种方式可以扩大直播的影响力，吸引更多的潜在客户。

7. 营销推广

利用直播中收集的数据和内容，进行后续的营销推广活动。包括社交媒体的分享、邮件营销以及定向广告投放。通过这些活动，可以将直播的热度转化为实际的销售成果，进一步扩大品牌的影响力。

8. 团队复盘

直播结束后，组织团队成员进行一次全面的复盘会议。在会议中，每个成员都可以分享自己的观察和感受，总结经验教训，讨论哪些地方做得好，哪些地方需要改进。通过这样的复盘，团队可以不断进步，为下一次直播的成功打下坚实的基础。

知识训练与巩固

一、单项选择题

1. 在直播筹备阶段中，以下哪项不是关键要素(　　)

A. 明确直播目标　　B. 了解目标观众

C. 选择直播主题　　D. 观众反馈分析

2. 在直播活动前，以下哪项不是营销推广的有效策略(　　)

A. 社交媒体推广　　B. 电子邮件营销

C. 直接忽略目标受众　　D. 与意见领袖合作

3. 直播主题选择时，以下哪项不是考虑的因素(　　)

A. 产品特性　　B. 目标观众兴趣

C. 品牌形象　　D. 竞争对手的直播内容

4. 在产品信息表中，以下哪项不是必要的信息(　　)

A. 产品名称　　B. 产品图片　　C. 产品价格　　D. 产品的未来规划

5. 在制作产品信息表时，以下哪项不是图片的建议(　　)

A. 使用高分辨率图片　　B. 多角度展示产品

C. 只使用产品正面图片　　D. 突出产品细节特写

6. 在直播营销推广中，以下哪项不是互动设计的目的(　　)

A. 提高观众参与度　　B. 增加直播的互动性和趣味性

C. 减少观众对产品的疑问　　D. 通过互动环节提高销售转化率

7. 在直播活动前，以下哪项不是风险管理的一部分(　　)

A. 预见可能出现的问题　　B. 制定应急预案

C. 准备备用方案　　D. 避免任何形式的备份

8. 直播内容的法律和合规性中，以下哪项不是必要的(　　)

A. 确保内容符合版权法规　　B. 获取必要的许可和批准

C. 忽略广告法的规定　　D. 确保所有图片符合版权法规

9. 直播营销推广中，以下哪项不是社交媒体推广的目的(　　)

A. 吸引更多观众关注　　B. 扩大品牌影响力

C. 减少直播的观众数量　　D. 与意见领袖和网红合作

10. 直播过程中，如果直播间氛围不好，以下哪项不是有效的救场策略(　　)

A. 发放红包和小礼物　　B. 增加与粉丝的互动

C. 忽略观众的反馈　　D. 转移观众的注意力

实操记录表

任务	任务内容	指定完成时间	完成状态	评价等级/分数	导师评语
任务一	根据12个关键要素制作直播活动初步计划表				
任务二	制作电商直播营销策划方案				
选择题					

完成状态用指定符号标注：按时完成√，迟交▲，缺交×。

附答案和解释

1. 答案：D　解释：观众反馈分析通常是直播后进行的，以评估直播的效果和观众的满意度，它是直播筹备阶段之外的环节。

2. 答案：C　解释：忽略目标受众是营销推广中的大忌，因为不了解目标受众将导致营销活动失败。

3. 答案：D　解释：虽然了解竞争对手的直播内容可能有助于策略制定，但它不是选择直播主题时的主要考虑因素。

4. 答案：D　解释：产品信息表应包含当前产品的详细信息，而未来规划可能涉及公司机密或尚未确定的信息，通常不包括在内。

5. 答案：C　解释：只展示产品的正面图片限制了观众对产品全貌的了解。高质量的产品图片应包括多角度展示和细节特写。

6. 答案：C　解释：互动设计的目的在于提高参与度和增加趣味性，而不是直接减少观众的疑问。疑问的减少通常是通过提供详细的产品信息来实现的。

7. 答案：D　解释：在风险管理中，准备备份方案是至关重要的，以确保在出现问题时能够迅速恢复直播。

8. 答案：C　解释：直播内容必须遵守所有相关的法律法规，包括广告法，以避免法律责任。

9. 答案：C　解释：社交媒体推广的目的是增加观众数量和提高品牌影响力，而不是减少观众。

10. 答案：C　解释：忽略观众的反馈是一个糟糕的策略，因为它可能会导致观众不满和流失。有效的救场策略应该包括积极回应和安抚观众。

第三节　直播活动控场策略

知识导图

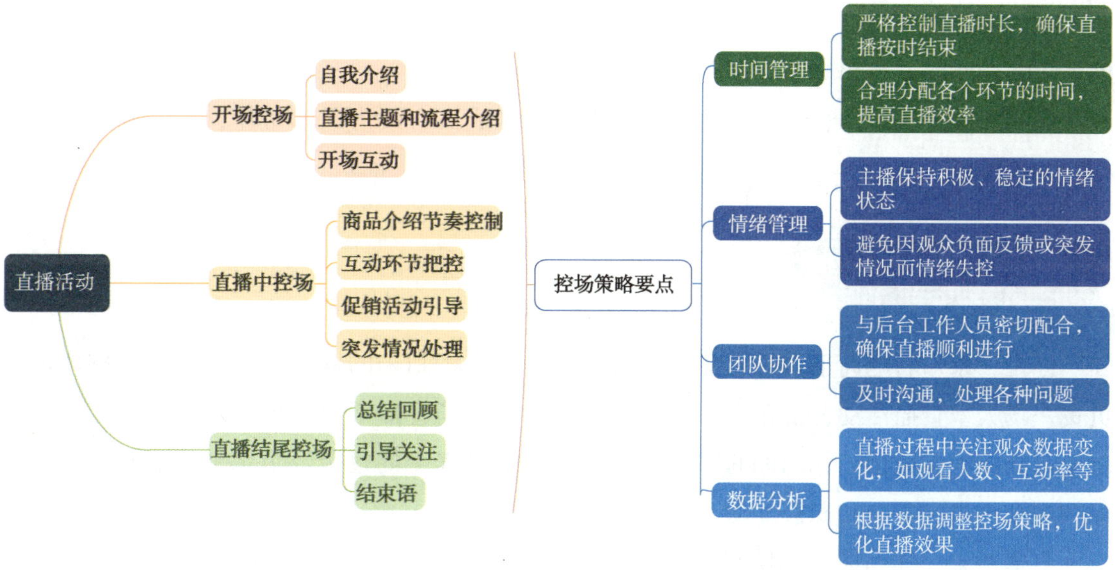

学习任务目标

一、知识目标

(1) 了解直播活动的控场基本原则；

(2) 理解直播活动控场的重要性；

(3) 熟悉直播活动控场的常见技巧。

二、技能目标

(1) 掌握直播控场的方法，能够制定有效的直播计划，并在直播中执行；

(2) 能够应对直播中的突发情况，掌握在直播过程中处理技术问题、观众提问和突发事件的技巧；

(3) 能够运用直播控场提升观众参与度，熟练运用直播平台的互动功能，如弹幕管理、投票、抽奖等，以提高观众的参与度和互动性。

三、素养目标

(1) 理解直播控场对品牌形象的影响，认识到在直播控场中维护品牌形象的重要性，以及其对品牌忠诚度的长远影响；

(2) 培养创新思维和灵活应变能力，在面对直播中的不可预测情况时，能够迅速调整控场策略，展现创新和应变能力；

(3) 形成团队合作意识，在直播控场中与团队成员有效沟通和协作，共同确保直播活动的顺利进行。

模拟情景引入

你是一家知名电商平台的直播团队负责人。在即将到来的双十一购物节，你的团队将负责一场大型直播活动，旨在推广一系列新产品。这场直播不仅需要展示产品特点，还要激发观众的购买欲望。你和你的团队需要确保直播过程中的每个环节都能顺利进行，同时保持观众的高度参与和积极互动。

直播当天，你和你的团队早早地来到了直播间，进行了最后的设备检查和流程梳理。你知道，直播的成功不仅取决于前期的准备，还取决于直播过程中的控场能力。

工作基本流程

任务一：小组对抗演习。每小组轮流进行 10 分钟群内直播，其他小组根据抽签选择制造的问题，通过弹幕互动为直播中的小组制造难题，以此检验直播小组的处理能力。

任务二：每位同学录屏并观看一场不少于 30 分钟的电商直播，并根据现场情况对该场直播的控场策略进行总结及分析，撰写并提交分析报告。

相关知识学习

一、如何处理直播过程中可能出现的意外情况

在直播间现场没有 NG，对主播的临场应变能力要求很高，若一次口误没有处理好，很容易引发全网嘲笑。主播和运营团队都无法提前预料和准备突发状况的发生。即便是头部主播，也曾在直播时面临各种意外。

处理直播过程中可能出现的意外情况，需要主播和运营团队具备高度的应变能力和充分的准备。以下是一些具体的应对策略：

1. 技术故障应对

预案准备：在直播前，确保所有设备和网络连接已经过测试，准备好备用设备和网络线路。

快速切换：一旦发生技术问题，迅速切换到备用设备或网络，以最小化中断时间。

透明沟通：在解决问题的同时，向观众说明情况，避免观众流失。

互动补偿：如问题解决需要时间，可以通过发放红包、优惠券或进行互动游戏来吸引观众的注意力。

2. 内容失误应对

及时纠正：如果主播出现口误或信息错误，应立即纠正并诚恳道歉。

专业支持：对于复杂问题，可邀请专家或团队成员协助解答，确保信息准确。

转移焦点：引入新话题或活动，转移观众对失误的关注。

3. 观众互动问题

正面回应：对于观众的负面评论，主播应保持冷静，正面回应，避免冲突升级。

版规管理：对于违反直播间规则的行为应及时进行管理，如禁言或移除违规者。

4. 突发事件应对

紧急预案：针对自然灾害和意外事故等制定紧急预案，确保人员安全。

快速决策：在确保安全的前提下，快速决定是否继续直播或暂停。

5. 法律问题应对

合规意识：确保直播内容遵守法律法规，避免侵权行为。

法律咨询：遇到法律问题时，及时咨询法律专业人士。

6. 主播状态管理

健康监测：主播应保持良好的身心状态，避免因健康问题影响直播。

替补准备：在主播无法直播时，准备替补主播以确保直播的连续性。

7. 团队协作

明确分工：团队成员间应明确分工，确保在出现问题时能够迅速响应。

实时沟通：保持团队成员之间的实时沟通，确保信息流通和协调一致。

8. 总结反馈

事后分析：直播结束后，对出现的意外情况进行分析，总结经验教训。

持续改进：根据反馈和总结，不断改进直播流程和应对策略。

对主播和运营而言，每场直播机会只有一次，一旦“翻车”，无法剪辑或推倒重来，最重要的还是在一次次现场中磨炼临场反应能力和危机处理技巧。

以下是处理直播技术问题的经验分享：

直播卡顿问题

直播出现卡顿的原因一般为两种，即设备配置不够和网络环境比较差。如果是因为设备问题导致的卡顿，应及时更换性能良好的设备；如果是网络问题，则需要切换到稳定的网络，最好能保证直播设备单独使用一条网络线路。

直播闪退、黑屏问题

这类问题可能是设备内存被其他应用程序占用或内存不足造成的，建议重启程序后再次登录。（建议大家要定期清理自己的手机内存，避免重要直播或者工作时手机因内存过满而出现状况。定期清理微信、抖音等常用软件的缓存，开启手机百度云备份功能，照片和视频等都备份到云端，就可以随时删除手机里的照片和视频）

直播间突然中断问题

出现这种情况有网络问题和其他手机同时登录同一账号两种原因。

其他常见问题

比如音画不同步、声音卡顿或是无声音等故障，这类问题通常可以通过检查相关设备、重启程序、检查网络和更换设备等方式来解决。

二、面对观众的负面评论和不满情绪，有效地进行控场是直播成功的关键

在直播间如何有效应对观众的负面评论和不满情绪，是确保直播顺利进行的重要因素。以下是一些应对策略：

不管观众发表何种评论，主播都应保持冷静，不要被情绪所影响，以专业的态度对待每一个评论。对于观众的负面评论，主播应及时回应，避免问题进一步恶化。可以通过弹幕或直播聊天功能直接回复，或者在直播中口头回应。如果负面情绪集中在某个特定问题上，可以尝试转移话题，将观众的注意力引向其他积极的方面。对于观众的疑虑或误解，提供正面的解释和信息，帮助观众更好地了解情况。

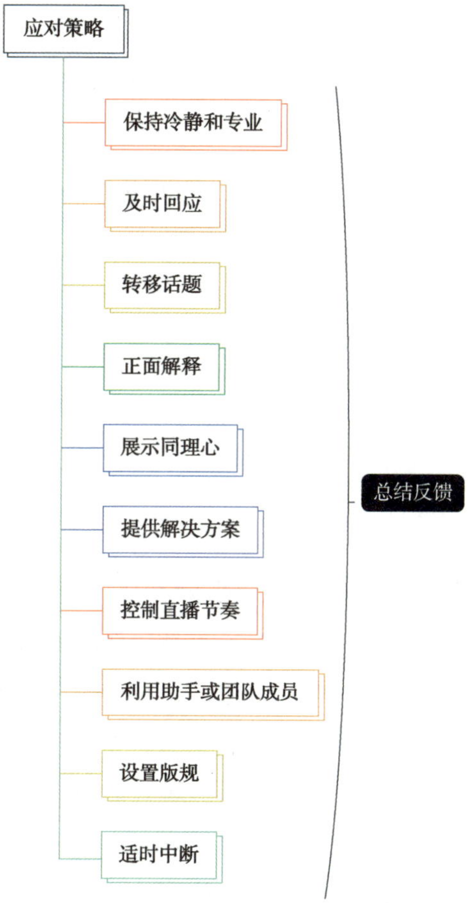

展示同理心，表达对观众不满情绪的理解和关心，让观众感到被重视。如果问题可以解决，提供明确的解决方案或改进措施。通过合理安排直播的流程和节奏，减少负面情绪的影响。例如，可以安排一些积极的互动环节来提振观众的情绪。指定团队成员负责监控和回应观众的评论，帮助主播管理直播间的氛围。在直播开始前，明确直播间的规则，对于违反规则的行为进行适度的管理，如禁言或移除。必要时适时中断直播，待情况稳定后再继续。

在直播结束后，总结观众的反馈，对于合理的批评和建议进行内部讨论，并在下一次直播中进行改进。

三、在直播中创造有趣的互动环节

为了充分利用直播活动的互动性和实时性，吸引观众并提高他们的参与度，可以采取以下策略：

设计问答环节，鼓励观众在直播中提出问题，并实时回答。通过直播间的弹幕或聊天功能与观众进行互动。安排互动游戏，如猜价格、快速问答等，增加直播的趣味性。设立挑战环节，如产品使用挑战，鼓励观众参与并分享。利用直播平台的投票功能，让

观众参与决策，如选择接下来介绍的产品或讨论的话题。进行实时调查，收集观众的反馈和意见。

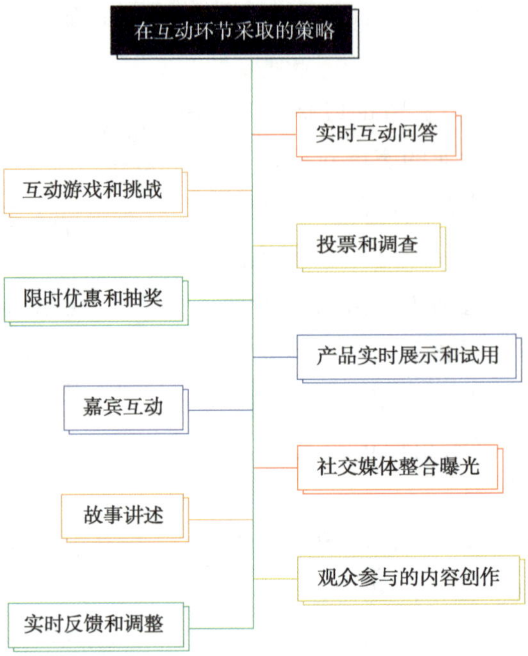

提供限时优惠，创造紧迫感，鼓励观众在直播期间进行购买。设置抽奖环节，观众通过参与互动有机会赢得奖品。现场展示产品特点，进行实时试用，让观众看到产品的实际效果。邀请观众现场提问，针对产品特性进行解答。

邀请行业专家、意见领袖或知名人士参与直播，增加直播的吸引力。与嘉宾进行对话或讨论，分享专业见解。将直播内容与社交媒体平台结合，如微博、抖音等，扩大受众范围。鼓励观众在社交媒体上分享直播内容，提高直播的曝光度。通过讲述品牌故事或产品背后故事，建立与观众的情感联系。实时展示产品的故事，如生产过程、设计灵感等。邀请观众提交与产品相关的内容，如使用心得、照片或视频，并在直播中分享。鼓励观众参与直播内容的创作，如共同完成一个任务或挑战。

根据观众的实时反馈调整直播内容，如切换话题或产品展示。展示对观众反馈的重视，如回应观众的评论和建议。

四、如何平衡产品介绍和与观众互动的时间

1. 平衡产品介绍和与观众互动的时间的策略

在直播前制定详细的直播脚本和时间表，为产品介绍和与观众互动预留专门的时间段。

在直播中设置特定的互动环节，如问答、投票、抽奖等，并提前告知观众这些环节的具体时间。

使用倒计时或屏幕提示，使用直播平台的计时器或提醒功能来帮助控制每个环节的时间。以便在互动环节结束时平滑过渡回产品介绍。根据直播的实际情况灵活调整计划。如果观众对某个产品特别感兴趣，可以适当延长该产品的介绍时间。

留意观众的弹幕和评论，如果观众对当前的产品介绍反应热烈，可以适时增加互动环节。培养直播主持人的控场能力。主持人应该具备引导话题和控制时间的能力，能够在产品介绍和观众互动之间实现平滑过渡。

为每个产品分配固定的时间，包括介绍和互动，以确保直播内容的完整性。指定团队成员负责监控和回应观众的弹幕，并准备一些预先设计好的问题和答案，以便在观众提问时快速响应，节省时间。

在直播结束前，总结观众的互动亮点和产品介绍的关键信息，确保观众接收有价值的信息。

为平衡产品介绍和与观众互动的时间采取的主要策略
预先规划直播流程
设置互动环节
利用技术工具
观察观众反馈，灵活调整
培养直播主持人的控场能力
为每个产品分配固定的时间
利用助理或团队成员快速响应观众提问
总结和回顾

通过这些策略，可以在直播中有效地平衡产品介绍和观众互动，确保直播内容丰富而有趣，同时使观众保持高的参与度。

2. 有哪些技术工具可以帮助我更好地管理直播时间

在直播过程中，有多种技术工具可以帮助你更好地管理时间。以下是一些实用的工具参考：

（1）OBS 时钟插件：这个插件可以在直播画面中显示当前时间、计时器或秒表，有助于增强顾客的购买欲望，特别是在电商秒杀限时活动中。

（2）ChopperBot：这是一款智能化的直播视频剪辑和发布机器人，能自动化地管理和分发直播内容。它支持多个流行直播平台，具备热门内容分析功能，紧跟流行趋势。

（3）智播精灵：提供直播装修、现场互动、自动回评、定时弹幕、商品自动讲解等功能，帮助直播运营人员更高效地管理直播时间。

（4）飞书直播团队管理与排期模板：这个模板可以帮助直播团队清晰地管理任务分配，确保每个直播节点按时完成，提升直播的专业性和观众的观看体验。

（5）宇宙猫直播业务管理工具：提供全程实时监控、智能预警和多维数据自动聚合，简化直播后的数据分析。

(6) 抖控宝：集成了弹幕助手、场控辅助等功能，包括礼物答谢、欢迎进场、定时活跃、弹幕引导等，让直播更简单。

(7) 快氪场控助手：提供智能发言和智能回复，提升直播间的互动氛围，同时提供直播核心数据实时统计，帮助主播更好地掌控直播节奏。

(8) OBS 日期+实时时间插件：这个插件可以帮助主播在直播中实时显示日期和时间，无须额外的桌面时钟插件，简化直播设置。

使用这些工具，你可以更有效地管理直播时间，确保直播内容的连贯性和互动性，同时提高直播的专业度和观众满意度。

附：直播活动控场策略案例

一、李佳琦直播间

(一) 开场策略

1. 独特的开场白

李佳琦以他极具辨识度的开场白“所有女生，你们的魔鬼李佳琦又来咯”迅速吸引观众的注意力。这个开场白简洁且具有记忆点，让观众很快进入直播氛围。

2. 开场预告

李佳琦会在开场简单介绍今天直播的大致内容，比如大牌产品、优惠活动等，给观众一个整体的预期。例如，他会说“今天有超多大牌口红，而且折扣力度非常大哦。”

(二) 直播进行中的策略

1. 节奏把握

在商品介绍方面，李佳琦对不同产品有明确的时间分配。对于热门的主打产品，如口红，他会详细地介绍色号、质地、上妆效果等，可能会花费 5~8 分钟。而对于一些小的美妆工具，可能 2~3 分钟就介绍完毕。

在互动环节，李佳琦会经常提问观众，如“你们用过这个牌子的口红吗?”并且及时查看观众的回复并作出回应。同时，他还会不定期地进行抽奖，抽奖频率约为每半小时一次，奖品通常是正在介绍的产品或者直播间的专属优惠券。

2. 氛围营造

李佳琦通过他极具感染力的语言来营造直播间的气氛。他在介绍产品优点时，会用夸张的语气，像“OMG，这支口红涂上去简直美炸了!”这种情绪化的表达很容易让观众被感染。

他还会通过与小助理的互动来增加直播的趣味性。小助理会在旁边配合他，比如帮忙展示产品、补充一些产品信息等，两人之间的互动就像朋友聊天一样自然，让直播间充满活力。

3. 突发情况应对

有一次在直播中，网络出现了短暂卡顿。李佳琦迅速调整，一边安抚观众的情绪，一边让技术人员排查问题。他开玩笑地说“哎呀，网络可能被我们的热情吓到了，大家稍等一下哦。”在短时间内恢复正常直播后，他又马上接上之前的产品介绍，没有让直播节奏受到太大影响。

（三）结尾策略

1. 总结回顾

在直播结尾，李佳琦会总结今天推荐的几款重点产品，再次强调它们的优惠价格和独特之处。例如，他会说“今天的这几款口红真的是超值，色号又美，价格又划算，没抢到的女生下次一定要手快哦。”

2. 引导关注

李佳琦会反复提醒观众关注他的直播间，如“还没有关注我的宝宝们，赶紧关注起来哦，这样就不会错过下次的好物推荐啦。”同时，他也会告知观众下一次直播的大致时间和主题，增加观众的期待感和忠诚度。

二、小米手机新品发布会直播

（一）开场策略

1. 震撼的视觉开场

直播开始时，通过一段精心制作的视频展示小米公司的发展历程、技术实力以及新品手机的一些外观亮点。视频采用了高质量的动画效果和炫酷的音乐，瞬间吸引观众的眼球，营造出一种科技感十足的氛围。

2. 高层致辞与主题阐述

小米的高层管理人员登场致辞，介绍本次发布会的主题，强调小米在科技创新方面的理念和追求。这不仅让观众对小米的品牌理念有了更深入的了解，也为新品的发布做了铺垫。

（二）直播进行中的策略

1. 产品展示节奏

在介绍新品手机时，按照外观、性能、拍照功能、软件特色等方面依次进行详细展示。

对于性能部分，用数据和实际测试视频来展示，花费较多时间，大概10~15分钟，因为这是手机的核心竞争力之一。而外观展示则相对简洁，大概3~5分钟。

在互动环节，通过弹幕与观众互动，解答观众对产品的疑问。小米的工作人员会及时筛选出有代表性的问题，并由主持人或技术人员进行回答。此外，还设置了一些互动活动，如让观众预测新品手机的某个参数，猜对的观众有机会获得小米的周边产品。

2. 气氛营造

主持人在介绍产品时，会用激动的语气来传达新品的创新点。例如，在介绍手机的新拍照功能时，主持人会说："这款手机的拍照功能简直是摄影爱好者的福音，它可以让你轻松拍出专业级别的照片。"

直播过程中还穿插了一些用户体验分享视频，这些视频中的用户真实地表达了对小米产品的喜爱和期待，增强了观众对新品的信任感。

3. 突发情况应对

在一次直播展示手机性能测试环节时，软件出现了一个小故障。技术人员迅速在后台进行调试，主持人则灵活应变，开始介绍手机的其他功能。他说："我们的手机功能非常丰富，在等待性能测试结果的同时，我们来看看它的其他亮点功能吧。"当故障解决后，又顺利地回到性能测试环节的介绍。

（三）结尾策略

1. 总结与展望

主持人总结了新品手机的主要卖点，强调了小米在手机研发上的不断创新。同时，也展望了小米未来的产品规划，让观众对小米的发展充满期待。

2. 引导关注与购买

主持人引导观众关注小米的官方账号，以便获取更多产品信息和售后服务，并且详细介绍了新品手机的购买渠道、首发时间和优惠活动，鼓励观众下单购买。

三、淘宝头部主播烈儿宝贝的直播案例

（一）开场策略

1. 特色开场秀

烈儿宝贝的直播间有时会以一段欢快的舞蹈或有趣的小短剧作为开场秀。例如，在一次母婴产品直播前，主播和工作人员表演了一段亲子互动的小短剧，通过这种方式吸引目标受众——妈妈群体的关注，同时也营造出温馨的直播氛围。

2. 开场福利预告

她会在开场明确告知观众今天直播间准备了大量的福利，如满减优惠券、整点抽奖、限量赠品等。比如，“今天直播间福利超多，每隔一小时就有一轮整点抽奖，还有各种满减优惠券，大家一定不要错过哦。”

（二）直播进行中的策略

1. 商品介绍策略

在介绍商品时，烈儿宝贝注重产品的场景化展示。对于母婴产品，她会请自己的孩子或者工作人员的孩子来现场试用，例如，在展示婴儿纸尿裤时，让孩子穿上纸尿裤活动，然后详细介绍纸尿裤的柔软度、吸水性等特点。在介绍家居用品时，会将产品放在模拟的家居场景中展示其使用效果。

在商品介绍的节奏上，烈儿宝贝对于热门商品会详细讲解，像一些知名品牌的婴儿奶粉，会花8~10分钟介绍奶粉的配方、奶源、适合的年龄段等。对于一些辅助性的母婴小产品，如婴儿口水巾等，可能3~5分钟就介绍完。

2. 互动环节把控

她会经常发起互动话题，如“妈妈们都是怎么给宝宝选奶粉的呢?”鼓励观众在弹幕里分享经验。并且会根据观众的分享内容进行实时互动，解答观众的疑惑。在抽奖环节，她会提前告知抽奖规则，如发送特定的弹幕内容或者达到一定的点赞数即可参与抽奖，抽奖过程透明公开，激发观众的参与热情。

3. 突发情况应对

在一次直播中，展示的一款产品样品出现了小瑕疵。烈儿宝贝立即向观众道歉，并解释这可能是运输过程中的个别情况。同时，她拿出另一个完好的样品继续展示，并承诺会对出现瑕疵的产品进行严格的质量检查，确保发给消费者的产品都是完好无损的。

（三）结尾策略

1. 总结重点产品

在直播结尾，烈儿宝贝会总结当天直播中重点推荐的产品，再次强调这些产品的优势和优惠价格。例如“今天的这款婴儿推车真的是性价比超高，而且直播间的优惠价只有今天才有哦。”

2. 引导关注与下次直播预告

她会提醒观众关注她的直播间，并且简单预告下一次直播的主题。如“还没有关注我的宝妈们赶快关注哦，下次直播我们会带来更多的母婴好物，还有一些儿童玩具的专场哦。”

知识训练与巩固

一、单项选择题

1. 在直播过程中遇到技术故障，以下哪项不是推荐的应对措施(　　)

A. 预案准备　　B. 快速切换

C. 透明沟通　　D. 立即结束直播

2. 如果主播在直播中出现口误或信息错误，以下哪项不是适当的应对策略(　　)

A. 及时纠正　　B. 专业支持

C. 转移焦点　　D. 忽略错误继续直播

3. 面对观众的负面评论和不满情绪，以下哪项不是有效的控场策略(　　)

A. 正面回应　　B. 版规管理

C. 忽视评论　　D. 展示同理心

4. 在直播中，以下哪项不是创造有趣互动环节的策略(　　)

A. 实时互动问答　　B. 互动游戏和挑战

C. 仅专注于产品介绍　　D. 投票和调查

5. 平衡产品介绍和与观众互动的时间时，以下哪项不是有效的策略(　　)

A. 预先规划直播流程　　B. 设置互动环节

C. 完全忽略观众的反馈　　D. 使用倒计时或提醒

6. 使用 OBS 时钟插件的主要目的是什么(　　)

A. 显示当前时间、计时器或秒表　　B. 自动剪辑直播视频

C. 管理直播团队的任务分配　　D. 增加直播的趣味性

7. 以下哪项不是智播精灵提供的功能(　　)

A. 直播装修　　B. 现场互动

C. 商品自动讲解　　D. 直播视频剪辑

8. 快瓴场控助手的主要功能不包括以下哪项(　　)

A. 智能发言和智能回复　　B. 直播核心数据实时统计

C. 直播视频剪辑　　D. 提供遥控端功能设计

9. 在直播中处理观众互动问题时，以下哪项不是推荐的做法(　　)

A. 保持耐心和专业　　B. 及时回应观众的问题

C. 忽略复杂或专业性强的问题　　D. 邀请专家参与直播

10. 以下哪项不是处理直播过程中可能出现的意外情况的策略(　　)

A. 制定应急预案　　B. 忽略观众的反馈

C. 保持与观众的沟通　　D. 展示对观众反馈的重视

实操记录表

任务	任务内容	指定完成时间	完成状态	评价等级/分数	导师评语
任务一	小组对抗演习				
任务二	对控场策略进行总结及分析				
选择题					

完成状态用指定符号标注：按时完成√，迟交▲，缺交×。

附答案和解释

1. 答案：D　解释：遇到技术故障时，应立即尝试解决问题，而不是立即结束直播。与观众沟通并保持互动是更好的策略。

2. 答案：D　解释：忽略错误继续直播并不是一个专业的处理方式，应该及时纠正错误并道歉，以保持直播的专业性。

3. 答案：C　解释：忽视负面评论可能会导致问题升级，有效的控场策略应该是正面回应并妥善处理观众的评论。

4. 答案：C　解释：仅专注于产品介绍并不是创造有趣互动环节的策略。互动环节可以提高观众的参与度和兴趣。

5. 答案：C　解释：忽略观众的反馈会导致观众参与度降低，应积极回应和调整直播内容以满足观众的需求。

6. 答案：A　解释：OBS 时钟插件主要用于显示时间相关的信息，而不是用于自动剪辑直播视频。

7. 答案：D　解释：智播精灵主要提供直播装修、现场互动等功能，但不包括直播视频剪辑。

8. 答案：C　解释：快瓴场控助手提供智能发言、数据实时统计等功能，但不包括直播视频剪辑。

9. 答案：C　解释：忽略复杂或专业性强的问题并不是一个好的策略，应该尝试回答或邀请专家参与直播以提供准确的答案。

10. 答案：B　解释：忽略观众的反馈并不是处理直播过程中可能出现的意外情况的策略。相反，应该重视并回应观众的反馈。

第四节　直播脚本制定

知识导图

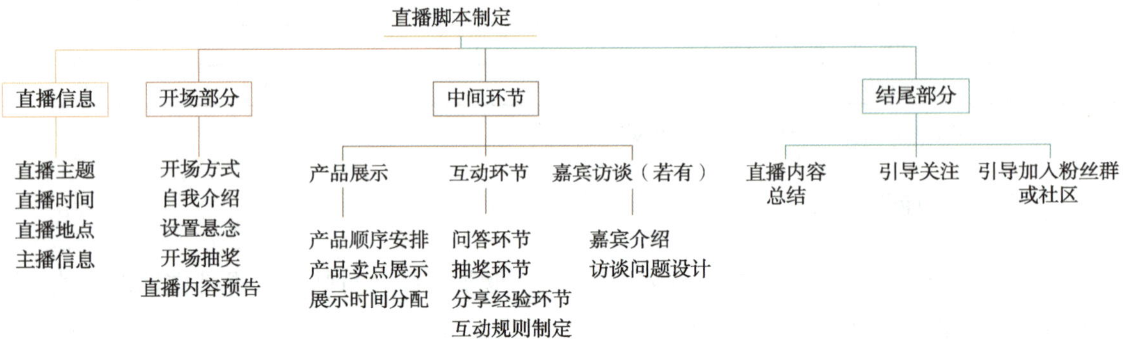

学习任务目标

一、知识目标

(1) 了解直播脚本的重要性；
(2) 理解直播脚本的构成要素；
(3) 熟悉直播脚本的编写原则。

二、技能目标

(1) 能够根据直播目标和内容，制定结构清晰、内容完整的直播脚本；
(2) 能够根据不同的产品特性和目标受众的需求，策划和编写有针对性的直播脚本；
(3) 能够运用直播平台功能与直播脚本相结合，彩排预演整场直播。

三、素养目标

(1) 理解直播脚本在品牌形象塑造中的作用；
(2) 培养创新思维，以及在遇到突发情况时灵活调整脚本的能力；
(3) 与团队成员(如策划、技术、营销等)有效沟通和协作，共同完成直播营销任务，形成团队合作意识。

模拟情景引入

小董是一家知名电商平台的直播团队成员，负责即将到来的年度大促直播活动。这场直播的目标是推广一系列新产品，并提高品牌的在线曝光率。他的任务是制定一个详尽的直播脚本，确保直播内容既吸引人又能有效推动销售。

随着年度大促的临近，团队成员都在紧张地准备着。作为直播脚本的负责人，小董深知一个精心策划的脚本对于直播成功的重要性。

工作基本流程

任务一：以小组为单位，为准备进行直播带货中的每个产品制作一个单品脚本。

任务二：以小组为单位，为准备进行的直播带货活动制作一个完整的整场脚本。

任务三：以小组为单位，为准备进行的直播带货活动设计不少于两个一个互动环节或特别活动，并写出互动脚本。

单品脚本、互动脚本和整场脚本组成了一份完整的直播脚本

相关知识学习

设计直播脚本

直播脚本是影响直播活动成功与否的关键因素之一。对于电商直播而言，直播脚本一般分为整场直播脚本和单品直播脚本两种类型。

整场直播脚本是对直播流程和内容的细致说明，可以让直播团队各岗位人员根据工作职责实现默契配合。在为本场直播设计整场直播脚本时，小董将按照以下两个步骤进行。

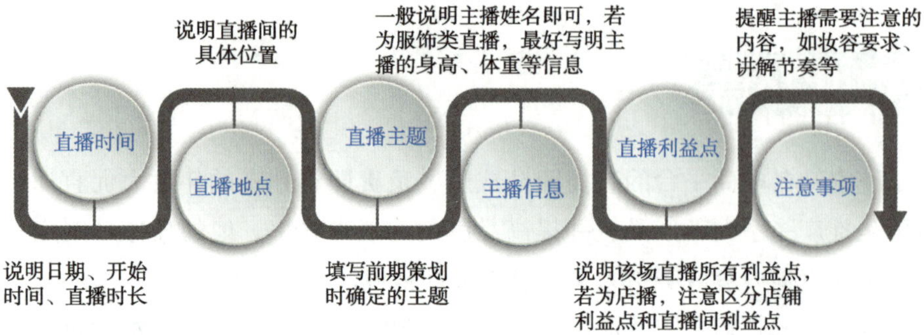

（一）明确整场直播脚本的要点

小董首先明确了整场直播脚本应包括的要点，可作为以后公司设计整场直播脚本的要点模板。

设计整场直播脚本的要点

要　　点	说　　明
直播时间	明确直播开始到结束的时间
直播地点	明确直播地点
直播主题	明确直播主题，使用户了解直播信息，如“××品牌秋装新品上市特卖会”“××文具旗舰店开学大乐购”
直播目标	明确直播目标，如积累粉丝或提高销售额等，并将直播目标设定为可量化的指标，以便衡量直播效果
商品数量	注明商品的数量
主播介绍	介绍主播的名字、身份等
人员分工	明确直播参与人员的职责，如主播负责讲解商品、演示商品功能、引导用户关注、下单等；助理负责协助主播与用户互动、回复用户问题等；场控/客服负责商品上/下架、修改商品价格、发货与售后等
注意事项	说明直播的注意事项，如妆容要求、讲解节奏等
直播流程	直播流程应规划详细的时间节点，并具体说明开场预热、商品讲解、用户互动、结束预告等环节内容

直播脚本的作用具体体现在：一是明确直播主题和目标；二是把控直播节奏；三是指导主播、助播、策划等直播参与人员的动作、行为、话术；四是控制直播预算成本，商家预算有限，脚本中可以提前设计好优惠券面额或者优惠活动、赠品支出等。

（二）撰写整场直播脚本

整场直播脚本通常以表格的形式呈现，整场直播脚本中的直播时间、直播地点、直播主题、直播目标、商品数量等按实际直播情况填写，直播流程需详细具体，以便主播把控直播节奏。明确整场直播脚本的要点后，小董为本场直播撰写了一份完整的整场直播脚本。

整场直播脚本示例

××直播概述				
直播时间	2024 年 12 月 12 日，20：00—21：10			
直播地点	××直播室			
直播主题	××品牌女装上新促销			
直播目标	吸引 1 万人进入直播间，涨粉 1000 人			
商品数量	6 个			
主播介绍	××，品牌主理人			
注意事项	丰富互动玩法，提高用户活跃度，增加粉丝数量； 直播讲解节奏为商品讲解（60%）+回复用户问题（30%）+互动（10%）； 不同商品契合不同的应用场景； 多讲解××系列新品			
直播流程				
时间段	流程规划	人员分工		
		主播	助理	场控/客服
20：00—20：05	开场预热	自我介绍，向进入直播间的用户问好，介绍开场直播截屏抽奖规则，强调开播时间，简单介绍今日主推款商品，引导进入直播间的用户关注直播间	演示直播截屏抽奖的方法，回答用户的问题	向各平台分享开播信息，收集中奖信息
20：05—20：10	活动剧透	简单介绍本场直播的所有商品，说明直播间的优惠情况	商品匹配展示，补充主播遗漏内容	向各平台推送主播活动信息
20：10—20：15	商品推荐	讲解、试穿第一款商品，全方位展示商品外观，详细介绍商品特点，回复用户问题，引导用户下单	与主播完成“画外音”互动，协助主播回复用户问题	发布商品链接，回复用户的订单咨询，收集在线人数和转化数据

续表

××直播概述				
20：15—20：20	商品推荐	讲解、试穿第二款商品，全方位展示商品外观，详细介绍商品特点，回复用户问题，引导用户下单	与主播完成“画外音”互动，协助主播回复用户问题	发布商品链接，回复用户的订单咨询，收集在线人数和转化数据
20：20—20：25	红包活动	与用户互动，发送红包	提示发送红包的时间节点，介绍红包活动规则	发送红包，收集互动信息
20：25—20：30	商品推荐	讲解、试穿第三款商品，全方位展示商品外观，详细介绍商品特点，回复用户问题，引导用户下单	与主播完成“画外音”互动，协助主播回复用户问题	发布商品链接，回复用户的订单咨询，收集在线人数和转化数据
20：30—20：35	商品推荐	讲解、试穿第四款商品，全方位展示商品外观，详细介绍商品特点，回复用户问题，引导用户下单	与主播完成“画外音”互动，协助主播回复用户问题	发布商品链接，回复用户的订单咨询，收集在线人数和转化数据
20：35—20：40	福利赠送	新增关注 500 人进行抽奖，中奖者获得新衣一件	提示发送福利的时间节点，介绍抽奖规则	收集中奖信息，与中奖者取得联系
20：40—20：45	商品推荐	讲解、试穿第五款商品，全方位展示商品外观，详细介绍商品特点，回复用户问题，引导用户下单	与主播完成“画外音”互动，协助主播回复用户问题	发布商品链接，回复用户的订单咨询，收集在线人数和转化数据
20：45—20：50	商品推荐	讲解、试穿第六款商品，全方位展示商品外观，详细介绍商品特点，回复用户问题，引导用户下单	与主播完成“画外音”互动，协助主播回复用户问题	发布商品链接，回复用户的订单咨询，收集在线人数和转化数据
20：50—20：55	福利赠送	新增关注 500 人进行抽奖，中奖者获得新衣一件	提示发送福利的时间节点，介绍抽奖规则	收集中奖信息，与中奖者取得联系

续表

××直播概述				
20：55—21：00	红包活动	与用户互动，发送红包	提示发送红包的时间节点，介绍红包活动规则	发送红包，收集互动信息
21：00—21：05	商品返场	对销售情况较好的商品进行返场讲解	协助场控向主播提示返场商品，协助主播回复用户问题	收集、分析每款商品的在线人数和点击转化数据，向助理与主播提示返场商品，回复用户的订单咨询
21：05—21：10	直播预告	简单介绍下次直播的商品，引导用户关注直播间，强调开播时间和福利	协助主播引导用户关注直播间	回复用户订单咨询

（三）设计单品直播脚本

小董在设计好整场直播脚本后紧接着开始了单品直播脚本的设计。单品直播脚本是基于单个商品的脚本设计，其核心是突出商品卖点，它对应整场直播脚本的商品推荐部分。以服装为例，单品直播脚本设计可以围绕尺寸、面料、颜色、款式、细节特点、适用场景、搭配方法等进行说明。

单品直播脚本一般以表格形式呈现，涵盖商品导入、商品卖点、商品利益点和引导转换等关键环节。各要点呈现层层递进的关系。

设计单品直播脚本的要点

要　点	说　明
商品导入	为引出商品作铺垫，向用户说明为什么要买，常用方法是用话题引出商品。如用眉形对气质影响的话题引出修眉工具，用夏天容易晒黑甚至晒伤的话题引出防晒霜或防晒喷雾等
商品卖点	介绍商品属性和商品的功能或作用，向用户说明为什么值得买。商品属性包括商品款式、颜色、材料、品牌、尺寸、大小等。商品的功能或作用包括加厚加绒的衣服能御寒保暖等
商品利益点	介绍商品给用户带来的利益。即商品所具有的作用、能够给用户带来的好处，如安全、舒适、经济、耐用、耐看、方便等，向用户说明“为什么必须买”，例如，高织数的针织衫轻薄修身，且方便清洗
引导转化	引导用户“马上买”，通常采用“限时限量”的手法营造紧迫感，或通过“比价”体现价格优势促进用户下单。“限时限量”，如“本款商品仅有 100 件，先拍先得”；“比价”，如商品的市场价是 169 元，直播间只要 69 元

根据单品直播脚本的要点，小董为本场直播中的某款服装商品设计了 5 分钟的单品直播脚本。

5 分钟单品直播脚本示例

要点	脚本说明	所需时间
商品导入	A 品牌相信大家都听说过！它的服装设计一贯遵循“内敛”“高贵”“时尚”“年轻”的理念。A 品牌至今已有 30 年的历史，虽然它是一个轻奢品牌，但价格却很“亲民”，性价比很高。通常其他轻奢品牌的套装价格都在六七千元，但这款 A 品牌的丝绒套装标价仅为 2999 元	约 1 分钟
商品卖点	这套 A 品牌的丝绒套装是今年很流行的款式，兼顾了时尚和舒适感。面料上采用丝绒和羊毛成分的结合，穿上身真的很暖和。再来看看裤子，同样采用了高品质的丝绒和羊毛材料，加宽腰带的弹力设计，穿起来不勒不紧，非常舒适，两边还有超大口袋	约 2 分钟
商品利益点	秋冬季节天气寒冷，拥有了这套丝绒套装就不用穿秋裤了，它既暖和又舒适。另外，这套套装不仅可以当作休闲装来穿，还可以当作运动装来穿，在做运动或家务时穿，毫无束缚感(动作配合)	约 1 分钟
引导转化	这套丝绒套装的标价是 2999 元，你们猜它在直播间的售价是多少？只要 499！惊不惊喜，意不意外！再加 100 元，你们就可以把两套带回家，A 品牌的丝绒套装，599 元两套，大家准备好了吗？倒数 3 个数开拍，先到先得，3、2、1……	约 1 分钟

不管采用何种说辞，主播在推荐商品时，都可遵循商品导入、商品卖点、商品利益点和引导转化这四个要点。在实施操作时，也可将商品卖点和商品利益点融合，即 1 分钟商品导入，3 分钟商品讲解，1 分钟引导转化。

互动脚本

示例

互动时间	互动形式	互动说明	互动话术
20:00	抽奖互动	➤ 抽奖门槛：铁粉及以上 ➤ 抽奖方式：截屏抽奖，每次抽一屏 ➤ 奖品：商品名单 货号：KF20AD10 商品链接：×××× SKU：标准版 奖品发放：确认收货退款	抽奖预热(提前透露)：宝宝们，我们在八点会抽一个大奖，具体是什么先不告诉你们，大家可以期待一下。 抽奖规则介绍：宝宝们，等会我们要抽的是××商品的免单，采取截屏的方式，截到屏幕上的留言，并且是铁粉及以上的宝宝即可中奖，赶紧刷起来，我们要开始了。 抽奖执行：准备好了吗？我们倒数五个数哦，5、4、3、2、1！恭喜这位宝宝获得我们的大奖，宝宝可以先拍下商品，确认收货后客服全额退款哦。

附：主播话术示例

（一）开场环节

1. 主播自我介绍

简要介绍自己的名字、身份、直播风格等，让观众快速了解主播。例如，“大家好，我是(主播名字)，今天将由我为大家带来一场精彩纷呈的电商直播。”

2. 直播主题和流程介绍

清晰地阐述本次直播的主题、主要内容以及大致的流程安排，让观众对直播有一个整体的预期。比如，“今天我们的直播主题是(主题名字)，我们将依次为大家介绍(产品 1)、(产品 2)等产品，同时还有很多优惠活动和赠品等着大家哦。”

3. 选品介绍话术

“我们这次直播的商品可是经过精心挑选的哦！每一款产品都由我们团队严格把关，从品质到性价比都非常出色。比如这款(产品名称)，它的特点是……，非常适合(适用场景或人群)。”

“为了给大家带来最好的购物体验，我们在选品上花了很多心思。像这款(产品名称)，它是市场上的热门产品，很多顾客用过之后都赞不绝口。在直播中，我们会向大家详细介绍它的优势和使用方法。”

（二）直播进行阶段

1. 商品介绍话术

“现在为大家介绍的是我们今天的第一款商品——(产品名称)。这款产品的设计非常时尚，材质也非常优质。它的主要功能是……，特别适合(适用场景或人群)。而且，在今天的直播中，我们为大家争取到了非常优惠的价格，千万不要错过哦！”

“宝子们，看过来！这款(产品名称)真的是太棒了。它的品质非常好，做工精细。使用起来也非常方便，只需要(使用方法)就可以了。而且，我们还为大家准备了赠品，购买这款产品就可以获得(赠品名称)。数量有限，先到先得哦！”

2. 互动话术

“宝子们，有没有用过这款产品的小伙伴？在弹幕里分享一下你的使用体验吧！我们会抽取幸运观众送出精美礼品哦！”

“现在是问答环节，大家可以把关于这款产品的问题打在弹幕里，我会一一为大家解答。回答正确的观众还有机会获得优惠券哦！”

3. 促销话术

“宝子们，注意啦！现在是限时折扣时间，这款产品原价(原价金额)，现在只需(折扣后价格)就可以带回家。机会难得，赶紧下单吧！”

“为了感谢大家的支持，我们特别推出了满减活动。满(满减金额)减(减免金额)，非常划算哦！大家可以多买几件，和家人朋友一起分享。”

（三）直播结束阶段

1. 结束语话术

“宝子们，今天的直播就要接近尾声了。非常感谢大家的观看和支持！如果还有没下单的小伙伴，赶紧抓住最后的机会哦！我们会尽快为大家安排发货，让大家尽快收到心仪的商品。期待下次直播再见！”

“亲爱的朋友们，今天的直播到这里就结束了。希望大家都能买到自己喜欢的商品。记得关注我们的直播间，下次直播会有更多惊喜等着大家。谢谢大家，拜拜！”

2. 订单处理话术

“我们已经开始处理大家的订单了，请大家耐心等待。如果有任何问题，可以随时联系我们的客服人员，我们会尽快为大家解决。”

“宝子们，你们的订单正在火速处理中。我们会确保每一个订单都准确无误地发出，让大家尽快收到商品。如果发现订单有问题，请及时联系我们，我们会第一时间为大家处理。”

3. 客户反馈话术

“非常感谢大家在直播中的积极参与和反馈。我们会认真听取大家的意见和建议，不断改进我们的直播和产品。如果大家对购买的商品有任何问题，可以随时联系我们的客服人员，我们会为大家提供优质的售后服务。”

“宝子们，欢迎大家在收到商品后给我们反馈使用体验。你们的意见对我们非常重要，我们会根据大家的反馈不断优化我们的产品和服务。再次感谢大家的支持！”

4. 引导关注话术

提醒观众关注直播间、主播的社交媒体账号等，以便获取更多的产品信息、直播预告等内容。例如，“大家别忘了关注我们的直播间哦，我们会定期为大家带来更多优质的产品和精彩的直播。”

知识训练与巩固

一、单项选择题

1. 直播脚本的重要性主要体现在(　　)

A. 确保直播顺利进行　　B. 提高直播质量和效果

C. 增强观众参与度和留存率　　D. 以上都是

2. 确定直播主题可以依据(   )

A. 目标受众　　B. 产品或服务特点

C. 当前热点话题　　D. 以上均可

3. 直播开场抽奖的设计原则不包括(   )

A. 奖品昂贵　　B. 奖品选择合适

C. 抽奖规则制定合理　　D. 确保公平性和透明性

4. 产品卖点可以从哪些维度挖掘(   )

A. 功能　　B. 品质

C. 价格、服务　　D. 以上全是

5. 不同类型直播内容的时间分配差异主要考虑(   )

A. 观众注意力集中程度　　B. 直播内容的性质

C. 直播的平台　　D. 主播的风格

6. 以下哪个不是内容创意的来源(   )

A. 流行文化　　B. 经典文学作品

C. 社交媒体热点　　D. 用户反馈

7. 直播团队的基本架构通常包括(   )

A. 主播　　B. 技术人员、运营人员、客服人员

C. 嘉宾　　D. 以上都是

8. 小组讨论的组织原则不包括(   )

A. 鼓励成员积极参与　　B. 允许成员随意发言

C. 避免偏题　　D. 达成有效共识

9. 直播行业的多元价值不包括(   )

A. 经济价值　　B. 政治价值

C. 文化价值　　D. 社会价值

10. 直播中的压力源不包括(   )

A. 面对镜头的紧张　　B. 直播内容准备不足

C. 突发情况带来的压力　　D. 工作时间过长

11. 视觉美学在直播中的应用不包括(   )

A. 色彩搭配　　B. 画面构图

C. 镜头语言　　D. 文字排版

实操记录表

任务	任务内容	指定完成时间	完成状态	评价等级/分数	导师评语
任务一	制作单品直播脚本				
任务二	制作直播整场脚本				
任务三	设计不少于两个互动脚本				
选择题					

完成状态用指定符号标注：按时完成√，迟交▲，缺交×。

附答案解释

1. 答案：D　解释：直播脚本可以明确直播流程和内容，从而确保直播顺利进行，提高直播质量和效果，并且有助于增强观众的参与度和留存率，这几个方面都体现了直播脚本的重要性。

2. 答案：D　解释：确定直播主题时，可以综合考虑目标受众的需求和兴趣、产品或服务本身的特点以及当前的热点话题，这样能够使主题更具吸引力和针对性。

3. 答案：A　解释：直播开场抽奖的设计原则包括选择合适的奖品、制定合理的抽奖规则以确保公平性和透明性，但奖品昂贵并不是设计抽奖的必要原则，关键是奖品要与直播的目标受众和主题相匹配。

4. 答案：D　解释：产品卖点可以从功能、品质、价格、服务等多个维度进行挖掘，全面展示产品的优势，从而吸引观众购买或关注。

5. 答案：A　解释：不同类型直播内容的时间分配差异主要是考虑观众在不同阶段的注意力集中程度。例如，纯娱乐型可能更注重短时间内的高潮迭起；知识讲解型需要合理安排讲解与休息的时间；产品销售型要根据产品展示和促销的需要。而这些都与观众注意力有关。直播内容的性质、平台和主播风格虽然也会对时间分配有一定影响，但不是主要考虑因素。

6. 答案：B　解释：内容创意可以从流行文化、社交媒体热点、用户反馈等获取灵感，经典文学作品虽然也有创意元素，但不是直播内容创意的直接来源，因为直播更注重时效性和与当下受众的互动性。

7. 答案：D　解释：直播团队的基本架构通常包括主播负责直播内容的呈现，技术人员保障直播技术支持、运营人员负责策划和流程管理、客服人员解答观众疑问，嘉宾也是直播团队中可能出现的部分，如嘉宾访谈环节。

8. 答案：B 解释：小组讨论的组织原则包括鼓励成员积极参与、避免偏题以及达成有效共识，而允许成员随意发言可能会导致讨论失去方向，无法达到预期效果。

9. 答案：B 解释：直播行业具有经济价值(如创造就业、带动消费等)、文化价值(如传播文化、促进交流等)和社会价值(如公益直播、社会事件传播等)，并没有直接的政治价值体现。

10. 答案：D 解释：在直播中，面对镜头的紧张、直播内容准备不足以及突发情况带来的压力都是常见的压力源，而工作时间过长并非直播特有的压力源，它更多地与工作安排的整体情况有关。

11. 答案：D 解释：视觉美学在直播中的应用包括色彩搭配、画面构图和镜头语言等方面，这些因素直接影响观众的视觉体验；文字排版不属于视觉美学在直播中的应用，直播中的文字更多是台词内容，与排版关系不大。

第四章

实施电商直播活动

第一节　直播预热宣传

知识导图

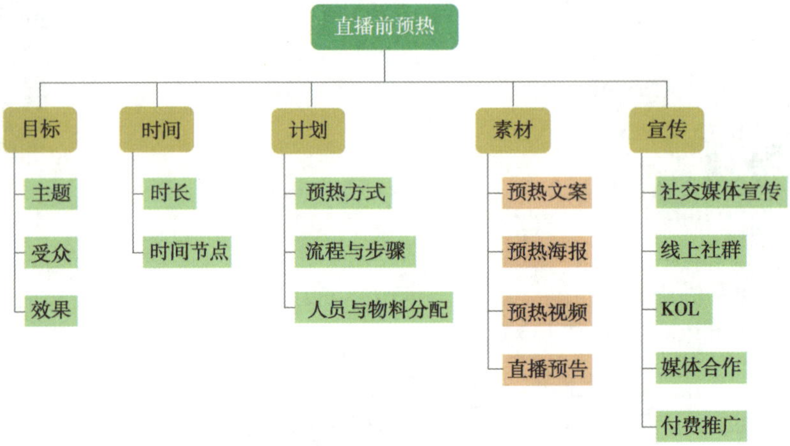

学习任务目标

一、知识目标

(1) 理解直播预热宣传在整个直播流程中的定位和作用；

(2) 熟悉各类常见的直播预热宣传渠道；

(3) 熟悉直播预热宣传内容应包含的基本要素，如直播的主题、时间、嘉宾(如果有)、亮点或独特卖点等；

(4) 掌握宣传海报的设计原则和如何撰写吸引人的文案，以及如何设计具有视觉冲击力的宣传海报等。

二、技能目标

(1) 能够根据直播的目标受众和直播类型，选择合适的预热宣传渠道组合；

(2) 学会撰写富有吸引力、简洁明了的直播标题和直播预告文案；

（3）能够运用图像编辑工具制作出符合直播主题、风格独特、元素搭配合理的海报；

（4）具备制作简单的直播预告短视频的能力，包括视频剪辑、添加字幕、特效和合适的背景音乐等操作；

（5）能够根据直播预热宣传进度时间表，完成内容投放量；

（6）学会根据观众反馈和数据监测调整预热宣传的节奏。

三、素养目标

（1）培养以受众为中心的受众导向意识；

（2）养成在预热宣传中不断创新的意识；

（3）学会收集和分析相关数据，形成数据驱动意识。

模拟情景引入

假设你是一名新媒体运营专员，你的公司即将推出一款新的健康饮品，计划通过直播的方式来发布这款产品，并希望通过直播吸引潜在客户、增加产品知名度以及推动销售。要求完成直播预热宣传的任务目标：

1. 目标设定

吸引至少 5000 名观众在线观看直播。

提高产品预售量达到 1000 份以上。

增加品牌在目标市场的知名度。

2. 预热时间线

直播前两周开始预热。

直播前一周加大宣传力度。

直播前一天进行最后的倒计时宣传。

3. 执行与监控

按照预热计划执行各项宣传任务。

监控各平台的预热效果，包括观看次数、转发量、评论量等。

4. 调整与优化

根据监控数据调整预热策略，如增加受欢迎的短视频发布频率、调整广告投放时间等。

通过这个模拟情景，你可以了解直播预热宣传的全过程，包括策划、执行、监控和总结。这个过程需要具备创意、策划和数据分析能力，以确保直播活动能够吸引目标观众并实现商业目标。

工作基本流程

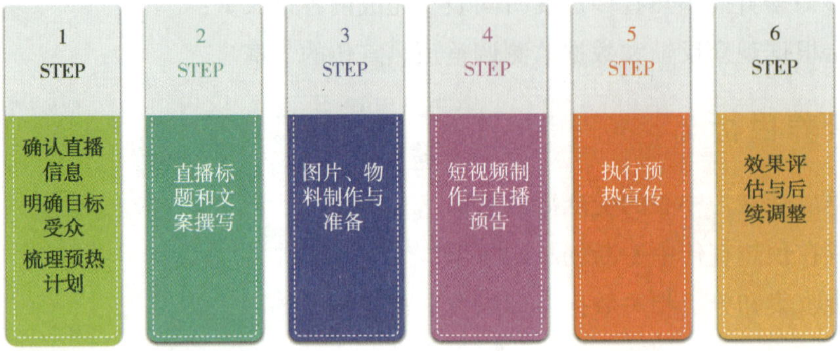

任务一：梳理并确认最终的预热计划，包括主题、受众、渠道以及时间流程等基本元素。

任务二：为计划中的直播完成基本的标题和文案撰写。

任务三：为计划中的直播准备和制作好各种图片素材和物料。

任务四：为计划中的直播制作预热短视频。

任务五：按照预热计划在各渠道投放各类预热文案和视频。

任务六：收集预热效果的数据并进行分析。

相关知识学习

在直播带货活动中，“人”“货”“场”是三大要素，其中“人”是核心。如果只有直播场地和直播商品，没有用户和流量，直播也就没有了意义。电商直播的最终目的是销售商品，因此首要任务是吸引目标用户进入直播间，进行有效的预热引流。

有效的直播预热可以吸引更多的用户进入直播间，对直播进行更大程度的宣传。用户提前了解直播的内容后，对直播感兴趣的用户就可以提前预订直播间，并在直播时及时进入直播间，从而提高直播间的在线人数。如果预热工作不到位，正式直播时可能出现流量过低，导致销售额难以达到预期。

下面我们从六个方面来了解直播预热的工作要点：

一、熟悉并梳理预热计划

（一）明确直播信息

1. 确定直播主题

基于直播目的（如产品销售、知识分享、娱乐互动等）确定一个简洁且有吸引力的主题。例如，“夏季美妆新品发布会”“职场提升之高效沟通技巧讲座”等。

2. 确定直播时间和时长

选择一个适合目标受众观看的时间段。如果目标受众是上班族，晚上 7~9 点可能比较合适；如果是学生，周末或放学后的时间更好。同时确定直播的大致时长，如 1 小时或 2 小时等。

3. 确定直播平台和参与人员（如嘉宾、主播等）

根据直播的性质和目标受众选择合适的直播平台（如淘宝直播适合电商类、斗鱼直播适合游戏类等）。此外，还需确定是否有嘉宾参与直播，嘉宾可以是行业专家、明星、网红等，同时确定主播人选。

（二）目标受众分析

1. 定义目标受众特征

从人口统计学特征（年龄、性别、地域、职业等）、兴趣爱好、消费习惯（对于电商直播）等方面对目标受众进行分析。例如，“目标受众是年龄为 20~35 岁，喜欢时尚、追求潮流，具有中高消费能力的女性。”

2. 构建受众画像

根据受众特征创建详细的受众画像，包括他们的日常行为习惯、网络使用偏好以及对直播内容的期望等，以便更好地制定预热宣传策略。

（三）梳理预热宣传渠道：根据目标受众的特点选择宣传渠道

直播预热可以利用直播平台自带的渠道进行引流，也可以利用各种传播渠道（如视频平台、微信公众号、微博、社群等）进行直播前预热宣传。在此之前，我们需要了解各直播平台的推广机制。

（1）平台首页推荐算法：一些平台会根据主播的历史数据（如粉丝量、观看量、点赞数等）和直播预告的吸引力来决定是否给予首页推荐的机会。

（2）直播预告功能：设置详细的直播预告，包括标题、封面、简介等内容。标题要简洁明了且有吸引力，封面要高清、有特色，内容简介需准确传达直播的主要内容。

以下我们就几个主要的渠道板块有关的要求进行学习了解。

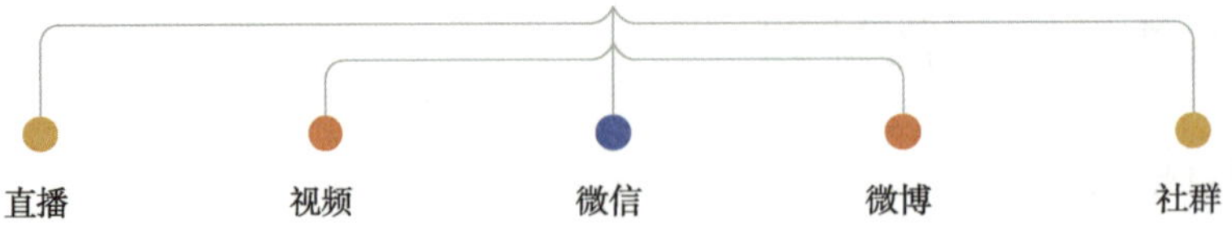

1. 直播平台

以淘宝直播平台为例，主播可以利用的流量来源包括直播预告、粉丝推送、店铺首页、商品详情页、逛逛、淘宝群等。例如，电商达人雪梨就在其店铺首页、商品详情页进行“力挺新疆棉”的主题直播预告，同时制作了直播活动专题页面。而薇娅通常是在直播前通过逛逛首页发布直播预热。

店铺首页直播预告

专题页面预告

详情页预告

逛逛预告

如果选择抖音、快手等短视频平台进行直播，主播可以通过个人主页中的账号名、账号简介等信息来进行预热。主播在直播之前可以更新账号名和账号简介信息，如图，在账号名中加括号备注“今晚5点完美日记专场”，也可以在账号简介中以文案形式说明自己的直播时间，如“直播时间：每周一至周五 18：00”。

2. 短视频平台

目前主流的短视频平台有抖音、快手等，主播一般在开播前发布短视频进行直播预热，预热时间建议不超过3天，最好是在直播当天发送。例如，李佳琦虽然直播的主战场是在淘宝直播，但他也在抖音开通了账号，目前账号粉丝数量已达4500万。在直播前，他可利用抖音发布预热视频，将粉丝从抖音引导到淘宝直播平台。

通常为了给直播进行预热，可以制作15~60秒的短视频预告，突出直播亮点。利用热门音乐、特效吸引用户，并添加直播相关话题标签，如#抖音直播#[直播名称]，引导用户关注直播账号。

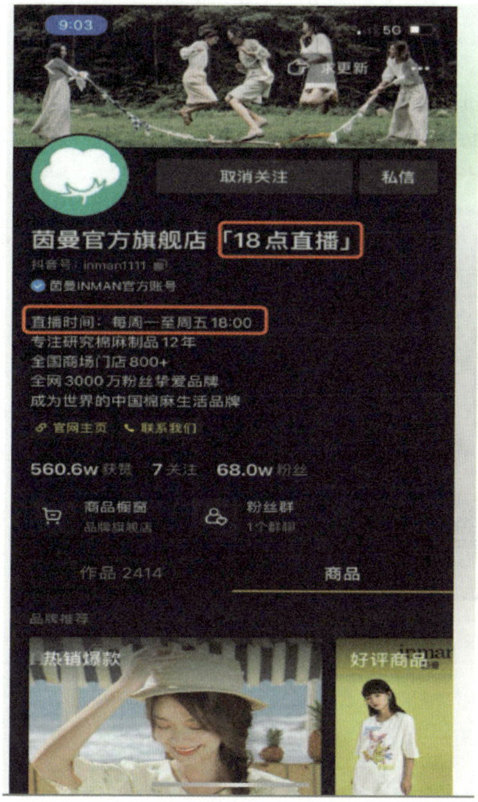

3. 微博

在微博平台上，预热宣传的形式一般有“文字+图片”“文字+视频”。可以发布图文并茂的直播预告，利用话题功能增加曝光度，如创建#直播预告#[直播主题]这样的标签。同时，@相关的行业大V、合作嘉宾或品牌官方账号。

薇娅、李佳琦等头部电商主播同样会在微博进行直播宣传预热，告诉粉丝具体的直播时间以及直播主题。同时可以利用微博的高互动性特征，开展粉丝互动活动，例如，转发有礼、评论抽奖等。

微博文案可借鉴以下技巧：

（1）使用活泼生动的语言，如当下的网络用语和热词。

（2）从用户角度出发，让粉丝产生情感触动，如产品联想和兴趣激发等。

（3）巧用标点符号，善用修辞手法。

（4）善用话题，如当下热门事件和热门话题。

（5）善于@相关人物，联动其他相关账号进行传播。

（6）一定要带上直播链接或提供其他进入直播间的方法。

4. 微信公众号

主播可以通过微信公众号发布长文案来进行直播预热，同时添加吸引人的图片或海报，更清楚地说明直播的时间和主题。主播也可以通过公众号发布详细的直播预告文章，包括直播内容、嘉宾阵容、时间和参与方式等。主播还可以在朋友圈和微信群进行分享。此外，小程序也可用于直播预热和推广。

例如，薇娅的官方公众号名称为薇娅惊喜社。每天下午 4 点左右，薇娅都会发布当天晚上直播的预告，通过图文形式，预告当晚直播产品、福利及其价格。

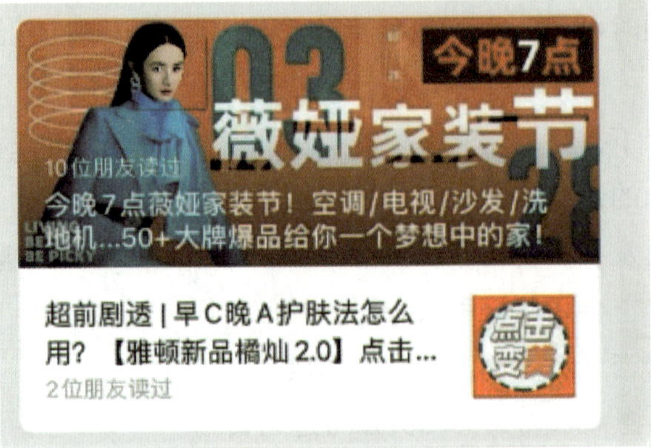

5. 社群

社群是直播流量的主要来源，许多主播会选择创建自己的社群，如微信群、淘宝群、抖音群等。社群作为粉丝的聚集地，用户精准性及忠诚度往往高于其他渠道，所以在开播前通过社群发布预热信息，可以实现精准传播，高效引流。社群预热的内容形式通常以文案+图片+链接等为主。

而现在比较火热的小红书也是一个非常不错的选择。我们可以利用精美的图片或短视频，搭配简洁且吸引人的文案进行预热。重点应当放在产品或直播内容的独特卖点上，例如，“必看的[直播主题]，[独特卖点]等你来发现”，同时加上相关的热门话题标签。

6. 其他渠道

电子邮件营销：针对老顾客、会员或订阅用户发送直播预告邮件。邮件内容要个性化，包含直播的关键信息和对用户的特别价值(如专属优惠、独家内容等)。

短信营销：编写简短而有吸引力的短信，内含直播链接(如果有)或关注方式。注意短信发送的时间和频率，避免打扰用户。

(四) 制定时间规划

1. 预热时长策划

根据直播的具体时间，合理安排预热活动的开始时间，确保直播前有足够的预热时间。预热时长应根据实际情况灵活调整，一般情况下，预热时间不宜过长，以免观众产生疲劳感；预热时间也不宜过短，以免影响宣传效果。

2. 时间节点控制

在时间节点的把控上，需要制定详细的预热计划，明确每个阶段的任务和目标。预热计划的制定需要详细到每一个流程与步骤，确保每个环节都能顺利进行。

(1) 长期预热(提前 3~7 天以上)：发布初步预告，告知直播的大致信息，如主题、时间、嘉宾(如果确定)等。

开始建立话题，例如，在微博上创建与直播相关的话题标签，引导用户讨论。

(2) 中期预热(提前 1~3 天)：深入宣传，详细介绍直播内容、流程、优惠活动等。

开展互动活动，如微博转发抽奖、抖音点赞评论抽奖等，奖品建议选用与直播相关的产品、优惠券等。

在直播平台设置详细的预告信息，包括直播标题、封面、简介等。

(3) 临期预热(当天)：直播前几个小时再次提醒观众，强调直播即将开始，如“距离[直播名称]直播还有[×]小时，快来观看!”

提前告知观众直播开始时的即时价值，如开场抽奖、限时优惠等。

二、标题创作与文案撰写

(一) 宣传标题创作技巧

撰写吸引人的标题，如悬念式、亮点突出式、数字罗列式等标题，激发受众兴趣。直播预热宣传标题的创作技巧可以概括为以下几种：

1. 制造悬念

(1) 留有疑问。在标题中提出问题，但不给出答案，激发观众的好奇心。例如，“[直播嘉宾]将在直播中透露什么惊天秘密？[直播时间]为您揭晓”或者“你知道[直播主题相关的神秘事物]背后隐藏着怎样的不为人知的真相吗？快来[直播名称]寻找答案”。

(2) 半遮半掩。透露部分信息，隐藏关键内容。例如，“[直播嘉宾]亲临直播间，带来意想不到的[事物类型，如‘惊喜礼物’‘全新理念’等]，你能猜到是什么吗?”

2. 突出亮点

(1) 嘉宾亮点。如果直播有嘉宾参与，突出嘉宾的知名度、独特性或权威性。例如，“奥运冠军[嘉宾名字]做客直播间，分享独家运动秘籍”或者“知名美妆博主[嘉宾名字]将在直播中亲授变美秘诀，不容错过!”

(2) 内容亮点。强调直播内容的独特性、价值或趣味性。如“一场颠覆你认知的[直播主题，如‘科技之旅’‘美食体验’]直播即将来袭”或者“[直播名称]：独家揭秘[行业内的秘密或热门话题]，让你大开眼界”。

(3) 优惠亮点。对于涉及促销的直播，突出优惠信息。例如，“[直播名称]：全场五折起，还有超多赠品，直播狂欢即将开始!”或者“[直播时间]进入直播间，抢[×]元优惠券，享超值优惠套餐”。

3. 运用数字和数据

(1) 具体数字。使用数字来量化直播中的某些元素，使标题更具吸引力和可信度。例如，“[直播名称]：10 大[直播主题相关事物，如‘美食推荐’‘美妆好物’]，一次看个够”或者“[直播嘉宾]将在直播中分享 5 个快速[达成某种效果，如‘减肥’‘提高效率’]的方法”。

(2) 数据对比。通过数据对比突出直播内容的优势。例如，“[产品名称]：比普通[同类产品］效能提高 30%，［直播时间］直播间详细解读”或者“［直播主题］：［具体成果］，成功率从 30%提升到 80%，直播为您解析”。

4. 使用夸张手法

（1）适度夸张效果。在确保不违背事实的基础上，适度夸张直播内容的精彩程度或价值。例如，“史上最震撼的［直播主题］直播，绝对让你惊掉下巴！”或者“［直播名称］：一场让你终生难忘的［直播内容类型，如‘音乐盛宴’‘知识之旅’］”。

（2）强调独一无二。传达直播内容的独有。如“绝无仅有的［直播主题］体验，仅在［直播时间］直播间”或者“错过这次，再等一年！［直播名称］直播即将开启”。

5. 结合热点话题

（1）热门事件关联。将直播内容与当前的热门事件、话题或趋势相联系。例如，如果当下流行某种健身方式，标题可以是“［热门健身方式］达人齐聚直播间，教你正确入门，［直播时间］不见不散”或者“［直播主题］：从［热门事件］看［直播相关话题］的发展，［直播嘉宾］深度解读”。

（2）流行文化元素。融入流行文化元素，如热门电影、歌曲、网络梗等。如“像［热门电影名称］主角一样逆袭？［直播名称］告诉你如何做到，［直播时间］直播见”或者“‘［网络流行梗］’？［直播主题］中也有这样的趣事，［直播时间］快来一探究竟”。

6. 简洁明了

（1）控制字数。标题尽量简洁，避免冗长复杂的表述。一般 15～30 个字为宜，以便在各种宣传渠道中完整显示，且易于观众快速理解。例如，“［直播嘉宾］［直播时间］直播：［直播主题的简要概括］”。

（2）避免歧义。确保标题语义清晰，没有歧义，让观众一眼就能明白直播的大致内容或亮点。

（二）抓好文案内容撰写

好的直播预热文案通常具备以下几个特点：首先，开头提出问题、讲述一个相关小故事或抛出一个惊人的数据来吸引受众注意。其次，中间详细介绍直播内容，包括主题、嘉宾（嘉宾的背景、成就等）、直播流程和亮点（如独家产品、特别环节、优惠活动等）。最后，结尾引导受众行动，如关注直播账号、预约直播、分享预告内容等。

广告大师大卫·奥格威说过这样一句话：“阅读广告标题的人是阅读广告正文的 5 倍。如果你创作的标题不够吸引人，那么，你就浪费了广告主 80%的费用。”同样，电商直播的预热文案也是吸引用户进入直播间的第一扇门。如果直播预热文案毫无吸引力，可能很大一部分用户就不会进入直播间观看主播对于具体产品的讲解。因此，如何写出吸引人的直播预热文案至关重要。下面介绍几种极具吸引力的文案写作技巧。

(1) 借势型直播预热文案：目前，很多直播间会邀请当红明星来直播间做客，直接借“名人”的势来宣传造势，可以吸引大量明星粉丝关注，自然可以提高直播间关注度。

(2) 抽奖型直播预热文案：借助一些平台的互动抽奖方式，让文案可以传播得更快。大部分人或多或少会有“占便宜”的心理，无论是物质上的或者是精神上的。例如，李佳琦团队策划的“所有女生的礼物”专场直播就是利用了用户的这种心理。

(3) 简单粗暴型直播预热文案：在直播预热文案中直接分享直播产品清单，并告知部分产品优惠，吸引精准用户进入直播间，提升产品转化。如果粉丝不多，可以在列清单的同时，结合“转发抽奖”的方式，用福利诱惑用户为你二次宣传，并进入直播间。

(4) 价值包装型直播预热文案：给直播预热文案做一次价值包装，如果用户从你的文案中看到了“价值”，自然就会进入你的直播间。例如，罗永浩的助农直播预热文案。

(5) 设置悬念型直播预热文案：设置悬念，勾起用户的好奇心。这一点在罗永浩首次直播宣传海报文案中用得非常好，用“欲语还休”的方式勾起用户的好奇心，让人产生进入直播间的欲望。

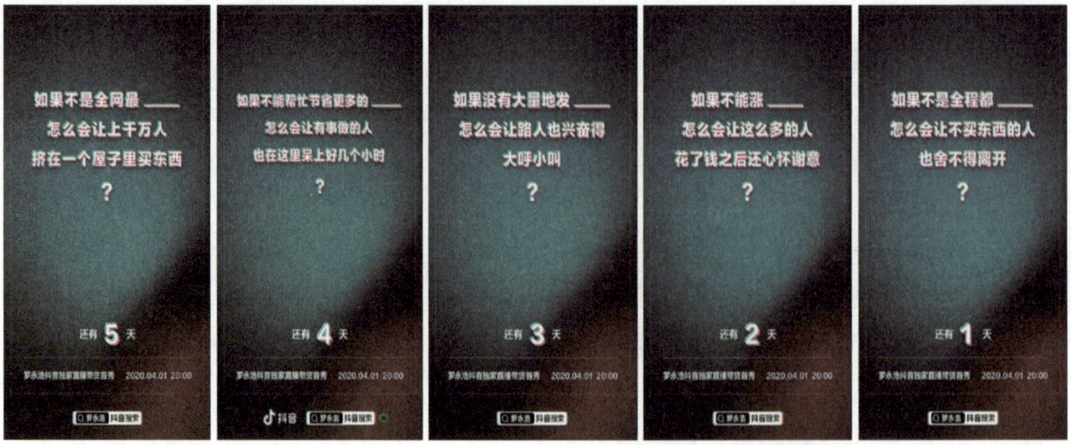

预热文案通常是各种预热场景中都需要用到的，而不同的预热场景对于文字数量的要求不同，平台的调性不同导致文字风格也有差异，在写文案的时候应该结合不同的平台进行修改。

以微博平台为例，主播在发布直播预热文案时，要考虑直播活动的主题，并且要从用户的角度思考什么样的文字才是具有吸引力的。也可以将直播间的亮点展现出来，吸引更多用户和粉丝进入直播间。

一般直播预热文案要体现以下几个要素：

（1）直播活动主题：例如，薇娅女王节。

（2）直播活动时间和渠道：例如，淘宝薇娅直播间，3 月 8 日晚上 7 点开播。

（3）直播特色亮点：例如，本场直播活动邀请的嘉宾、设置的特色环节以及布置的特殊场景。

（4）直播的产品：例如，SK-Ⅱ、海蓝之谜……你想要的大牌好物全都帮你准备好了！快看图 get 剧透！

（5）直播活动利益点：例如，“回血”红包雨#薇娅直播间千万补贴红包#全程送送送！

三、制作图片和物料

图片能够直观地体现直播的内容和主题，直播之前要准备好预热需要的图片素材，一般包括预热海报和产品清单图。

（一）预热海报

作为一场成功的直播，我们会要求配有设计简洁、有视觉冲击力的海报，包含直播主题、时间、嘉宾(如有)、平台标志等重要信息，颜色搭配要符合直播风格。直播预热海报设计时要考虑以下要点：

（1）体现直播活动主题，例如，3 月 8 日李佳琦直播主题就是“致敬她力量”三八节专场；

（2）呈现活动要素，例如，直播时间、直播渠道、直播产品、出镜主播等。如果是品牌专场活动，需体现品牌名称、品牌标志等信息；

（3）符合直播活动主题，配色和谐，排版合理，符合审美习惯；

（4）尺寸建议使用竖屏图，符合多数人阅读媒介手机的使用习惯；

（5）吸引消费者注意力。如下图所示，海报将本场直播特约嘉宾吴敏霞作为要素。也可以体现本场活动的利益点，如“大牌爆品 2.4 折起”。

（二）产品清单图

产品清单图一般以长图形式呈现，可以在直播海报图的基础上增加本场直播的产品及活动信息。以下是设计产品清单图时需要考虑的要点：

（1）按照直播流程中产品发布的顺序依次排列，呈现产品；

（2）要有产品品牌、名称、图片、直播价格、促销内容、赠品等信息；

（3）可以进行直播间价格与日常价格的对比，或标明折扣；

（4）在产品清单长图尾部建议增加引导用户关注直播的教学步骤。

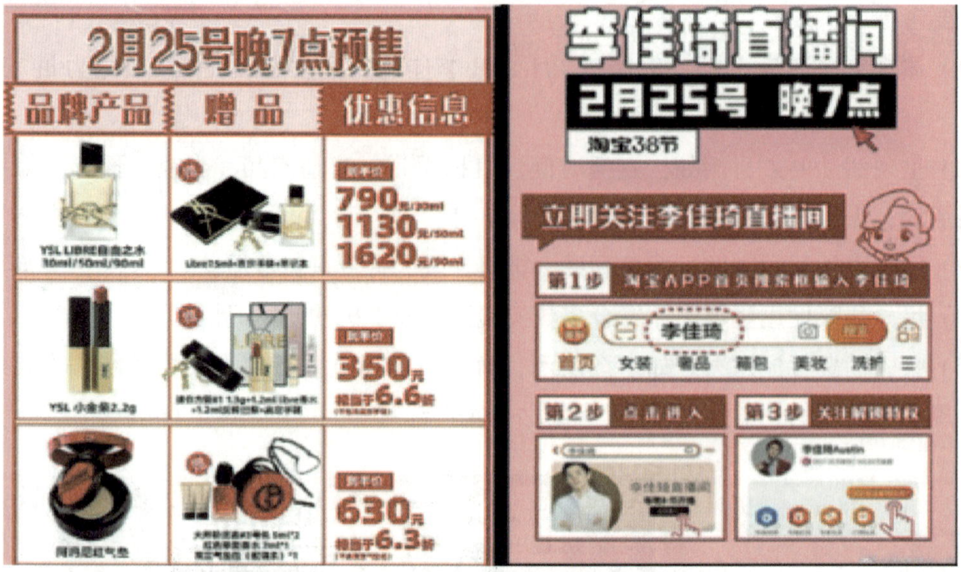

四、制作短视频素材

短视频是直播预热最常规的手段之一，通常直播方会提前制作15~60秒的短视频，投放在相应的平台，展示直播的部分精彩内容、嘉宾风采或产品亮点，配上吸引人的音乐和字幕。

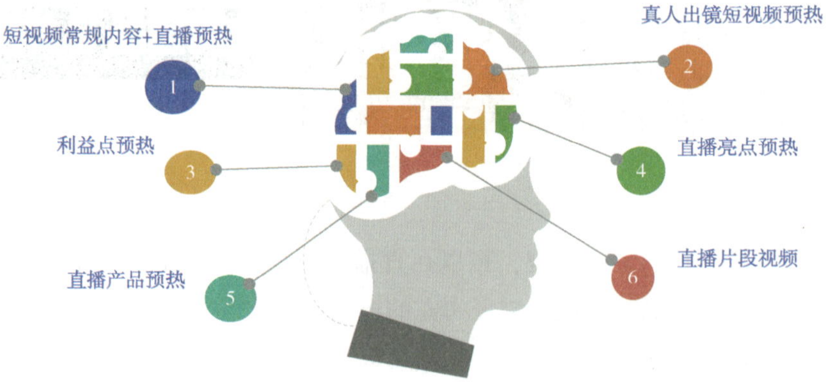

预热视频的发布渠道包括淘宝逛逛、短视频平台(如快手、抖音)、微博、微信公众号等，在内容设计上，可以采取以下几种方式：

1. 短视频常规内容+直播预热

在发布的预热短视频的前半段，保持与以往视频内容的一致性，吸引固定粉丝的观看，后半段则进行直播预热，通过设置悬念、透露直播亮点或介绍直播主题及商品，吸引粉丝的关注。

短视频常规内容

直播预热

2. 真人出镜短视频预热

这类直播预告短视频主要采用主播真人出镜的方式，向用户通知具体的开播时间。主播可以在视频中留下悬念，勾起潜在用户的好奇心。

例如罗永浩为了 2020 年 4 月 1 号抖音直播首秀预热，便于 2020 年 3 月 26 日通过抖音发布了一条预告短视频。这段视频中罗永浩真人出镜，并介绍直播的时间，用个人的粉丝号召力呼吁粉丝关注账号，并指导粉丝如何观看直播。

3. 利益点预热

对于没有关注主播的用户来说，主播希望通过预热短视频来吸引用户进入直播间，就需要在预热短视频中添加利益点，来增强视频的诱惑力，激发观看视频用户的好奇心和兴趣，促使他们预约直播或者关注主播。

4. 直播亮点预热

将本场直播的亮点内容作为预热短视频的主题，直播亮点可以是特殊嘉宾、特色环节、特色场景或特色主题等。例如，某场直播邀请某位明星、知名人物或者连线其他品牌直播间等。例如，直播主题为“支持新疆棉，为新疆代言”等具有社会意义的内容，也可以通过视频进行呈现。例如，罗永浩某次直播邀请金晨参加直播间活动，故提前制作并发布了一条短视频预告，借助明星效应，提前圈住明星的粉丝，为本场直播积蓄流量。

5. 直播产品预热

直播预热短视频也可以采取直接介绍直播产品进行产品预告的形式。通过直播预热短视频提前告诉用户这场直播间即将销售的具体产品，引导有明确消费需求的粉丝直接预订直播间。

例如，在薇娅3月28日家装节直播预热短视频中，就通过真实场景拍摄的方法现场展示了本场直播即将销售的主要产品，家居用品不是冲动消费类型产品，消费者往往需要深思熟虑，这段短视频使消费者有充分考虑的时间，持续关注，并准时到达直播间一探究竟。

6. 直播片段视频

有些重要的直播活动可以通过直播前发布的直播筹备阶段花絮，或者以往直播活动中发生的一些有趣的事情，为直播活动引流造势。

五、执行预热宣传

（一）内容发布

根据宣传计划，在各个选定的渠道按时发布预热宣传内容。确保标题、文案、海报、短视频等内容准确无误，且在不同渠道上保持宣传信息的一致性。

除了以上所述的预热手段，直播预告也是直播之前不容忽视的环节。通过直播预告，用户可以提前了解直播，也便于平台将主播的直播内容匹配给用户观看，从而获得精准用户流量，积蓄流量。

以淘宝直播为例，直播预告的发布方法如下：

1. 手机端发布预告

（1）登录淘宝主播 App 账号后台，点击中间的摄像头按钮；

（2）点击右下角菜单“发预告”；

（3）如图所示，在打开的“发布预告”界面中填写直播预告的相关信息，然后点击“发布预告”按钮，直播预告即发布完毕。

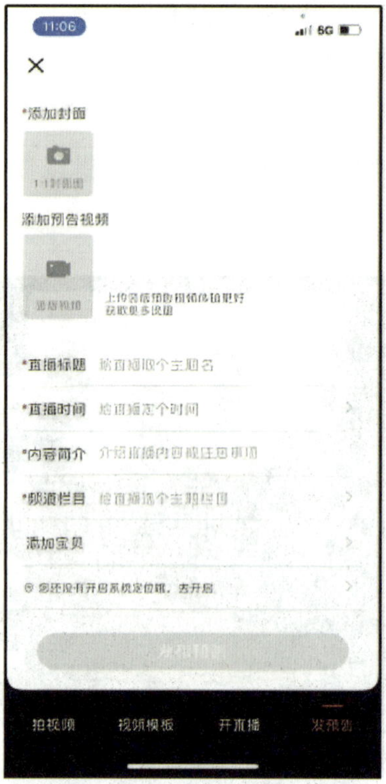

填写直播预告信息

直播预告效果

2. PC 端发布预告

（1）进入“千牛卖家中心”—自运营中心—淘宝直播—直播中控台；

（2）点击左侧“发布直播 & 预告”；

（3）填写直播预告信息。

（二）互动管理

（1）及时回复受众在各个渠道上的评论、私信等互动信息。解答他们关于直播的疑问，积极引导他们参与互动活动，如抽奖、问答等。

抽奖：设置不同等级的奖品。在直播预热期间，只要关注直播账号并转发预告，就有机会参与抽奖。奖品可以是与直播内容相关的产品、优惠券或现金红包。

问答：提出与直播内容相关的问题，让用户在评论区回答，然后从回答正确的用户中抽取幸运者给予奖励。这不仅能增加互动，还能提前了解观众对直播内容的兴趣点。

（2）关注互动数据，如点赞数、评论数、分享数、转发数等，根据数据反馈调整宣传策略。如果某个渠道的互动效果不好，可以考虑调整内容形式或增加推广投入。

（三）合作推广

（1）与嘉宾合作：如果有嘉宾参与直播，让嘉宾在自己的社交媒体平台上进行宣传，互相带动粉丝流量。

（2）与品牌或机构合作：例如，两个相关品牌可以联合进行直播预热宣传，共享资源，扩大受众群体。比如，一家美妆品牌和一家时尚杂志联合直播，双方在各自的渠道宣传时，就可以覆盖到彼此的受众。

六、效果评估与调整

1. 数据收集

收集各个宣传渠道的数据，如微博的曝光量、阅读量和互动量；微信公众号的阅读量、转发量和在看量；直播平台的预告浏览量和预约量等。收集与直播相关的数据，如直播开始后的初始观看人数、观众来源渠道（哪些渠道的预热宣传带来了更多观众）等。

2. 效果评估

根据收集的数据评估预热宣传的效果。例如，如果某个渠道的曝光量很高但互动量很低，可能需要分析是内容问题还是受众定位问题；如果直播的初始观看人数低于预期，需要分析是哪个环节的预热宣传没有做到位。

3. 策略调整

根据评估结果对预热宣传策略进行调整。如果发现某个渠道效果不佳，可以减少在该渠道的投入或改变宣传方式；如果某个内容形式（如短视频）很受欢迎，可以增加这方面的制作和推广。

七、直播预热活动策划范例

一、直播基本信息	
直播主题	[具体主题名称]
直播时间	[开始时间—结束时间]
直播平台	[平台名称]
直播类型(如电商、娱乐、知识讲座等)	[具体类型]

二、目标受众分析	
目标受众特征	分析详情
年龄范围	[年龄区间]
性别	[男/女/无特定性别]
兴趣爱好	[列举主要兴趣点]
消费习惯(如适用)	[高/中/低消费，偏好的产品类型等]
地理位置(如适用)	[主要地区]

三、宣传渠道选择与使用情况

(一)社交媒体平台

平台名称	文案内容摘要	发布时间	发布内容类型	链接	互动数据
微信公众号	介绍直播主题、嘉宾、亮点和优惠信息，引导关注直播	[具体日期和时间]	图文推送	[文章链接]	点赞：[×]，评论：[×]，分享：[×]
微博	包含直播预告视频，文案强调直播的独特之处，@相关嘉宾和大V	[具体日期和时间]	视频+文字	[微博链接]	点赞：[×]，评论：[×]，转发：[×]
抖音	展示部分直播产品或嘉宾片段，文案制造悬念吸引用户观看直播	[具体日期和时间]	短视频	[抖音视频链接]	点赞：[×]，评论：[×]，分享：[×]
小红书	以精美图片搭配简洁文案介绍直播，突出卖点，带上热门话题标签	[具体日期和时间]	图文笔记	[小红书笔记链接]	点赞：[×]，收藏：[×]，评论：[×]

(二)直播平台自身推广

推广方式(如平台推荐、预告设置等)	操作详情	投放时间	效果评估(如曝光量、预约量)
直播预告设置	填写详细的直播标题、封面、简介	[具体日期]	曝光量：[×]，预约量：[×]
平台推荐资源申请(如适用)	按照平台要求提交申请材料，包括直播亮点等	[具体日期]	获得推荐时长：[×]，推荐期间曝光量：[×]

续表

四、时间规划与执行			
主要宣传活动	预热阶段	开始时间	结束时间
发布初步预告，建立直播话题，透露部分嘉宾或亮点信息	长期预热（提前3~7天以上）	［开始日期］	［结束日期］
深入宣传直播内容，详细介绍流程、环节和优惠，开展互动活动	中期预热（提前1~3天）	［开始日期］	［结束日期］
最后提醒，强调即时价值，如开场抽奖等	短期预热（当天）	［当天具体时间］	直播开始前

五、互动活动策划与执行				
互动活动类型	活动规则	参与人数	奖品设置	效果评估（如参与度、引流效果）
微博抽奖	关注直播账号、转发预告微博并@三位好友即可参与抽奖，奖品为直播相关产品	［×］人	［具体奖品］	参与度较高，转发量达到［×］，引流到直播账号的粉丝数增加［×］
直播平台问答	在直播预告期间，在直播平台提出关于直播内容的问题，回答正确的用户可获得优惠券	［×］人	［优惠券金额和使用规则］	提高了用户对直播的关注度，增加了平台上的互动量

知识训练与巩固

一、单项选择题

1. 在分析直播预热宣传的目标受众时，以下哪项不属于人口统计学特征（　　）

A. 年龄　　B. 兴趣爱好　　C. 性别　　D. 职业

2. 以下哪个直播预热宣传渠道更适合针对年轻时尚群体进行精准推广（　　）

A. 电子邮件　　B. 小红书　　C. 传统报纸广告　　D. 企业内部通讯

3. 如果想在直播平台自身进行有效预热，以下哪项操作最重要（　　）

A. 随意设置直播标题　　B. 使用模糊的直播封面

C. 填写详细准确且吸引人的直播简介　　D. 不设置直播预告时间

4. 一个吸引人的直播预热宣传标题应该具备以下哪个特点（　　）

A. 冗长复杂，包含大量细节　　B. 平淡无奇，没有任何悬念或亮点

C. 简洁明了，能突出亮点或制造悬念　　D. 全部用大写字母书写

5. 在撰写直播预热宣传文案时，以下哪种做法能更好地引导观众行动（　　）

A. 只描述直播内容，不作任何引导

B. 在结尾处明确提出如关注直播、预约直播或分享预告等要求

C. 用非常模糊的语言暗示观众可能要做些什么

D. 在文案中间夹杂过多引导语，打乱文案节奏

6. 在直播预热宣传的长期预热阶段(提前 3~7 天以上)，主要任务是(　　)

A. 详细介绍直播的所有流程和优惠活动

B. 发布初步预告并建立话题

C. 频繁提醒观众直播即将开始

D. 只确定直播嘉宾，不发布其他信息

7. 如果一场直播在晚上 8 点开始，以下哪个时间进行当天的最后预热提醒比较合适(　　)

A. 上午 9 点　　B. 下午 5 点　　C. 晚上 7 点半　　D. 第二天早上

8. 在直播预热宣传中开展抽奖活动的主要目的是(　　)

A. 单纯为了赠送奖品

B. 增加互动，吸引更多人关注直播

C. 测试奖品的受欢迎程度

D. 没有特别目的，只是一种形式

9. 以下哪种互动活动不适合在直播预热宣传期间开展(　　)

A. 直播内容相关的问答活动

B. 要求观众线下见面交流直播内容

C. 转发直播预告抽奖活动

D. 邀请观众在评论区留言猜测直播嘉宾身份

10. 在直播预热宣传过程中，以下哪项对于强化宣传效果最关键(　　)

A. 只在一个宣传渠道进行大量投入

B. 不考虑目标受众喜好，按照自己的想法制作宣传内容

C. 根据目标受众、直播内容等因素制定全面且灵活的宣传策略

D. 临时拼凑宣传内容，不作任何规划

实操记录表

任务	任务内容	指定完成时间	完成状态	评价等级/分数	导师评语
任务一	预热计划				
任务二	标题与文案撰写				

续表

任务	任务内容	指定完成时间	完成状态	评价等级/分数	导师评语
任务三	图像素材和物料制作				
任务四	预热短视频制作				
任务五	执行预热宣传				
任务六	预热效果评估				
选择题					

完成状态用指定符号标注：按时完成√，迟交▲，缺交×。

附答案和解释

1. 答案：B 解释：兴趣爱好不属于人口统计学特征，人口统计学特征主要包括年龄、性别、职业、地域等基本属性。

2. 答案：B 解释：小红书的用户群体以年轻女性为主，且对时尚、生活方式等内容关注度高，非常适合针对年轻时尚群体进行直播预热宣传。而电子邮件相对较为通用但精准度低，传统报纸广告受众面广但不够精准针对年轻时尚群体，企业内部通讯主要面向企业内部员工。

3. 答案：C 解释：填写详细准确且吸引人的直播简介能够让观众快速了解直播内容，吸引他们观看直播，而随意设置标题、使用模糊封面和不设置直播预告时间都不利于在直播平台自身的预热宣传。

4. 答案：C 解释：简洁明了且能突出亮点或制造悬念的标题更容易吸引观众的注意力，冗长复杂和平淡无奇的标题难以达到吸引观众的目的，全部用大写字母书写不符合正常的阅读习惯，且可能给人一种不礼貌的感觉。

5. 答案：B 解释：在结尾处明确提出如关注、预约或分享等要求，能够直接引导观众做出有利于直播预热的行动。只描述内容不作引导无法达到预热宣传的最终目的，模糊暗示可能让观众不清楚具体要做什么，而在中间夹杂过多引导语，会打乱文案节奏，影响整体阅读体验。

6. 答案：B 解释：在长期预热阶段主要是发布初步预告告知直播大致信息如主题、时间、嘉宾(如果确定)等，并开始建立话题；详细介绍所有流程和优惠活动更适合中期预热阶段；频繁提醒是短期预热阶段的任务。只确定嘉宾不发布其他信息不利于预热宣传的全面开展。

7. 答案：C 解释：晚上 7 点半距离直播开始还有半小时，这个时间进行最后预热提醒比较合适，能够让观众及时进入直播间，上午 9 点距离直播开始时间太久，第二天早上则已直播结束，下午 5 点虽然也是当天，但距离直播还有较长时间，观众可能会忘记。

8. 答案：B 解释：在直播预热宣传中开展抽奖活动主要是为了增加互动，吸引更多人关注直播，通过抽奖的形式激发观众的参与热情，从而提高直播的关注度，而不是单纯为了赠送奖品或者测试奖品受欢迎程度，更不是没有目的的形式。

9. 答案：B 解释：要求观众线下见面交流直播内容在直播预热宣传期间不太现实，操作难度大且存在安全等诸多问题。而直播内容相关的问答、转发抽奖、邀请观众猜测嘉宾身份等活动都能很好地在预热期间增加互动，吸引观众关注直播。

10. 答案：C 解释：根据目标受众、直播内容等因素制定全面且灵活的宣传策略能够最大限度地提高直播预热宣传效果；只在一个渠道大量投入可能会忽略其他潜在受众群体；不考虑受众喜好，制作内容无法吸引观众；临时拼凑内容且不规划会导致宣传混乱无序。

第二节 直播开场的技巧

知识导图

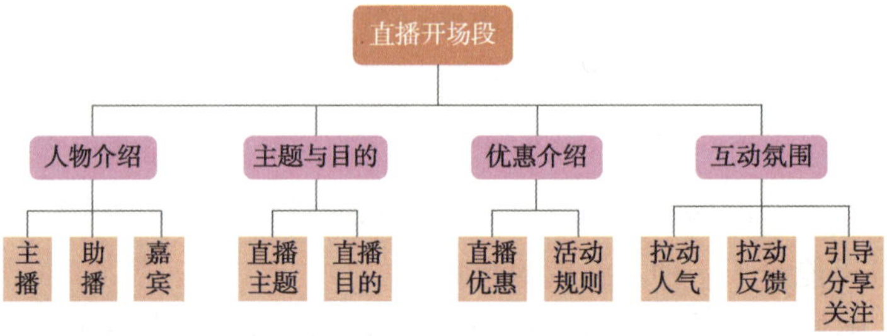

学习任务目标

一、知识目标

1. 掌握直播开场的重要性

（1）理解开场在整个直播过程中的关键作用；

（2）认识到开场效果对观众留存率、参与度以及直播成功的影响。

2. 熟悉各类开场方式

（1）深入了解不同的开场方式；

（2）理解每种开场方式的特点、适用场景以及预期效果。

3. 了解开场氛围营造的要素

（1）掌握开场氛围营造涉及的语言表达、肢体语言、背景音乐与特效等方面的知识。

（2）明确语言表达中的语调、语速、措辞选择，肢体语言中的表情、姿势、动作，以及背景音乐和特效如何协同作用来营造氛围。

二、技能目标

（1）灵活运用适当的开场方式；

（2）能在直播中有效营造氛围；

（3）具备应对开场突发情况的能力，确保直播顺利进行。

三、素养目标

（1）形成观众导向意识；

（2）培养创新与独特性；

（3）培养自信与积极态度。

模拟情景引入

假设你是一名新晋的网络主播，你的个人品牌主要围绕生活方式和家居装饰。你计划开设一场直播，向观众展示最新的家居装饰趋势，并分享一些 DIY 装饰技巧。你的目标是吸引至少 500 名观众，并在直播期间保持他们的兴趣和参与。

直播开场的目标：

（1）吸引注意力：在直播开始的前 30 秒内吸引观众的注意力。

（2）建立联系：与观众建立即时的联系，让他们感到受欢迎和重视。

（3）预告内容：简要介绍直播的主题和内容，让观众知道他们可以期待什么。

（4）激发兴趣：激发观众对直播内容的兴趣，鼓励他们留下来观看。

（5）促进互动：鼓励观众参与直播，积极提问、评论或分享。

工作基本流程

任务一：针对整场脚本，将开场部分进行细化，并提交包含基本话术的开场脚本。

任务二：完成其中的开场部分工作，并参考下表完成开场记录表。

序号	开场环节	目标	计划内容	执行时间	负责人	完成情况
1	欢迎观众					
2	自我介绍					
3	内容预告					
4	互动促进					
5	礼物感谢					
6	引导评论					
7	结束语与预告					
8	直播预热					
9	直播互动					
10	直播设备检查					
11	直播脚本准备					

注意事项：

（1）目标：明确每个开场环节的目的。

（2）计划内容：详细规划每个环节的具体内容。

（3）执行时间：确定每个环节的执行时间点。

（4）负责人：指定每个环节的责任人。

（5）完成情况：记录每个环节的完成状态，如“完成”“进行中”或“未开始”。

（6）备注：记录执行过程中的所有问题或特别说明。

相关知识学习

一场电商直播的开场至关重要，它不仅能吸引观众的注意力，还能为后续的直播内容定下基调。以下是一些好的开场技巧：

一、开场前的准备工作

1. 明确直播目标与主题

首先要与团队沟通，明确本次直播的主要目标（如产品销售、知识分享或娱乐观众等）。然后依据目标确定直播主题。

2. 了解目标受众

分析目标受众的特征，并根据受众特征预测他们对直播开场的期待和反应，以便选择合适的开场方式。

3. 熟悉直播内容和流程

与策划团队或相关人员详细了解直播的内容板块、环节安排、产品信息(如果有)等。同时还要明确开场环节与后续内容的衔接点，确保开场能够自然地引导后续的直播内容。

4. 检查设备与环境

测试直播设备的稳定性，为直播营造良好的视觉和听觉环境。

5. 形象准备

根据直播的性质和目标受众，确定合适的妆容、发型和着装风格。例如，进行美妆直播时，主播妆容要精致且展示当季流行元素；进行商务知识讲座直播时，着装应简约专业。

二、开场方式的选择

1. 基于直播类型选择

(1) 电商直播：如果是新品发布，可考虑先制造悬念，如“今天直播间有一款超级神秘的产品，它将颠覆你对[产品类别]的认知，大家想不想知道是什么?”若是促销活动，直接展示利益点更有效，如“欢迎大家来到今天的直播间，今天全场[×]折起，还有超多赠品，快来看看有没有你心仪的宝贝。”

(2) 知识讲座直播：对于专业性较强的讲座，可以先进行自我介绍并强调自己的专业背景来建立信任，如“大家好，我是[名字]，在[专业领域]研究了[×]年，今天将和大家分享[讲座主题]相关的专业知识。”

也可以通过提出一个与讲座主题相关的常见问题来引起观众兴趣，如“大家在[知识领域相关话题]中是否经常遇到[问题描述]? 今天我们就来深入探讨如何解决这个问题。”

(3) 娱乐直播：我们可以考虑利用热点话题或流行元素吸引观众，如“宝子们，最近[热门影视/歌曲]超火，今天我们的直播就像那部剧/那首歌一样精彩，快来一起嗨。”我们也可以在热情洋溢的问候中加上有趣的互动话题开场，如“嗨，亲爱的小伙伴们，今天我们来玩个小游戏，我先出个小谜语，猜对的有小惊喜哦。"

2. 基于受众特点考虑

（1）对于年轻观众为主的直播，可以采用更时尚、潮流、幽默的开场方式，如运用网络流行语、提到热门的社交平台事件等。

（2）如果观众以中老年为主，开场语言应更稳重、简洁，注重强调实际价值，如健康养生知识讲座直播，开场可以说"大家好，今天我们来分享一些对大家的健康非常有用的养生知识，希望能让大家的生活更健康、更有活力。"

3. 基于开场内容

开场是电商直播中非常关键的环节，它能够为整场直播设定基调，吸引并留住观众。除了通过上述内容和技巧可以有效地提升直播的吸引力和互动性，我们还对于开场话语模式进行了以下归纳：

（1）热情问候型开场：普遍适用于各类直播，尤其是以建立亲切氛围为主要目标的直播，如生活分享类、粉丝互动类直播。

（2）自我介绍型开场：在观众不太了解主播或者主播有特殊身份、成就时可以考虑使用，如专家讲座直播、新主播首播等。在这种开场模式中，主播要简洁明了地阐述自己的名字（或昵称）、身份、主要从事的领域或擅长的内容。例如，"大家好，我是[名字]，是一名有着十年健身经验的教练。"同时，主播还要强调与直播主题相关的经历或成就，以建立信任。比如，"我已经在时尚行业工作八年，参与过多个知名品牌的设计，今天就来和大家分享时尚穿搭的小秘密。"

（3）制造悬念型开场：对于各种希望激发观众好奇心的直播，如新品发布、剧情类直播等，这是一个非常好的开场方式。但是我们一定要谨记悬念的设置要与直播内容紧密相关，可以是关于产品的特殊功能、嘉宾的神秘身份、直播中的意外环节等。例如，"今天直播间有个神秘嘉宾，他可是在[领域]有着传奇经历的人物，大家能猜到是谁吗？"总之，我们要避免设置过于复杂或与直播无关的悬念，以免让观众感到困惑。

（4）利用热点话题型开场：这种开场模式适用于直播内容能够与热点事件相联系的情况下，如娱乐新闻、社会现象与知识讲座或产品的关联等。在使用这种模式时我们需要巧妙地将热点话题与直播主题结合，避免生搬硬套，确保内容过渡自然。

（5）展示利益点型开场：对于带有明显利益点的电商直播、知识技能传授类直播，我们可以采取这类开场方式。即在开播初期明确告知观众能从直播中获得的实际利益，如产品的优惠折扣、独家赠品、知识技能的提升等。例如，“欢迎来到直播间，今天我们有全场五折的优惠，还有独家定制的赠品，数量有限，先到先得哦。”在这种模式下，利益点的表述应当具体、清晰并且具有吸引力，以便观众能够快速理解其价值所在。

三、开场氛围的营造

1. 语言表达

（1）调整语调与语速：开始时语调可以稍高，充满活力，以展现热情和积极性，但也要根据直播内容和风格做适度调整。例如，在娱乐直播中，语调可以轻快活泼；而在知识讲座中，则要在清晰表达的基础上适当增加语调的起伏以突出重点。又如，兴奋的内容用高升调，沉稳的内容用降抑调。在直播开场时，一般采用积极向上的高升调或曲折调以吸引观众注意力。开场时一般以适中偏慢的语速为宜，确保观众能清晰地听到重要信息。

（2）控制语速，避免过快让观众听不清内容，也不能过慢导致节奏拖沓。开场时可以稍慢一点，给观众适应的时间，随后根据内容的难易程度和情感表达调整语速。

2. 措辞选择

（1）使用积极、正面、通俗易懂的词汇，避免专业术语（除非是针对特定专业受众的直播）和过于复杂生僻的词语。例如，用“超棒”“很赞”“惊喜”等词汇传递积极情绪。为此，我们平时需要积累丰富的词汇量，包括生动形象、富有感染力的形容词和动词。例如，用“惊艳”代替“好看”，“探索”代替“了解”。另外，我们还要注意措辞的准确性和适宜性，避免使用可能引起歧义或冒犯观众的词语。

（2）根据直播主题和目标受众，选择合适的风格用词。如针对年轻女性的时尚直播可以用“小仙女们”“宝子们”等亲昵称呼，商务直播则用“各位朋友”“尊敬的观众”等正式称呼。

3. 肢体语言

（1）表情管理：

保持微笑，眼神专注地看着摄像头，给观众一种亲切、友好、自信的感觉，仿佛在与他们面对面交流。

根据开场内容的情感表达适当调整表情，如提到有趣的事情时眼睛放光、露出开心的笑容；强调重要内容时表情严肃认真。

（2）姿势与动作：

保持良好的姿势，身体挺直但不过于僵硬，坐或站得端正，展现出专业和自信。

运用适当的手势辅助语言表达，但不要过于夸张或频繁，例如，用手指指向屏幕上的某个元素（如产品、重要信息等），或者用手掌做出欢迎的动作等。

4. 背景音乐与特效

（1）背景音乐选择：根据直播的类型、主题和风格选择合适的背景音乐。如美妆直播选择轻快时尚的流行音乐，瑜伽教学直播选择舒缓的轻音乐，游戏直播选择富有激情的电子音乐。

（2）确保背景音乐音量适中，不会掩盖主播的声音，一般以能清晰听到主播说话同时又能营造氛围为宜。

（3）特效运用：如果直播平台支持，可在开场时使用一些简单的特效，如开场动画、滤镜效果等。例如，使用星光闪烁的滤镜营造梦幻氛围，或者用动态的开场字幕吸引观众的目光。特效的运用要简洁、适度，避免过于复杂或刺眼的特效影响观众的观看体验。

四、开场后的过渡

1. 自然引导到直播主体内容

（1）在开场环节结束后，要迅速、自然地过渡到直播的主要内容。如果开场是制造悬念，可以紧接着说“那现在就让我们一起揭开这个谜底吧。”然后开始介绍产品或话题。

（2）如果是通过问候和自我介绍开场，可以说“今天我们要做的第一件事就是……”或者“那我们就正式开始今天的[直播主题相关内容]”。

2. 关注观众反馈并调整

在开场后的短暂时间内，留意观众的留言、点赞等互动情况，判断观众对开场的反应。如果观众反应积极，可以按照原计划继续推进直播；如果观众反应冷淡，要及时调整语言风格、节奏或者补充一些更吸引人的内容，以提高观众的参与度。

3. 时间把控

对于时间，首先，我们要合理安排开场的时间长度，一般控制在 1～3 分钟为宜，避免开场过长导致观众失去耐心。其次，在开场结束时，要自然、流畅地切换到直播主体内容的介绍，不要出现突兀的停顿或转换。可以用一些引导性的语句，如“现在让我们正式进入今天的主题”或者“接下来，我就给大家详细介绍一下……”

五、应对开场突发情况的知识

1. 技术故障应对

提前了解常见的技术故障类型，如网络卡顿、设备故障(麦克风无声、摄像头黑屏)等。

学习应对技术故障的基本方法，如快速切换网络、重启设备、调整设备设置等。同时，准备一些应对话术，如“宝子们，不好意思，刚刚出现了一点小状况，现在我们已经解决啦，继续我们的直播。”

2. 冷场应对

分析可能导致冷场的原因，如开场方式不吸引人、观众尚未进入状态等。

学习冷场时的补救措施，如迅速改变开场方式(从平淡的自我介绍改为制造悬念)、增加互动环节(向观众提问、发起小投票等)，重新调动观众的积极性。

六、直播开场时吸引观众注意力的方法

(一) 独特的视觉呈现

1. 创意背景与场景布置

打造与直播主题相关且独特的背景。例如，进行历史文化主题的直播时，布置成古代书房的场景，摆放古典书籍、文房四宝等道具，让观众一进入直播间就仿佛穿越到古代，引发他们的好奇与兴趣。如果是户外直播，可以选择具有视觉冲击力的场景开场，如在山顶看日出时开启直播，壮丽的自然景色能瞬间抓住观众眼球。

2. 主播形象与造型

主播的着装和妆容要符合直播主题并且独特新颖。例如，在一场动漫主题的直播中，主播可以 cosplay 成热门动漫角色出场；进行时尚直播时，主播可以穿着当季最流行、最前卫的服装亮相。这种独特的形象能够吸引观众的目光。

(二) 引人入胜的语言表达

1. 使用惊人的事实或数据

在开场时抛出一些与直播内容相关的惊人事实或数据。例如，在健康养生直播中可以说：“你知道吗？根据最新研究，超过 80%的年轻人都处于亚健康状态，今天我们就来聊聊如何改善这种状况。”

在财经直播中可以说：“在过去的一年里，股票市场的波动幅度达到了近十年来的最大值，今天我们来分析一下背后的原因和投资机会。”

2. 提出有趣的问题

以一个与直播主题紧密相关的有趣问题开场，激发观众的好奇心，促使他们想要留下来寻找答案。比如，在美食直播中问："你们有没有想过，一道普通的家常菜如何能做出米其林三星的味道呢？"

在科技直播时提问："如果未来的汽车不需要加油、不需要驾驶就能自动带你去任何地方，你觉得可能吗？今天我们就来探讨一下这个科技前沿话题。"

3. 讲述引人入胜的小故事

开场讲一个简短而有趣的小故事，这个故事要能引出直播的主题。例如，在读书分享直播中说："曾经有一个年轻人，他出身贫寒，但凭借着对书籍的热爱，改变了自己的命运。今天我要给大家分享一本对他影响深远的书。"

在宠物直播时可以说："我有一个朋友，他养了一只特别调皮的猫，这只猫有一次把家里弄得天翻地覆，但也正是因为它，我朋友的生活充满了乐趣。今天我们就来聊聊宠物给我们生活带来的那些意想不到的惊喜。"

（三）制造悬念与期待

1. 预告神秘内容或嘉宾

暗示直播过程中有神秘的内容或嘉宾即将出现。例如，在娱乐直播中说："今天直播间将会迎来一位神秘大咖，他是娱乐圈的一线明星，大家猜猜会是谁呢？"

在商业直播中提道："我们今天准备了一个超级神秘的产品，这个产品将会颠覆你对[产品类型]的认知，想知道是什么吗？"

2. 设置互动悬念

以一种互动的方式设置悬念，让观众参与进来。比如，在游戏直播开场时说："今天我们要玩一个超级刺激的游戏，但是这个游戏的规则我先不说，等直播间人数达到[×]人时，我再揭晓，大家赶紧分享直播间，让更多人进来。"

（四）借助热点话题或流行元素

1. 关联当下热点

将直播内容与当下的热点新闻、事件或话题联系起来。例如，在体育直播时，如果最近有一场大型体育赛事刚刚结束，可以说："刚刚结束的[赛事名称]大家都看了吧，今天我们就来聊聊这场比赛背后的那些事，以及对未来体育发展的影响。"

在时尚直播中，若某部时尚大片刚刚上映，可以说："最近[电影名称]中的时尚造型超级惊艳，今天我们直播间也会分享一些类似的时尚穿搭。"

2. 融入流行文化元素

使用流行的网络用语、表情包或热门影视、歌曲等元素。例如，在以年轻受众为主的直播中说："宝子们，今天就让我们像《狂飙》里的主角一样，开启一场超燃的直播之旅。"同时配上《狂飙》相关的表情包，让观众感到亲切和有趣。

（五）提供即时利益或价值

1. 优惠活动与福利预告

在电商直播开场时，直接告知观众直播中的优惠活动和福利。比如："欢迎大家来到直播间，今天全场商品五折起，还有大量的赠品和抽奖活动，千万不要错过。"

对于知识付费类直播，可以说："今天在直播间，前[×]名下单购买课程的观众可以享受七五折优惠，并且还能获得一对一的辅导机会。"

2. 承诺知识或娱乐价值

明确告诉观众在直播中他们能获得的知识或娱乐体验。例如，在知识讲座直播中说："今天在这个直播间，你将学到三个最实用的职场晋升技巧，让你在竞争中脱颖而出。"

在娱乐直播时说："今天我们准备了超多搞笑的段子、精彩的表演，保证让你笑个不停。"

知识训练与巩固

单项选择题

1. 在直播开场时，以下哪种方式最能迅速引起观众的兴趣并建立连接（　　）

A. 平淡地自我介绍，只说名字

B. 直接开始介绍产品或内容，不作任何铺垫

C. 热情地问候观众，并提及当天的特殊之处（如节日、天气）

D. 默默地调整设备，等准备好了再说话

2. 如果要进行一场知识讲座直播，开场时使用以下哪种技巧比较合适（　　）

A. 跳一段热舞吸引眼球

B. 展示一些与讲座主题无关的搞笑视频

C. 介绍自己在该领域的专业背景和成就

D. 先讲一个很长的个人生活故事

3. 以下哪个选项是利用热点话题进行直播开场的有效方式（　　）

A. 在游戏直播中，开场说："今天我们来玩游戏，不管外面发生了什么。"

B. 在美妆直播时说："最近那个很火的电视剧里女主角的妆容超美，今天我们就来讲讲如何打造类似妆容。"

C. 在健身直播开场提道："我不管什么热点，我们只谈健身。"

D. 在美食直播说："我刚从外面回来，没注意有什么热点，我们开始做菜吧。"

4. 直播开场时，主播想要制造悬念。下列哪句开场语最符合要求(　　)

A."今天我要给大家介绍我们的新产品，它很不错。"

B."欢迎来到直播间，今天我们有很多内容要分享。"

C."今天直播间有一个神秘的东西，它会彻底改变你对[相关主题]的看法，想知道是什么吗?"

D."今天我们按照老样子，从第一个产品开始介绍。"

5. 在直播开场中，对于主播的肢体语言，以下哪种做法是正确的(　　)

A. 一直低头看提词器，避免与观众进行眼神交流

B. 身体不停地晃动，展现活力

C. 保持微笑，身体挺直，适当使用手势辅助表达

D. 双手交叉抱在胸前，显示自信

6. 为了在直播开场吸引年轻观众的注意力，以下哪种语言表达比较合适(　　)

A."各位先生女士们，欢迎来到直播间。"

B."宝子们，今天的直播超有趣，快来看呀!"

C."诸位观众，下面开始我们的直播。"

D."大家好，今天的直播开始了，请认真观看。"

7. 在户外直播开场时，以下哪个视觉元素最能吸引观众(　　)

A. 站在一个普通的街边角落，背景是杂乱的街道

B. 在一个风景优美的山顶，背后是壮丽的日出景色

C. 在人来人往的商场里，背景是各种商业招牌

D. 在自家门口，背景是普通的住宅墙

8. 以下哪种开场方式能在直播开场时给观众带来即时利益感(　　)

A. 在电商直播中说："欢迎大家，今天我们会介绍一些产品。"

B. 在知识付费直播中说："今天直播间，前 10 名下单的观众可享受半价优惠，还能获得独家资料。"

C. 在娱乐直播中说："今天我们就随便玩玩，没什么特别的安排。"

D. 在美食直播中说："今天我们要做几道菜，就这样。"

9. 直播开场时，主播的语速应该是怎样的(　　)

A. 非常快，尽快把所有内容说完

B. 非常慢，一个字一个字地说

C. 适中偏慢，确保观众能听清重要信息并适应直播节奏

D. 忽快忽慢，制造独特效果

10. 在直播开场时，关于背景音乐的选择，以下哪种说法正确(　　)

A. 选择音量最大的音乐，盖过主播声音，以营造氛围

B. 随便选择一种音乐，只要有声音就行

C. 根据直播主题和风格选择合适的音乐，音量适中，不影响主播说话

D. 不需要背景音乐，会干扰观众听主播讲话

实操记录表

任务	任务内容	指定完成时间	完成状态	评价等级/分数	导师评语
任务一	提交包含基本话术的开场脚本				
任务二	完成开场记录表				
选择题					

完成状态用指定符号标注：按时完成√，迟交▲，缺交×。

附答案和解释

1. 答案：C　解释：热情的问候能快速拉近与观众的距离，提及当天的特殊之处可以增加互动性和亲近感。

2. 答案：C　解释：在知识讲座直播开场时介绍自己的专业背景和成就，能建立起讲师的权威性，让观众相信讲座内容的质量。

3. 答案：B　解释：该选项将热门电视剧中的妆容与美妆直播的主题联系起来，有效地利用了热点话题吸引观众。

4. 答案：C　解释：这句话通过提及神秘东西并暗示其对[相关主题]看法的改变，成功制造了悬念。

5. 答案：C　解释：保持微笑、挺直身体并适当运用手势能展现主播的亲和力和自信，有助于开场吸引观众。

6. 答案：B　解释：“宝子们”是比较流行于年轻群体中的亲昵称呼，这种语言表达更符合年轻观众的喜好。

7. 答案：B　解释：壮丽的日出景色作为背景具有很强的视觉冲击力，能够迅速吸引

观众的目光。

8. 答案：B　解释：提到前 10 名下单的观众可享受半价优惠和独家资料，这种开场明确给出了观众可获得的即时利益。

9. 答案：C　解释：适中偏慢的语速可以让观众清楚听到重要信息，并且有时间适应直播节奏。

10. 答案：C　解释：合适的背景音乐要与直播主题和风格相符，并且音量不能过大，以免影响主播表达。

附直播开场技巧实操记录表

序号	开场环节	目标	计划内容	执行时间	负责人	完成情况
1	欢迎观众	吸引注意力	热情问候，使用话术如：“大家好，欢迎来到我的直播间！”	开场头 30 秒	主播	完成
2	自我介绍	建立联系	简短介绍自己和直播内容	开场 1 分钟内	主播	完成
3	内容预告	提升期待	介绍直播亮点，如：“今天我们将探讨……”	开场 1~2 分钟	主播	完成
4	互动促进	增加参与度	提出问题或进行小游戏，如：“你们觉得今年最流行的颜色是什么？”	开场 2~3 分钟	主播	完成
5	礼物感谢	激励观众	对送礼物的观众表示感谢，如：“感谢[用户名]送的礼物！”	适时	主播	完成
6	引导评论	提高互动	鼓励观众评论，如：“在聊天区留言，我会在直播中解答你们的问题。”	开场 3~4 分钟	主播	完成
7	结束语与预告	保持兴趣	总结开场并预告直播结束时的内容，如：“直播结束前，我们将……”	开场 4~5 分钟	主播	完成
8	直播预热	增加人气	通过社交媒体等渠道预热直播	直播前 24 小时	运营团队	完成
9	直播互动	维持氛围	实时回应观众反馈	整场直播	主播	进行中
10	直播设备检查	确保质量	检查摄像头、麦克风等设备	直播前 30 分钟	技术支持	完成
11	直播脚本准备	内容有序	准备直播脚本，包括开场、互动、结束等环节	直播前 1 小时	主播	完成

第三节 做好直播控场与互动

知识导图

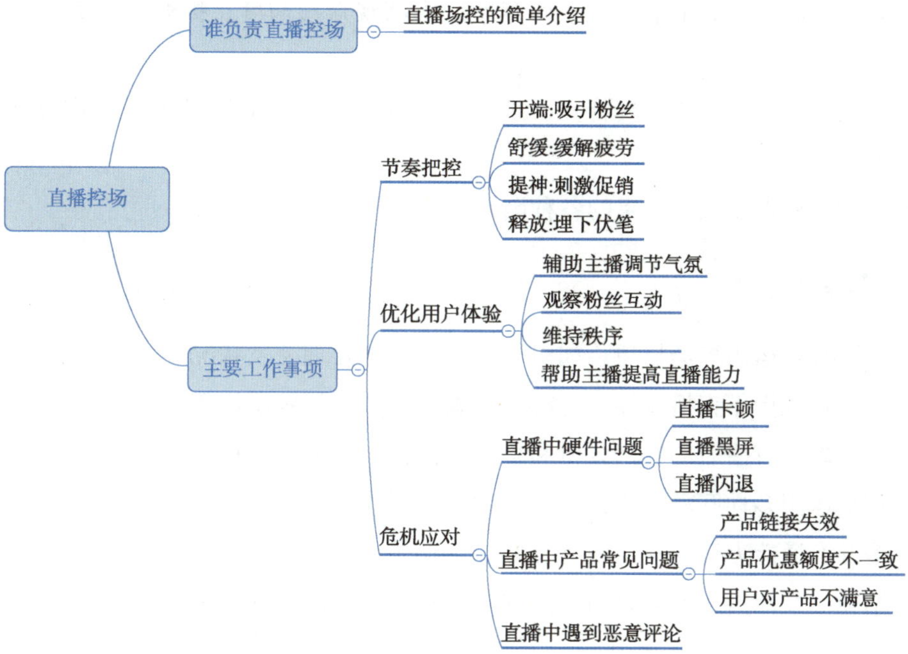

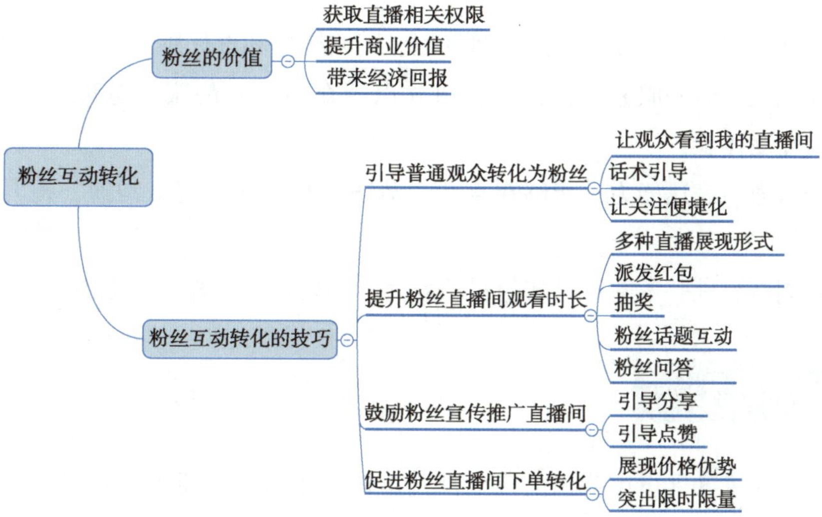

学习任务目标

一、知识目标

（1）理解直播控场的基本概念和重要性；

（2）掌握直播控场的基本流程和操作技巧；

（3）理解直播互动对于增加观众留存率、提高观众参与度、提升直播人气和影响力的重要性；

（4）熟悉各类互动形式及其特点，理解每种互动形式的适用场景、操作方式以及对观众的吸引力；

（5）了解影响直播互动效果的各种因素。

二、技能目标

（1）能够有效运用控场技巧，如引导观众互动、处理突发状况等；

（2）能够熟练操作直播软件，进行直播画面切换、特效添加等；

（3）能够进行直播后的数据分析和总结，优化未来的直播控场表现；

（4）熟练运用多种互动形式，掌握每种互动形式的操作流程；

（5）提升沟通能力，与观众建立良好的互动关系；

（6）增强应变能力，面对直播中的问题能够迅速做出合理决策。

三、素养目标

（1）培养良好的职业素养，包括时间管理、团队协作和责任感；

（2）培养观众导向的服务意识，能够树立以观众为中心的服务意识，关注观众需求，提供有价值的互动体验；

（3）提升沟通与表达能力，能够在直播中清晰、有效地与观众沟通，提升自己的表达能力；

（4）培养创新思维，不断探索新的互动方式，创新直播内容，以吸引和留住观众。

模拟情景引入

假设你身处一家知名电商公司的直播部门，即将进行一场重要的商品直播。你的部门被分为若干小组，每组负责不同的商品直播。在直播之前，各组需制定详细的直播计划，包括商品介绍、互动环节设计等。在直播过程中，需模拟真实主播展现商品特色，同时与观众进行实时互动，如回答提问、发起投票等。公司内部员工将作为“观众”参与互动，并根据各组的控场能力、互动效果及商品销售情况进行评分。请问你和你的团队伙伴会采取哪些措施来确保这项工作的顺利进行呢？

工作基本流程

任务一：以小组为单位完成直播整体流程表；
任务二：小组内部分工明确，完成内部直播彩排，并提交直播全程录像文件；
任务三：完成对外直播并提交直播全程录像文件。

相关知识学习

一、直播整体流程

板块	项目	详细内容
直播基本信息	直播日期	[具体年月日]
	直播时段	[开始时间]—[结束时间]
	直播平台	[平台名称]
	直播主题	[主题描述]
	主播	[主播姓名]
	其他出镜人员	[助播姓名]、[嘉宾姓名]
互动准备	观众调研	目标受众特征
		年龄：[年龄段]
		性别：[性别比例]
		地域：[主要地域]
		兴趣：[主要兴趣点]
		观众对直播互动期望
		喜欢的互动形式：[如问答、抽奖等]
		关注的话题类型：[如产品信息、娱乐八卦等]

续表

板块	项目	详细内容
互动准备	互动目标	提升观众参与度
		目标评论数：[×]条
		目标点赞数：[×]个
		目标分享数：[×]次
		提高观众留存率(%)
		目标留存率：[×]
		促进产品/服务推广(若适用)
		目标产品曝光量：[×]次
		目标引导购买量：[×]个
	互动内容规划	话题准备
		话题1：[话题内容]
		预计互动类型：[问答/分享等]
		预估参与度：[高/中/低]
		话题2：[话题内容]
		预计互动类型：[……]
		预估参与度：[……]
		互动活动设计
		活动1：开场抽奖
		奖品：[奖品名称、数量]
		参与规则：[关注直播间、发送指定内容等]
		预计时长：[×]分钟
		活动2：问答环节
		奖品(如有)：[奖品详情]
		问题设置：
		问题1：[问题内容]-答案：[答案]
		问题2：[……]
		参与规则：[按顺序回答/抢答等]
		预计时长：[×]分钟
		活动3：观众分享活动
		奖励(如有)：[奖励内容]
		分享主题：[主题内容]
		参与规则：[分享与主题相关经历等]
		预计时长：[×]分钟
	设备与功能检查	直播设备
		摄像头：[正常/异常，若异常描述问题]
		麦克风：[正常/异常，若异常描述问题]
		灯光：[正常/异常，若异常描述问题]
		网络：[稳定/不稳定，若不稳定描述问题]
		互动功能
		评论区：[正常显示/有问题，若有问题描述]
		点赞功能：[正常工作/有问题，若有问题描述]
		抽奖功能(若有)：[测试正常/有问题，若有问题描述]
		连麦功能(若有)：[测试正常/有问题，若有问题描述]

续表

板块	项目	详细内容
直播中的互动执行	开场阶段（0~10分钟）	欢迎观众
		欢迎语：[实际使用的欢迎话语]
		观众初始反应(人数增长、留言积极性)：[描述情况]
		开场互动(如开场抽奖)
		互动形式：[开场抽奖]
		规则介绍：[实际介绍内容]
		观众参与情况：[参与人数、发送的留言内容]
		出现问题及解决：[如规则理解混乱，重新解释规则]
	主体内容阶段（10~50分钟）	内容讲解与小互动
		内容板块1([内容主题]，10~20分钟)
		互动形式：[提问/分享经验等]
		具体问题/引导语：[实际内容]
		观众回答情况(积极/不积极，主要回答内容类型)：[描述]
		主播回应方式：[解答、反馈的详细方式]
		时间花费：[×]分钟
		内容板块2([内容主题]，20~30分钟)
		互动形式：[……]
		具体问题/引导语：[……]
		观众回答情况：[……]
		主播回应方式：[……]
		时间花费：[×]分钟
		互动活动(30~50分钟)
		活动名称：[如问答活动、抽奖活动等]
		活动规则再次说明：[实际说明内容]
		观众参与热情：[高/中/低，描述具体表现]
		实际操作中的调整(如有)：[例如增加抽奖名额等]
		活动结果
		中奖名单(抽奖活动)：[列出名单]
		问答活动中的精彩回答：[记录一些典型回答]
		观众对活动的反馈(从留言、评论总结)：[正面/负面，具体意见]
		时间花费：[×]分钟
	结尾阶段（50~60分钟）	总结回顾
		回顾的主要内容：[总结直播重点内容]
		提及的互动精彩瞬间：[列举几个]
		观众反应(留言表示是否有收获等)：[描述情况]
		引导关注和预告下次直播
		引导关注的话术：[实际使用的话术]
		下次直播的预告内容：[主题、时间等信息]
		观众对预告的反应(留言询问、表示期待等)：[描述情况]

续表

板块	项目	详细内容
直播后的互动跟进	互动效果总结	互动数据统计
		点赞数：[×]
		评论数：[×]
		分享数：[×]
		参与互动活动的人数：[×]
		观众反馈收集
		正面反馈：[总结观众好评内容]
		建设性意见：[列出观众提出的改进建议]
	未完成事项跟进	未完成事项：[如奖品未发放、部分观众提问未解答等]
		跟进措施：[说明如何处理未完成事项]
		处理结果：[已完成/进行中，若已完成说明情况]
	与观众保持联系与互动	通过社交媒体平台互动情况
		发布的内容(如直播回顾、延伸话题等)：[列出主题或内容]
		观众的回应(点赞、评论、分享等情况)：[描述数据和主要观点]
		下一次直播的筹备调整(根据本次直播观众反馈)
		互动内容调整：[如增加某种互动形式，修改话题等]
		互动时间安排调整：[如某个环节的时长调整]
		奖品设置调整(如有)：[说明调整情况]

二、直播控场

(一) 直播控场的工作分工

直播控场的主要事项包括节奏把控、优化用户体验和危机应对、直播中的硬件问题处理、直播中产品常见问题解答以及如何应对直播中遇到的恶意评论等。

直播控场的工作分工是一个复杂而细致的过程，涉及多个环节，包括但不限于直播前的准备工作、直播中的实时监控以及直播后的总结反馈。在直播前，控场人员需要对直播内容进行精心策划，确保直播流程的顺畅，包括对直播主题的深入研究、内容的编排以及与相关嘉宾的沟通协调。同时，他们还需要对直播设备进行彻底的检查和调试，以确保直播过程中硬件设备的稳定运行，包括对摄像头、麦克风、灯光等设备的测试，以及网络连接的稳定性检查。

(二) 直播控场的主要事项

1. 节奏把控

要求控场人员能够根据直播内容和观众反应灵活调整直播流程，避免直播过程过于单调或过于紧张，保持直播的吸引力。

在直播进行中，控场人员需要密切关注直播的节奏，适时进行调整，以保持观众的兴趣和参与度。他们需要灵活应对直播中可能出现的各种情况，如突发的技术问题、观众提问的高潮等。

2. 优化用户体验

控场人员还需要优化用户体验，比如通过设置互动环节增加观众的参与感，以及及时解答观众在直播过程中提出的问题，确保观众能够获得满意的观看体验。

要求控场人员能够及时响应观众的需求，提供高质量的互动体验，比如通过实时投票、问答等方式让观众参与进来。

3. 危机应对

危机应对是指在直播过程中遇到突发事件时，控场人员需要迅速做出反应，采取措施以减少负面影响。这可能包括对技术故障的快速修复、对突发事件的现场处理等。

（1）直播中的硬件问题：直播中的硬件问题可能包括音视频设备故障、网络连接不稳定等，控场人员需要具备一定的技术知识，以便在问题发生时能够迅速定位并解决问题，确保直播的连续性。

（2）直播中产品常见问题：需要控场人员对产品有足够的了解，以便在直播过程中准确、快速地回答观众的提问，要求控场人员在直播前对产品进行充分的了解和准备。

（3）直播中遇到恶意评论：这时候控场人员需要保持冷静，采取适当的措施，比如屏蔽恶意评论者，同时维护直播间的秩序，确保直播环境的和谐，避免恶意评论影响到直播的整体氛围和观众的观看体验。

三、直播互动玩法

直播的最大优点就是实时互动性，通过直播带货可以轻松接触成千上万的用户。做好互动不仅能够活跃直播间的气氛，也可以留住粉丝，提高直播间用户停留时长，提升转化率。

直播互动玩法有很多，常见的有派发红包、抽奖互动、连麦互动、名人做客直播间或其他互动。

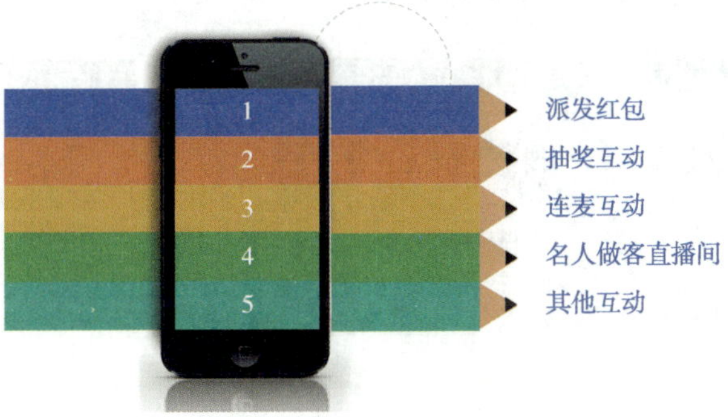

（一）派发红包

给用户具体可见的利益，是直播间聚集人气与用户互动行之有效的方法之一。不同平台派发红包的方式各不相同，如口令红包、倒计时红包和分享红包等。

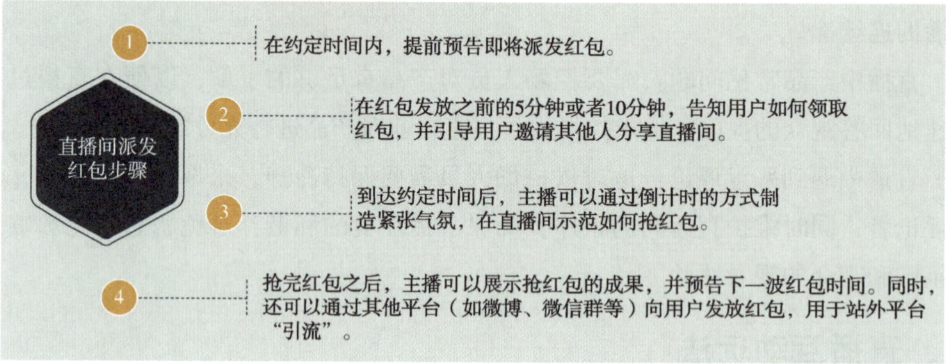

（二）抽奖互动

直播抽奖是主播常用的互动玩法之一。用抽奖的方法吸引用户停留在直播间，提高用户平均停留时长，增加用户黏性。但是抽奖的环节要设计好，避免造成花了钱却达不到预期效果的情况。抽奖要遵循以下三个原则：

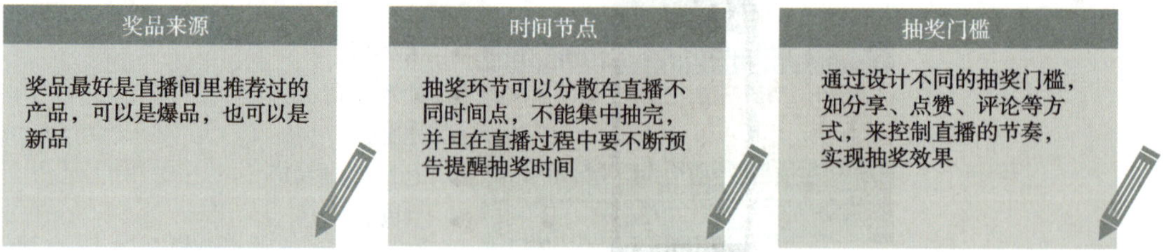

分享抽奖是淘宝直播平台的抽奖玩法之一，是主播与直播间用户互动、拉新涨粉的利器，不但能活跃直播间氛围，提升直播流量，还能通过用户拉新助力方式产生裂变促进涨粉，帮助主播提升用户直播间停留时长。

淘宝直播分享抽奖操作方法如下：开播后，主播在中控台—互动面板【分享抽奖】—进入分享抽奖设置页面；填写抽奖的活动信息和奖品内容。注意抽奖活动的奖品价值不能超过 50000 元。

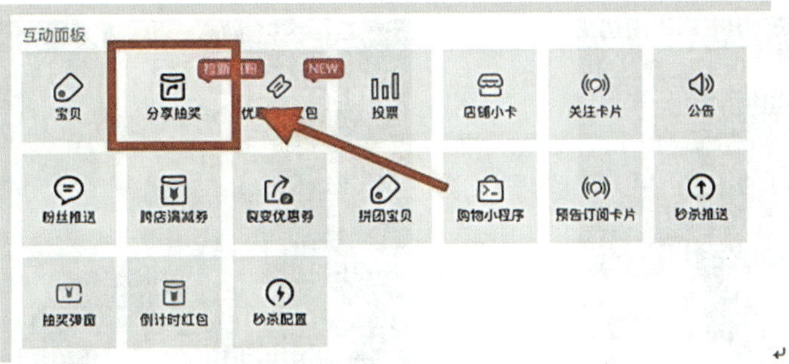

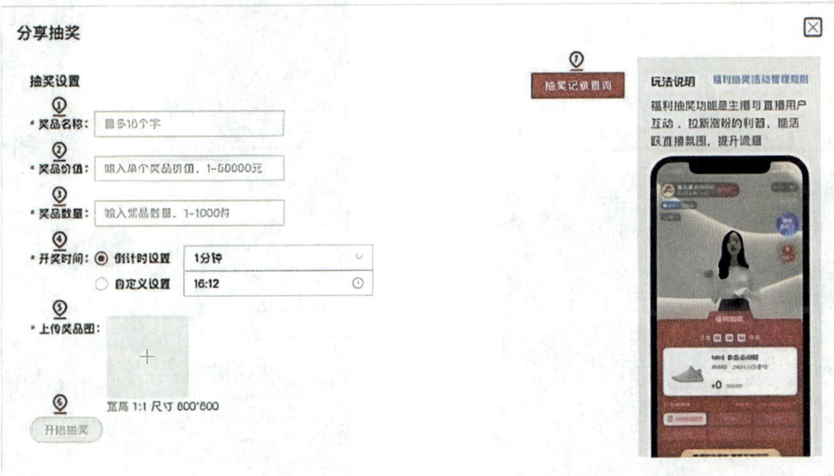

（三）连麦互动

主播在直播间与其他主播可以采取“连麦”方式进行合作，也就是两个正在直播的主播进行连线通话。主要的直播平台如淘宝直播、快手、抖音均支持“连麦”。“连麦”的应用场景包括账户导粉引流和连线 PK。

账户导粉是指引导自己的粉丝关注对方，并吸引对方的粉丝进入自己的直播间，加粉，实现互惠互利。

连线 PK 通常是两个主播的粉丝通过点赞或者刷礼物等方式进行竞争，刺激粉丝消费，活跃直播间的气氛。主播可以开发更多的 PK 玩法，多样化的玩法可以激发粉丝们的互动热情。

（四）名人做客直播间

直播间可以邀请品牌代言人、企业领导、行业知名人士和明星等名人参与互动。借助名人的名气，可以显著增加直播间及主播的曝光度，增加主播粉丝量，提升主播影响力。目前，很多企业领导看准了直播的影响力和营销力，纷纷参与直播，并取得了不错的成绩。例如，2020 年，格力电器董事长董明珠亲自参与了 13 场直播带货，销售额高达 476.2 亿元。

（五）其他互动

直播间还有很多各种各样的互动活动，例如通过直播提问、直播间发起投票、直播间小游戏等多种方式，让用户有参与感。有的主播会设置一些和直播主题相关的话题，引导用户回答。例如，在销售防晒霜时可以提问：“夏天防晒宝宝们喜欢用防晒喷雾呢还是防晒霜呢？”直接让用户二选一，不用过多思考，用户也乐于评论。或者可以通过类似“防晒之后感觉特别油的宝宝请扣 1”这样的问题，引导粉丝积极参与评论。

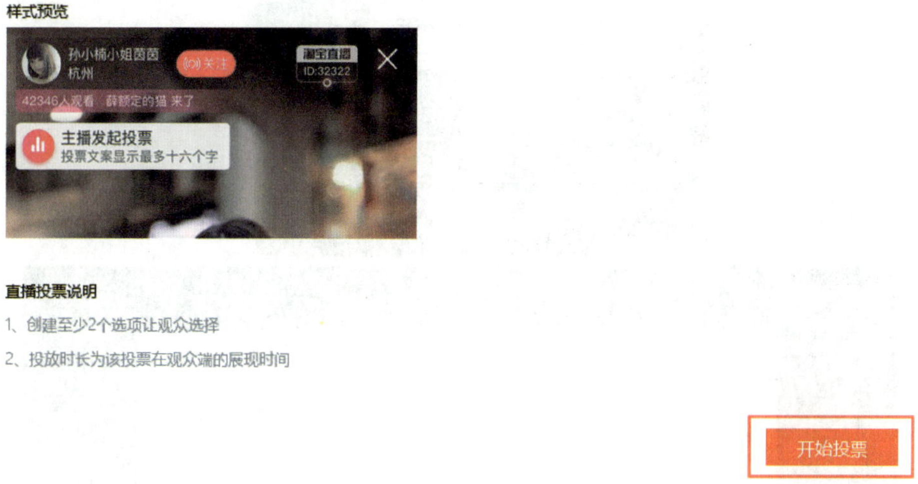

四、直播评论管理

在直播过程中，用户经常会就产品、活动、物流等各个方面提出问题。主播或主播助理在看到评论区用户的疑问时，要在不打乱直播节奏的前提下及时做出回答。对于简单的问题可以通过自动回复的方式进行回答。目前，主流的直播平台均支持自动回复。

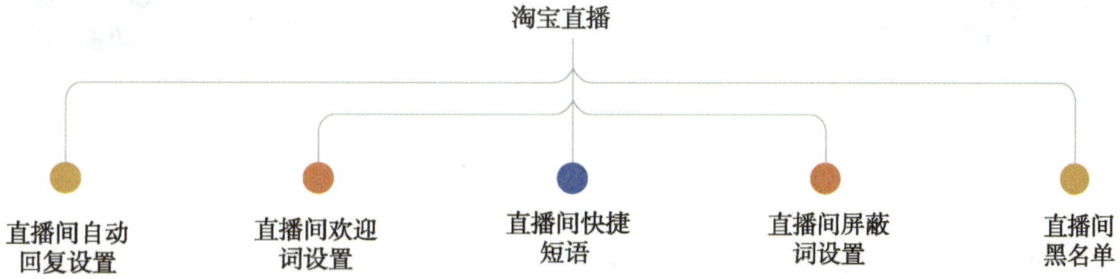

（一）直播间自动回复设置

操作步骤：直播中控台—左边栏【智能主播助理】—智能辅播—自定义问题—新增问题，然后按照页面要求设置即可。

（二）直播间欢迎语设置

设置直播间欢迎语，向进入直播间的观众自动展示欢迎语。欢迎语的内容可以由系统自动生成，也可以由商家自行定义。

操作步骤：直播中控台—左边栏【智能主播助理】—智能辅播—欢迎语—新建欢迎语。

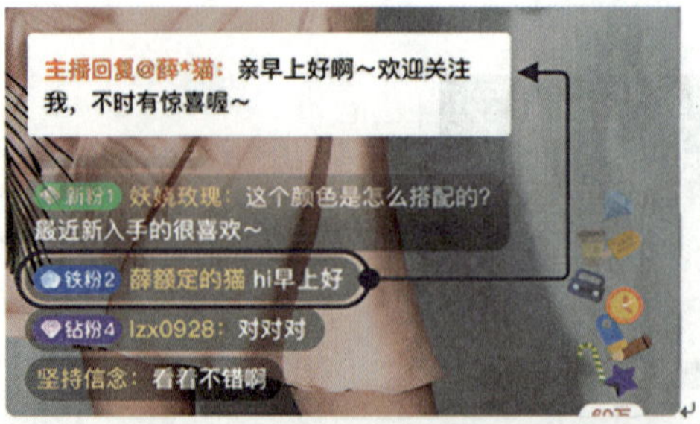
主播回复@薛*猫：亲早上好啊～欢迎关注我，不时有惊喜喔～
新粉1 妖娆玫瑰：这个颜色是怎么搭配的？最近新入手的很喜欢～
铁粉2 薛额定的猫 hi早上好
钻粉4 lzx0928：对对对
坚持信念：看看不错啊

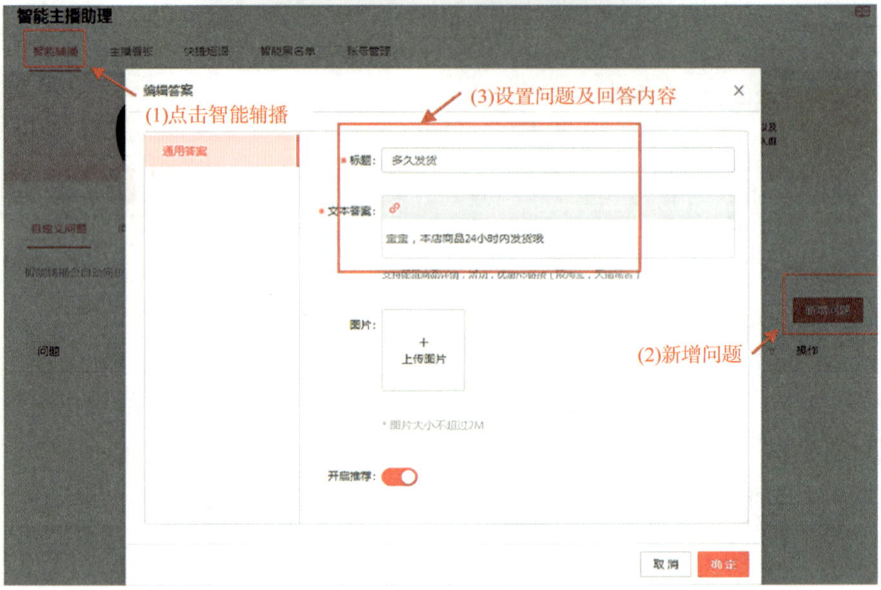
智能主播助理
编辑答案
(1)点击智能辅播
(3)设置问题及回答内容
通用答案
标题：多久发货
文本答案：
宝宝，本店商品24小时内发货哦
图片：
上传图片
(2)新增问题
开启推荐：
取消
确定

自定义问题
问题分析
推荐商品
欢迎语
设置
欢迎语
向进入直播间的观众自动展示欢迎语，每次随机出现一条欢迎语
福利惊喜多，多多点赞评论互动
14/30
+ 新建欢迎语 最多可建10条欢迎语

效果展示：

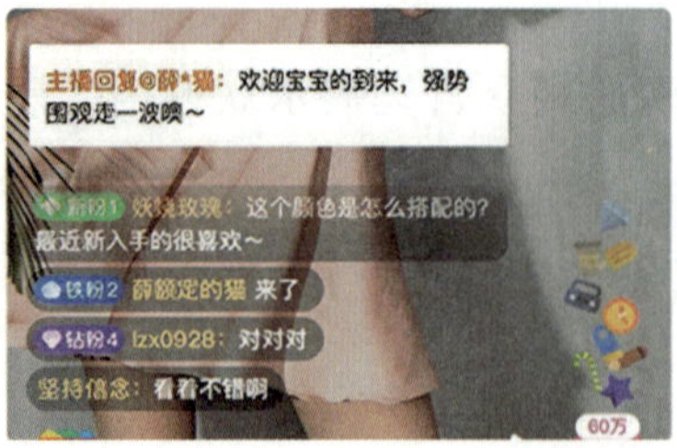
主播回复@薛*猫：欢迎宝宝的到来，强势围观走一波噢～
新粉1 妖娆玫瑰：这个颜色是怎么搭配的？最近新入手的很喜欢～
铁粉2 薛额定的猫 来了
钻粉4 lzx0928：对对对
坚持信念：看看不错啊
60万

（三）直播间快捷短语

当观众进行评论时，平台提供快捷短语来降低观众的输入门槛。这些快捷短语一般是系统默认形成的，也可以由商家自定义。

操作步骤：直播中控台—左边栏【智能主播助理】—智能辅播—快捷短语—填写快捷短语。

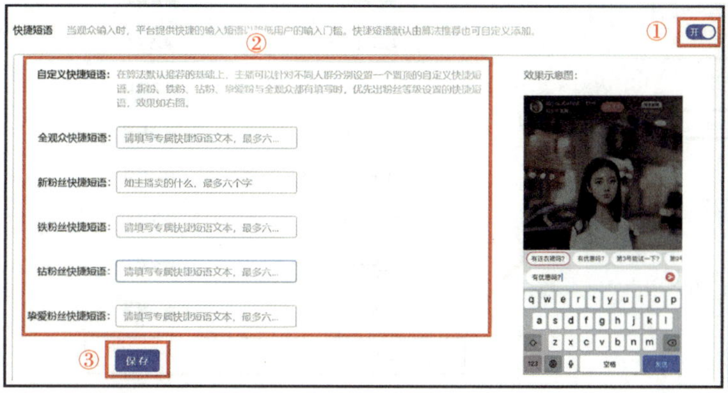

注意事项：

- 商家自定义关键词会显示在第一个位置；
- 对话框底纹展示的内容，系统会根据直播间属性来显示，吸引用户点开对话框；
- 快捷短语不是统一的，是根据商家店铺直播定制化、智能化的快捷短语内容；
- 快捷短语最多显示4个

（四）直播间屏蔽词设置

当直播过程中，粉丝出现一些违禁评论，例如人身攻击类、辱骂、团伙性恶意评论和广告引流等关键词，商家可以通过系统设置自动屏蔽，并拉黑用户。

操作步骤：直播中控台—左边栏【体检中心—屏蔽关键词】—添加你想要屏蔽的关键词。

（五）直播间黑名单

用户弹幕的右下角有单场禁言和永久禁言按钮，点击单场禁言即可完成该场直播的禁言，点击永久禁言即可完成对该用户的永久禁言。

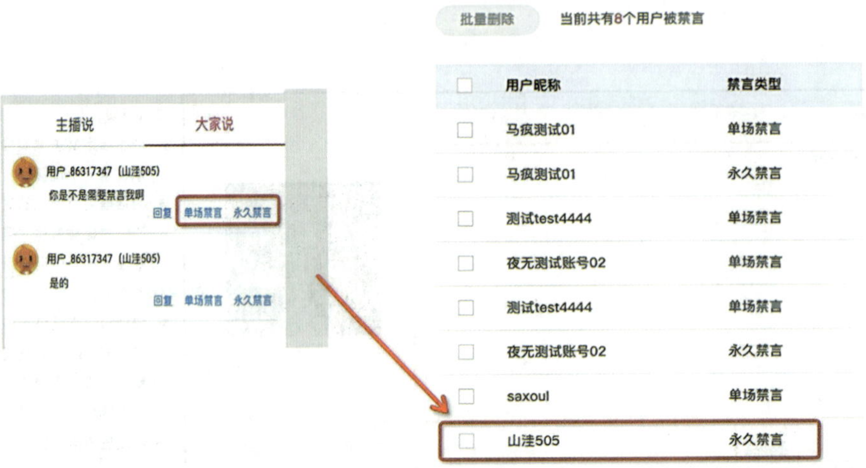

知识训练与巩固

一、单项选择题

1. 在直播开场互动中，以下哪种方式最有助于迅速吸引观众(　　)

A. 长时间介绍直播设备　　B. 立刻开始讲解复杂的直播内容

C. 热情欢迎观众并提出一个简单有趣的问题　　D. 直接展示奖品

2. 当主播想要了解观众对直播内容的理解程度时，以下哪种互动方式最合适(　　)

A. 只与活跃观众私聊　　B. 进行一次大规模抽奖

C. 在讲解过程中适时提问　　D. 结束直播后发送问卷调查

3. 在直播中，为了满足观众的社交需求，主播可以采取的最佳策略是(　　)

A. 禁止观众之间互相交流

B. 自己不停地说话，不给观众机会

C. 创建话题鼓励观众分享经验

D. 只和个别观众互动

4. 如果想要在直播中增加观众的参与度，以下哪项关于奖品设置的原则是正确的(　　)

A. 奖品价值越高越好，不考虑其他因素

B. 奖品数量极少，制造稀缺性

C. 奖品与直播主题相关且有吸引力，抽奖过程公平公正

D. 不设置奖品，只靠内容吸引观众

5. 在直播互动中，主播的语言表达要清晰简洁，以下哪种做法不符合这一要求(　　)

A. 使用简单的词汇来解释复杂的概念

B. 避免使用过多的行业术语

C. 用很长的句子表达一个简单的意思

D. 按照逻辑顺序陈述事情

二、多项选择题

6. 在直播互动中，为了增强与观众的情感联系，主播可以(　　)

A. 分享个人与直播主题相关的故事

B. 对观众的留言及时回复并表示感谢

C. 忽略观众的负面评论

D. 模仿观众喜爱的明星说话风格

7. 以下哪些活动属于直播中的趣味互动内容(　　)

A. 严肃的专业知识问答　　B. 猜谜游戏

C. 趣味投票　　D. 观众创意征集

8. 了解直播平台的规则对于做好直播互动至关重要，以下哪些是需要重点关注的平台规则(　　)

A. 评论区的管理规定　　B. 点赞、分享、抽奖等功能规则

C. 平台对主播穿着的要求　　D. 违规处理规定

9. 在直播互动时，非语言沟通技巧包括(　　)

A. 适当的肢体语言　　B. 与观众进行眼神交流(模拟)

C. 随意变换直播背景颜色　　D. 合理利用直播画面空间

10. 为了使直播互动内容更具吸引力，在话题选择方面可以(　　)

A. 只选择非常小众、几乎无人知晓的话题

B. 追踪热点话题并巧妙结合直播主题

C. 挖掘独特且有深度的话题

D. 反复使用相同的老话题

实操记录表

任务	任务内容	指定完成时间	完成状态	评价等级/分数	导师评语
任务一	完成直播整体流程表				
任务二	完成内部直播彩排并提交录像				
任务三	完成对外直播并提交录像				
选择题					

完成状态用指定符号标注：按时完成√，迟交▲，缺交×。

附答案和解释

1. 答案：C　解释：热情欢迎观众并提出一个简单有趣的问题。这种方式可以迅速吸引观众的注意力，并让他们感到被欢迎和有参与感。

2. 答案：C　解释：在讲解过程中适时提问。这种方式可以即时了解观众的理解程度，并给予反馈。

3. 答案：C　解释：创建话题鼓励观众分享经验。这可以满足观众的社交需求，让他们有参与感和被听见。

4. 答案：C　解释：奖品与直播主题相关且有吸引力，抽奖过程公平公正。这样的奖品设置可以增加观众的参与度，同时保持公平性。

5. 答案：C　解释：用很长的句子表达一个简单的意思。这不符合清晰简洁的语言表达要求。

6. 答案：ABD　解释：分享个人故事可以增强情感联系，及时回复并感谢观众可以建立良好的互动关系，模仿观众喜爱的明星说话风格可以增加亲和力。

7. 答案：BCD　解释：猜谜游戏、趣味投票和观众创意征集都是趣味互动内容，而严肃的专业知识问答可能不适合所有观众。

8. 答案：ABCD　解释：所有这些规则都是直播中需要重点关注的平台规则，它们共同构成了直播互动的基础框架。

9. 答案：ABD　解释：适当的肢体语言、与观众进行眼神交流(模拟)和合理利用直播画面空间都是非语言沟通技巧的一部分。

10. 答案：BC　解释：追踪热点话题并巧妙结合直播主题可以增加内容的时效性和吸引力，挖掘独特、有深度的话题可以提供更多价值给观众。只选择非常小众的话题可能限制了观众群体，而反复使用相同的老话题可能会降低观众的兴趣。

附直播整体自评表

评价项目	自评	小组互评	教师评价
熟练运用多种互动形式，熟悉每种互动形式的操作流程			
学会使用亲切、热情、清晰、简洁且富有感染力的语言进行互动。能够根据不同的互动场景和对象调整措辞、语调、语速，以增强与观众的沟通效果			
掌握用生动有趣的方式描述互动规则、介绍话题内容的技巧，避免观众因理解困难或感觉枯燥而失去兴趣			
能够在直播中积极展现自己的情绪，保持高涨的热情、适度的幽默风趣，以感染观众的情绪，营造积极活跃的互动氛围			
学会根据观众的反应调整自己的情绪表达，如在观众参与度不高时提高兴奋度，在争议性话题出现时保持冷静平和			
掌握合理的互动频率，避免互动过于频繁导致直播节奏混乱，也防止长时间没有互动让观众感到无聊			
能够准确把握互动的最佳时机，如在直播内容的衔接处、观众注意力较为集中时插入互动环节，提高互动效果			
学会在直播开场时通过巧妙的欢迎语、提出有趣的开场小问题或者引导观众打招呼等方式，迅速调动观众的互动积极性，为整个直播的互动氛围奠定良好基础			
能够自然地提及直播过程中的互动环节，激发观众的期待感，让观众愿意留在直播间参与互动			
能够适时地提醒观众参与互动，如通过语言强调、画面提示(如在屏幕上显示互动提示信息)等方式			
学会引导观众深入互动，鼓励观众分享自己的观点、经验、故事等，对于观众的回答能够进行有效的追问和延伸讨论，使互动更加深入和有意义			
在直播结尾时，能够通过回顾互动成果、感谢观众的参与互动等方式，给观众留下良好的印象，增强观众对下次直播的期待			
掌握预告下次直播互动内容、留下互动悬念的技巧，引导观众关注下一次直播			

第四节　直播中的商品推介

知识导图

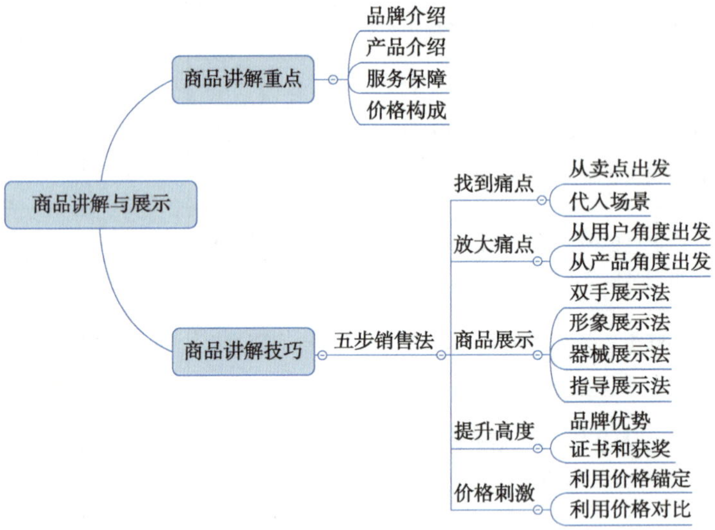

学习任务目标

一、知识目标

（1）理解电商直播中商品讲解与展示的基本概念及其重要性；

（2）掌握商品讲解与展示的基本流程和技巧，包括如何有效地介绍商品的特点、优势和使用方法；

（3）学习根据不同的商品类别（如服装、电子产品、美妆等）调整讲解与展示策略。

二、技能目标

（1）能够流畅地进行商品讲解，使用清晰、准确的语言描述商品特性；

（2）掌握使用直播工具（如摄像头、麦克风、灯光等）进行高质量商品展示的技能；

（3）能够与观众有效互动，回答问题，并妥善处理直播中的突发情况。

三、素养目标

(1) 培养良好的职业道德，确保直播内容真实、诚信，不夸大或误导消费者；
(2) 提升沟通能力，学会倾听观众需求，营造良好的直播氛围；
(3) 增强自我管理能力，合理安排直播时间，保持专业形象。

模拟情景引入

小赵是一名对美食充满热情的年轻人，初入职场便进入了电商直播行业，成为一名主播。面对公司新推出的多种水果味速食面，他决心要让这款零食新品在直播间大放异彩。

为了准备这场直播，小赵可谓煞费苦心。他首先从产品的独特卖点出发，深入了解每一款水果口味的独特风味与制作工艺，确保自己在介绍时能够如数家珍。接着，他亲自试吃，记录下最真实的口感体验，用生动的语言描绘出每一口带来的惊喜。

不仅如此，小赵还精心设计了互动环节，通过抽奖、问答等方式吸引观众参与，让直播间的氛围更加热烈。他还准备了多款搭配建议，如这款速食面与何种饮料最搭，让观众在享受美味的同时，也能感受到生活的乐趣。

直播当天，小赵凭借充足的准备与热情洋溢的介绍，成功吸引了大量粉丝的关注与喜爱。多种水果味速食面在他的推荐下，迅速成为直播间内的热销商品，也让小赵在主播的道路上迈出了坚实的一步。

请问，从小赵的故事中，你感受到在直播中要做好商品推介需要考虑哪些方面呢?

工作基本流程

任务一：请以小组为单位，对你们直播间准备上架的产品进行分析，制作一个详细的产品信息表。除了产品的规格参数、品牌资料、服务保障和价格构成等基本信息，还要深入挖掘产品的痛点以及对应的卖点。

任务二：请以小组为单位，为你们直播间准备上架的产品制定合适的展示方案，要求结合产品本身特性，以突出产品卖点为目的。

任务三：请以小组为单位，为你们直播间准备上架的每款产品录制一段不少于 1 分钟的产品展示及介绍视频。

相关知识学习

一、商品讲解重点

在销售过程中，商品讲解是至关重要的环节，不仅需要清晰、准确地传达产品的特点和价值，还需要有效激发顾客的购买欲望。成功的商品讲解应该包括以下几个重点：

（一）品牌介绍

品牌介绍是建立顾客信任的第一步。在这个环节中，销售人员需要详细介绍品牌的创建历史、核心价值观、市场定位以及品牌故事。例如，苹果公司通过强调其创新和简洁的设计理念，成功吸引了追求高科技和时尚的消费者。品牌故事的讲述可以增加顾客对品牌的认同感，让他们感受到品牌背后的人性化和情感价值。

（二）产品介绍

产品介绍需要详细说明产品的功能、特点、材质和尺寸等信息。例如，一款智能手机的介绍可能会包括它的处理器速度、摄像头像素、电池续航能力以及操作系统等。销售人员应该通过生动的语言和具体的例子，让顾客能够直观地了解产品的优势和适用场景。

（三）服务保障

服务保障是提升顾客购买信心的重要因素。在这个环节中，销售人员需要详细介绍售后服务政策、保修期限和退换货流程等，以减少顾客的后顾之忧。例如，一些品牌提供长达两年的保修服务和快速的退换货流程，这些信息的传达可以让顾客感受到品牌的可靠性和对顾客权益的重视。

（四）价格构成

价格构成应该透明化，让顾客了解产品的定价依据。这包括成本、利润、税费等，有时还可以透露一些促销活动或折扣信息。销售人员应该清晰地解释价格的合理性，让顾客感到物有所值。

二、商品讲解技巧

（一）找到痛点

1. 从卖点出发

销售人员需要识别顾客可能遇到的问题或需求，然后针对性地介绍产品如何解决问题。例如，如果顾客担心手机的电池续航能力，销售人员可以强调手机的节能技术和快速充电功能。在这个基础上，销售人员应该强调产品的独特卖点，即那些能够吸引顾客注意并区别于竞争对手的特点。例如，一款手机的高清摄像头和专业级摄影模式可以作为其卖点之一。

2. 带入场景

销售人员可以通过描述产品在日常生活中的应用场景，帮助顾客更好地想象自己使用产品的场景。例如，描述在旅行中使用手机拍摄美景、记录生活瞬间的场景，可以增加顾客的购买欲望。

（二）放大痛点

销售人员可以强调不使用该产品可能导致的问题或损失，增加顾客的紧迫感。例如，如果顾客经常出差，销售人员可以强调没有一款好的手机可能会导致工作上的不便和信息沟通的障碍。

1. 从用户角度出发

销售人员应该站在顾客的立场上，说明产品如何满足他们的需求和期望。例如，针对喜欢听音乐的顾客，强调手机的音质和降噪功能。

2. 从产品角度出发

销售人员应该从产品的特性和优势出发，解释为什么顾客应该选择它。例如，强调手机的高性能处理器和流畅的操作系统，可以吸引那些对手机性能有高要求的顾客。

（三）商品展示

1. 双手展示法

使用双手展示产品，可以增加产品的立体感和亲切感。例如，销售人员可以手持产品，展示其轻巧和设计感。

2. 形象展示法

通过模特或形象代言人展示产品，利用其形象和气质来吸引顾客。例如，邀请时尚模特在 T 台上展示新款服装，可以增加产品的时尚感和吸引力。

3. 器械展示法

使用专业器械或工具来展示产品的性能和特点。例如，使用专业相机展示手机的拍照功能，可以直观地展示其高清成像效果。

4. 指导展示法

通过现场演示或视频指导，展示产品的使用方法和效果。例如，现场演示一款智能手表的健康监测功能，可以让顾客直观地了解产品的实用性。

（四）提升高度

1. 品牌优势

介绍如品牌历史、技术创新、市场占有率等可以增强顾客对品牌的信任和好感。例如，介绍一个公司是如何从一个小作坊成长为国际知名企业的历程，可以增加顾客对品牌的敬佩和信任。

2. 证书和获奖

展示产品的相关证书和所获得的奖项，可以证明产品的质量和性能，增加顾客的信任度。例如，展示一款化妆品获得的皮肤科医生推荐证书，可以增加顾客对产品安全性和有效性的信心。

（五）价格刺激

1. 利用价格锚定

先展示一个较高的价格作为参考，再展示实际销售价格，使顾客感觉到价格上的优惠。例如，先展示原价，然后宣布当前的促销折扣价，可以让顾客感受到更大的实惠。

2. 利用价格对比

将产品的价格与竞品或市场平均价格进行对比，突出产品的性价比优势。例如，展示一款产品比同类竞品价格更低，同时功能更强大，可以让顾客感受到物超所值。

知识训练与巩固

一、单项选择题

1. 商品讲解的首要目的是什么(　　)

A. 娱乐顾客　　B. 清晰传达产品特点

C. 展示销售员技巧　　D. 推广品牌形象

2. 品牌介绍中通常不包括哪一项内容(　　)

A. 创建历史　　B. 市场定位　　C. 产品功能　　D. 品牌故事

3. 在产品介绍环节，销售人员应重点强调什么(　　)

A. 竞争对手的劣势　　B. 产品的独特卖点

C. 公司的财务状况　　D. 产品的生产成本

4. 服务保障信息对于顾客购买决策的作用是(　　)

A. 无影响　　B. 略微提升信心　　C. 显著提升信心　　D. 决定性因素

5. 价格构成中应透明化哪些内容( )

A. 竞争对手的价格　　B. 产品的成本、利润、税费

C. 销售员的佣金　　D. 公司的广告预算

6. 商品讲解技巧中,“找到痛点”的第一步是什么( )

A. 强调产品优势　　B. 识别顾客需求

C. 展示产品外观　　D. 介绍品牌历史

7. 在放大痛点时,哪种方法更侧重于从用户角度出发( )

A. 强调产品的技术创新　　B. 展示产品的市场占有率

C. 说明产品如何满足顾客需求　　D. 比较产品与其他竞品的性能

8. 商品展示中,哪种方法能够直观地展示产品的使用方法和效果( )

A. 双手展示法　　B. 形象展示法

C. 指导展示法　　D. 器械展示法(仅展示性能)

9. 在提升商品讲解高度时,销售人员可以展示哪些内容来增强顾客信任( )

A. 产品的生产成本　　B. 品牌的获奖情况

C. 销售员的个人经历　　D. 竞争对手的劣势

10. 在价格刺激策略中,利用价格锚定的目的是什么( )

A. 展示产品的原价　　B. 使顾客感到价格优惠

C. 强调产品的独特性　　D. 比较不同产品的价格

实操记录表

任务	任务内容	指定完成时间	完成状态	评价等级/分数	导师评语
任务一	制作产品信息表				
任务二	制定产品展示方案				
任务三	录制产品展示及介绍视频				
选择题					

完成状态用指定符号标注:按时完成√,迟交▲,缺交×。

附答案及解释

1. 答案:B　解释:商品讲解的主要目的是清晰、准确地传达产品的特点和价值。

2. 答案:C　解释:产品功能属于产品介绍的内容,不属于品牌介绍。

3. 答案：B　解释：产品介绍应突出产品的优势和独特卖点。

4. 答案：C　解释：良好的服务保障能够显著提升顾客的购买信心。

5. 答案：B　解释：价格构成应透明化产品的成本、利润、税费等，以便顾客了解定价依据。

6. 答案：B　解释：找到痛点的第一步是识别顾客可能遇到的问题或需求。

7. 答案：C　解释：从用户角度出发意味着站在顾客的立场上，说明产品如何满足他们的需求和期望。

8. 答案：C　解释：指导展示法通过现场演示或视频指导，能够直观地展示产品的使用方法和效果。

9. 答案：B　解释：展示品牌的获奖情况可以增强顾客对品牌的信任和好感。

10. 答案：B　解释：利用价格锚定是先展示一个较高的价格作为参考，再展示实际销售价格，使顾客感觉到价格上的优惠。

第五节　直播收尾的关键

知识导图

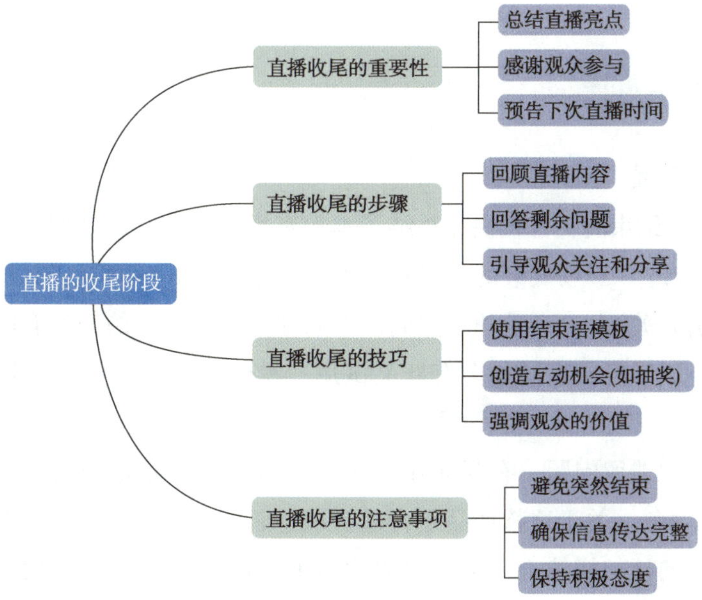

学习任务目标

一、知识目标

(1) 掌握直播内容总结的要点，理解如何根据直播类型和目的对内容进行有效概括，使观众能够快速回顾直播的重点内容；

(2) 了解情感表达在直播收尾中的重要性并掌握相应方式；

(3) 了解引导关注与推广的策略与技巧；

(4) 明确预告下次直播的要素。

二、技能目标

(1) 能够独立完成直播收尾工作；

(2) 提升观众留存率和参与下一次直播的可能性；

(3) 优化直播推广效果(针对产品推广和品牌推广直播)。

三、素养目标

(1) 培养对观众的尊重和感恩意识；

(2) 树立积极的直播营销和品牌传播理念。

模拟情景引入

案例一：美妆直播

主播在直播即将结束时，首先快速总结了本次直播介绍的几款热门美妆产品的主要功效和特点。例如，强调了一款粉底液的高遮瑕力和持久度，以及一款口红的显白效果和滋润度。

接着，主播引导关注："亲爱的宝宝们，如果你们觉得今天的直播有收获，记得点击关注哦。关注主播，以后每次直播都会有新品试用、粉丝专属折扣，还有机会参与抽奖赢取美妆大礼包呢。"

然后，主播处理遗留问题。有观众在直播中询问某款产品是否适合敏感肌肤，主播回应道："宝宝，别着急。关于这款产品是否适合敏感肌的问题，我会在直播结束后专门做一个图文说明放在我的社交媒体上，大家可以去查看。同时，下次直播我也会再次详细解答这类问题。"

最后，主播预告下一次直播："下周三晚上 8 点，我们将带来冬季护肤专场，会有专业的护肤专家做客直播间，为大家分享冬季护肤的秘诀，还有超多优惠福利等着大家，千万不要错过哦。"在感谢观众后，主播以欢快的语气结束直播。

案例二：美食直播

直播收尾时，主播回顾了本次直播中制作的几道特色美食，从食材的选择到烹饪的步骤都简单地提了一下，加深观众印象。

随后，主播发起互动："宝宝们，今天的美食直播中，你们最喜欢哪一道菜呢？在评论区留言告诉我，我会抽取幸运观众送上美食优惠券哦。"同时，主播引导关注："如果你们喜欢美食直播，一定要关注我。这样你们就能第一时间收到我的直播通知，不会错过任何一道美味。"

对于直播中观众提出的一些烹饪技巧问题，主播承诺："大家提出的烹饪小技巧问题，我会整理成文档，在我的公众号上发布，大家可以去关注查看。下次直播，我也会再次为大家详细演示一些烹饪难点。"

接着，主播预告下一次直播："下周同一时间，我们将开启各地小吃专场，带大家品尝来自不同地方的特色小吃，还有神秘嘉宾和大家一起分享美食故事哦。"最后，主播真诚感谢观众的观看和支持，结束直播。

案例三：数码产品直播

在直播的最后阶段，主播总结了本次直播展示的几款数码产品的核心性能和优势。例如，一款手机的强大拍照功能、一款平板电脑的超长续航等。

主播引导关注："科技爱好者们，关注我的直播间，以后会有更多最新的数码产品评测和优惠信息。每次直播还有机会参与抽奖，赢取热门数码产品。"

对于观众提出的产品售后问题，主播回答："关于产品售后问题，大家不用担心。我们直播间合作的都是正规品牌，提供完善的售后服务。如果大家在购买后遇到任何问题，可以随时联系我们的客服团队，我们会尽力为大家解决。"

主播预告下一次直播："下周五晚上，我们将带来智能家居产品专场，让你的生活更加便捷和智能。记得关注哦，精彩不容错过。"最后，主播感谢观众的陪伴和互动，结束直播。

工作基本流程

这是一场时长为 90 分钟的电子产品推广直播，主要推广一款新型智能手机。在直播过程中，主播详细介绍了手机的各种功能，包括超高清屏幕显示、超强的拍照能力（如高像素摄像头、多种拍摄模式）、快速充电技术以及智能语音助手等。同时，还开展了一些互动活动，如问答环节（回答观众关于手机性能、价格和售后服务等问题）与抽奖环节（赠送手机配件等奖品），吸引了众多观众的参与。

任务一：请为最后的收尾环节撰写详细的话术脚本。

环节	预计时长	基本话术内容

任务二：请模拟此场景按指定时间完成群内收尾直播彩排并录制视频。以小组为单位提交不低于 720P 分辨率的 MP4 视频。

相关知识学习

一 、直播收尾基本流程及内容

（一）直播临近尾声时的准备（提前 2~5 分钟）：整理思路与回顾内容

1. 回顾直播目标

在脑海中快速回顾本次直播的初始目标，无论是产品推广、知识分享还是娱乐互动，明确是否已经达到或接近预期效果。例如，在产品推广直播中，是否清晰传达了产品特点和优惠信息；在知识分享直播中，是否完整讲解了预定的知识点；在娱乐直播中，是否成功营造了欢乐氛围并与观众积极互动。

2. 梳理直播内容要点

对直播过程中的主要内容进行简要梳理，包括介绍的重点产品功能、分享的关键知识概念、表演的精彩节目或者开展的重要互动活动等。比如，在一场美妆产品直播中，热门产品系列介绍、独特的化妆技巧展示以及抽奖活动等内容。

(二)内容总结(2~5 分钟)：针对不同直播类型的总结

1. 产品推广直播

(1) 产品特性回顾：重新强调产品的核心特性，如功能、材质、设计等方面的优势。例如，对于一款智能手表推广直播，总结其精准的健康监测功能(如心率、睡眠监测的准确性)、时尚的外观设计(如不同风格的表盘和表带)以及便捷的操作方式(如触摸屏幕的灵敏度)。

(2) 优惠信息强调：突出直播期间提供的特别优惠，如折扣、赠品和限量版套装等。例如，“今天购买我们这款智能手表，可享受八折优惠，还能免费获得一条定制表带，这样的优惠仅在直播期间有效哦。”

2. 知识分享直播

(1) 核心知识概括：对直播中讲解的核心知识概念进行总结提炼。例如，在一场历史文化知识直播中，概括出重要的历史事件、人物、文化现象及其背后的意义。“今天我们重点探讨了唐朝文化的繁荣，包括诗歌、绘画、书法等艺术形式的发展，像李白、杜甫等诗人对唐诗的巨大贡献，以及吴道子绘画的独特风格。”

(2) 重点方法强调：如果有分享相关的操作方法或技巧，再次强调其要点。例如，在摄影知识直播中：“我们今天分享了夜景拍摄的技巧，关键在于调整合适的感光度、快门速度和光圈大小，大家要记住这些要点哦。”

3. 娱乐直播

(1) 精彩表演回顾：提及直播过程中表演的精彩节目或环节，如歌手直播中的几首经典歌曲演唱、舞者直播中的高难度舞蹈动作展示等。例如：“今天我们演唱了《[歌曲名称 1]》《[歌曲名称 2]》等经典歌曲，每一首都饱含着不同的情感，希望大家喜欢。”

(2) 互动活动概括：总结娱乐直播中的互动活动，如游戏环节的获胜者、观众参与的热情程度等。例如，“刚刚的猜歌名游戏大家都很踊跃，[获胜者名字]以超快的速度猜出了最多的歌名，真的很厉害。”

(三) 情感表达环节(1~3 分钟)

1. 感谢观众

(1) 整体感谢：向所有观看直播的观众表示诚挚的感谢，感谢他们花费时间观看直播。可以使用热情、亲切的语言，例如：“非常感谢每一位观看今天直播的朋友，是你们的支持让这个直播间充满活力。”

（2）特别感谢：对在直播过程中有特殊贡献的观众表示特别感谢，如积极参与互动、提出有价值问题或建议、赠送高额礼物（如果是娱乐直播）的观众等。例如：“特别要感谢[观众名字]在问答环节提出的深刻问题，这让我们的讨论更加深入；还有[观众名字]一直积极参与互动，给我们的直播间带来了很多欢乐。”

2. 建立情感连接

（1）共同经历提及：回忆与观众在直播过程中的共同经历，如分享有趣的瞬间以及共同克服的困难（如果是有挑战性的互动游戏）等。例如：“在今天的游戏环节中，我们一起度过了很多欢乐又紧张的时刻，这些瞬间将成为我们美好的回忆。”

（2）未来期待表达：传达对未来再次互动的期待，让观众感受到与主播之间的持续性联系。例如：“希望下次还能和大家相聚在直播间，继续分享更多精彩的内容，一起度过愉快的时光。”

（四）引导关注与推广（2~5 分钟）

1. 引导关注直播间

（1）强调直播间价值：向观众阐述关注直播间能获得的价值，如持续提供的优质内容、独家资讯和优惠信息等。例如：“我们的直播间会不断为大家带来时尚资讯、美妆技巧、产品评测等内容，关注我们，您将第一时间获取这些信息。”

（2）明确关注操作步骤：清楚地告知观众如何关注直播间，根据不同平台的操作方式进行说明。例如：“在屏幕上方有一个红色的关注按钮，大家只要点击一下就可以关注我们的直播间；或者您也可以搜索我们的直播间名称进行关注。”

2. 推广相关渠道或产品（如果适用）

（1）社交媒体账号推广：介绍与直播相关的社交媒体账号，如微博、抖音和微信公众号等，并说明在这些账号上能获取的额外内容。例如：“大家可以关注我们的微博账号[微博账号名称]，在上面我们会发布更多的直播预告、幕后花絮以及一些不能在直播中完全展示的详细内容。”

（2）产品推广（产品推广直播）。

购买引导：再次引导观众购买产品，强调产品的价值和购买的紧迫性。例如：“如果您对今天介绍的产品感兴趣，不要错过这个机会，点击下方的购买链接就可以下单了，数量有限，先到先得哦。”

售后保障提及：为了增加观众购买的信心，提及产品的售后保障政策。例如：“我们的产品有完善的售后服务，包括[具体售后保障内容，如 7 天无理由退货、一年保修等]，大家可以放心购买。”

（3）社群引导（如果有）：如果存在相关的粉丝社群或交流群，引导观众加入，说明社群的功能和优势。例如："欢迎大家加入我们的粉丝群，在群里您可以和其他粉丝交流使用产品的心得、分享有趣的想法，还能及时获取我们的最新消息。"

（五）预告下次直播（1~3分钟）

1. 直播主题预告

（1）主题描述：简明扼要地介绍下次直播的主题内容。例如："下一次直播，我们将带大家走进古老的丝绸文化，探索丝绸的制作工艺、历史传承以及它在现代时尚中的应用。"

（2）亮点预告：提及下次直播的亮点，如特殊嘉宾、独特展示内容和新的互动形式等，以吸引观众的兴趣。例如："下次直播我们还邀请了丝绸文化研究专家作为嘉宾，他将为我们分享很多不为人知的丝绸文化故事；同时，我们会展示一些珍贵的丝绸文物，这是非常难得的机会哦。"

2. 时间预告，明确日期和时段

准确告知观众下次直播的具体日期和尽可能精确的时段。例如："下一次直播将在[具体日期]的[具体时间]进行，请大家提前安排好时间，不要错过哦。"如果无法确定精确时段，可以给出大概的时间范围，如"下次直播大概在下周的下午时段，具体时间我们会提前通知大家。"

（六）直播正式结束操作

1. 画面与声音处理

在完成所有收尾内容后，主播可以稍作停顿，面带微笑或其他积极表情面对镜头。确保画面稳定，没有突然的晃动或不良视觉效果。同时，检查声音是否清晰，没有杂音或中断。

2. 结束直播操作

根据直播平台的操作流程正式结束直播。这可能包括点击直播平台界面的"结束直播"按钮，或者按照平台特定的指令操作。在结束直播后，主播可以稍作休息，回顾直播表现，尤其是收尾环节的执行情况，以便在后续的直播中不断改进。

二、直播收尾策略与技巧

（一）直播内容总结

1. 重点回顾

在直播接近尾声时，系统地回顾直播中的关键内容是非常重要的。例如，在一场电子产品直播中，主播要再次提及展示的主要产品型号、功能亮点以及与竞品相比的优势。对于产品的核心功能，如某款手机的高像素拍照功能、快速充电技术等要着重强调，帮助观众梳理信息，确保即使是中途进入直播间的观众也能快速获取关键内容。

2. 加深记忆与引导行动

通过总结内容并重复关键信息，能够强化观众的记忆。例如，在美食直播中，多次提到某种特色食材的独特风味以及烹饪后的绝佳口感，观众就会对这些信息印象深刻。同时，在总结过程中巧妙地引导观众进行下一步行动，如去产品详情页查看更多信息、去店铺领取优惠券等，从而将直播流量有效转化为实际的商业行为。

（二）引导关注与互动

1. 关注引导策略

主播应在直播收尾时积极引导观众关注直播间。可以采用以下两种方法：

（1）利益吸引法。主播在直播结尾时可以向观众说明关注后的福利。例如："关注我们直播间，每周都会有粉丝专属抽奖活动，奖品包括热门产品和大额优惠券等。而且关注后购买直播间商品可享受独家折扣哦。"这种直接的利益诱惑能够吸引观众点击关注按钮。

提供一些只有关注后才能获取的内容，如关注后可查看直播回放精彩片段、获取产品深度评测报告等。这能让观众觉得关注直播间能获得更多有价值的信息。

（2）情感引导法。通过与观众建立情感共鸣来引导关注。主播可以说："一路走来，感谢大家的陪伴和支持。如果你们关注我，我们就能一直保持联系，未来会有更多有趣的直播和大家分享。"以情感为纽带，打动观众，促使他们关注。

2. 互动延续技巧

在直播即将结束时，发起互动能够增强与观众的黏性。以下是一些常见的互动方式：

（1）话题发起。在直播收尾时发起一个有趣的话题，让观众参与讨论。例如，在一场旅游直播后可以问："你们最想去的下一个旅游目的地是哪里呢？"或者在美食直播结束时可以问："今天介绍的美食中，哪一道你们最想尝试自己做呢？"这样的话题能够激发观众的表达欲。

开展投票活动，如"下次直播想看我去国内哪个城市探索美食呢？A. 成都 B. 广州 C. 西安"等，观众通过投票参与直播决策，增强他们的参与感。

（2）奖励互动。设置互动奖励机制。例如，对积极评论、回答问题或者分享直播的观众给予小礼品、优惠券或者虚拟货币等奖励。如"在评论区分享你在直播中的收获，我们将抽取 10 位幸运观众送出直播间 5 元无门槛优惠券。"这能激励观众积极互动。

建立互动排行榜，对互动频繁、贡献大的观众进行表扬和奖励，如"本周互动排行榜前 5 名的观众将获得我们直播间的神秘大礼包一份。"以此激发观众的竞争意识，提高互动积极性。

通过这些引导关注与互动的方法和技巧，能够让直播在收尾阶段更具活力和吸引力，为下一次直播奠定良好的基础。

（三）遗留问题处理与下一次直播预告

1. 遗留问题解决措施

在直播过程中观众提出的问题如果没有当场解答完，收尾时要给观众一个明确的回应。主播可以将问题记录下来，并承诺在直播结束后的一段时间内(如当天下午或者第二天)通过直播间公告、私信等方式回答。对于一些复杂的产品使用问题或者售后疑问，要告知观众详细的解决途径，如联系客服的方式等，以消除观众的疑虑。

2. 下一次直播预告要点

下一次直播预告是直播收尾的重要环节。要准确告知观众下一次直播的时间范围，如“下周同一时间我们会再次直播”，给观众一个明确的时间预期。同时，透露直播主题方向，例如，在一场家居直播后预告下一次是“创意家居小物件专场”，并且阐述亮点，如“会邀请知名家居设计师分享搭配技巧，还有直播间专属的低价秒杀活动”，激发观众的兴趣。

（四）感谢观众与强调直播价值

1. 表达感谢的方式与意义

在直播结束时，真诚地感谢观众是建立良好关系的基础。主播可以从多个方面表达感谢，如感谢观众的耐心观看、积极互动并提出宝贵建议等。通过具体的感谢话语，让观众感受到被尊重和重视，增强观众对主播和直播间的好感，有利于培养忠实观众群体。

2. 直播价值阐述方法

主播要清晰地向观众传达直播为他们带来的价值。例如，在一场健身直播中，告诉观众通过观看直播学习到了科学的健身动作、合理的饮食搭配方案，并且能够在直播间的打卡活动中获得专业教练的指导建议等。让观众切实认识到观看直播的收获，从而提高他们对直播活动的认可度和参与积极性。

（五）引导关注与互动的重要性

在直播收尾阶段，引导关注与互动是增加粉丝黏性、扩大直播影响力的重要环节。有效的引导关注可以将直播的观众转化为长期的粉丝，为后续直播积累稳定的受众群体；而积极的互动则能让观众更深入地参与直播，增强他们与主播以及直播间的情感联系。

知识训练与巩固

单项选择题

1. 直播收尾时，以下哪项不是总结直播内容的重要作用(　　)

A. 帮助观众回顾重点　　　　B. 加深观众印象

C. 延长直播时间　　D. 引导观众后续行动

2. 在直播收尾引导观众关注时，以下哪种说法更有效(　　)

A. 大家关注一下哦

B. 关注主播，下次直播有惊喜福利和更多精彩内容等着你哦

C. 快来关注

D. 关注我

3. 直播收尾感谢观众环节，以下做法不合适的是(　　)

A. 念出部分观众名字表示感谢　　B. 笼统地说感谢观看

C. 感谢观众的陪伴和互动等　　D. 针对观众的提问和支持表达感激

4. 关于直播收尾预告下一次直播，以下哪个要素不是关键(　　)

A. 直播的大概时间　　B. 直播的主题方向

C. 下一次直播的嘉宾　　D. 下一次直播的亮点

5. 直播收尾处理遗留问题时，应该(　　)

A. 忽略不管　　B. 承诺之后会回复

C. 随便说几句应付　　D. 转移话题

6. 在直播即将结束时，以下哪种结束语能够增加观众好感(　　)

A. 好了，我要下播了，拜拜

B. 感谢大家的观看和支持，今天的直播就到这里啦，我们下次再见！

C. 我下播了，你们随意

D. 直播结束，走了

7. 直播收尾时，如果要引导观众分享直播，以下哪种话术不合适(　　)

A. 觉得直播不错就分享给朋友哦

B. 分享直播，让更多人看到精彩内容

C. 你们要是不分享，下次就看不到这么好的直播了

D. 把直播分享出去，让更多小伙伴加入我们

8. 以下关于直播收尾时强调直播价值的说法，正确的是(　　)

A. 不需要强调，观众知道　　B. 简单说几句直播有用的话

C. 结合观众收获和实际影响详细阐述　　D. 只说对自己有价值的部分

9. 直播收尾时，以下哪项不是与观众互动的好方式(　　)

A. 发起一个小投票　　B. 直接关闭直播，不互动

C. 询问观众对直播的感受　　D. 回答观众最后的问题

10. 当直播时间到了需要收尾，但观众热情还很高时，应该(　　)

A. 继续直播，不管时间

B. 果断下播

C. 稍微延长一点时间并说明情况，然后收尾

D. 和观众争吵为什么要下播

实操记录表

任务	任务内容	指定完成时间	完成状态	评价等级/分数	导师评语
任务一	撰写收尾环节话术脚本				
任务二	录制收尾直播彩排视频				
选择题					

完成状态用指定符号标注：按时完成√，迟交▲，缺交×。

附答案和解释

1. 答案：C　解释：总结直播内容主要是帮助观众回顾重点、加深印象和引导后续行动，而不是延长直播时间。

2. 答案：B　解释：明确告知关注有福利和精彩内容更能吸引观众关注。

3. 答案：B　解释：笼统感谢比较敷衍，念出观众名字、针对提问表达感激和感谢陪伴与互动更加真诚。

4. 答案：C　解释：下一次参与的直播嘉宾不是每次预告都必需的关键要素，时间、主题和亮点更重要。

5. 答案：B　解释：承诺回复遗留问题能让观众感受到被重视。

6. 答案：B　解释：表达感谢并友好告别能增加好感。

7. 答案：C　解释：带有威胁性质的话术不合适。

8. 答案：C　解释：详细阐述直播价值能让观众更清晰地认识到直播的意义。

9. 答案：B　解释：直接关闭直播不互动不好，其他选项都能增强互动。

10. 答案：C　解释：稍微延长一点时间并说明情况然后收尾，既照顾观众感受又遵守时间安排。

附工作表范例

环节	预计时长	基本话术内容
内容总结	2~3 分钟	主播微笑着面对镜头说：“亲爱的观众朋友们，今天的直播即将接近尾声啦。在这 90 分钟里，我们深入了解了这款超级酷炫的新型智能手机。大家还记得我们刚刚提到的它的超高清屏幕吗？它有着[具体分辨率]的分辨率，能够给大家带来极致的视觉体验，不管是看电影还是玩游戏，都超级过瘾。还有那超强的拍照功能，[具体像素]的摄像头，配合[列举几种拍摄模式]等拍摄模式，让你随时随地都能拍出大片的感觉。另外，我们的快速充电技术，只需要[具体充电时长]就能让你的手机电量快速回升，再也不用担心手机没电的尴尬啦。而且，我们今天在直播间给大家带来了非常优惠的价格，比市场价格低[×]元，还赠送[列举赠品]哦。”
情感表达	1~3 分钟	主播稍微停顿一下，然后充满感激地说：“真的非常感谢每一位观看今天直播的朋友。特别是那些积极参与问答环节的朋友，你们提出的关于手机性能、价格和售后服务的问题都非常专业，也让其他观众对我们的手机有了更全面的了解。还有参加抽奖环节的朋友们，感谢你们的热情参与，希望中奖的朋友能够好好享受我们赠送的手机配件。你们的支持是我们继续前进的动力，希望今天大家在我们直播间都有所收获。”
引导关注与推广	2~5 分钟	主播接着说：“如果您还没有关注我们的直播间，那可就亏大了哦。我们的直播间会经常为大家带来各类电子产品的最新资讯、优惠信息和独家评测。关注我们直播间的朋友，以后还有机会参加更多的抽奖活动，获取更多的专属福利。另外，如果大家想进一步了解这款手机或者购买的话，可以直接点击屏幕下方的链接，我们的客服会随时为您解答疑问。而且我们的手机有完善的售后服务，一年的全国联保，让您无后顾之忧。同时，大家也可以关注我们的官方微博和抖音账号，上面会有更多手机的使用技巧、趣味视频等内容哦。”
预告下次直播	1~3 分钟	主播最后兴奋地说：“今天的直播就要结束了，但精彩还会继续。下一次直播我们将在三天后的同一时间进行，也就是[具体日期]的[具体时间]。下一次直播我们会给大家带来一款全新的平板电脑，它有着独特的设计和强大的功能，会给大家带来不一样的惊喜。而且下次直播还会有更多的互动活动和更大的优惠，大家一定要记得来哦。”

第五章

直播复盘与数据分析

第一节　直播复盘

知识导图

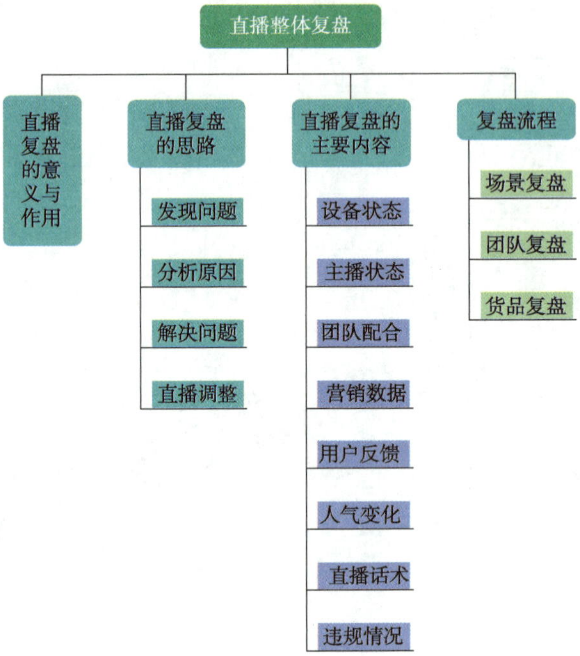

学习任务目标

一、知识目标

(1) 了解直播复盘的重要性；

(2) 熟悉直播复盘的基本思路；

(3) 熟悉直播复盘的主要内容。

二、技能目标

(1) 能够根据直播思路复盘每场直播；

(2) 能够通过各个维度进行直播复盘，优化直播方案；

(3) 能够根据直播复盘的主要内容提出优化方案。

三、素养目标

(1) 培养自我反思和批判思维；

(2) 学会与团队沟通与合作；

(3) 通过复盘自觉承担传播正能量的责任和义务，加强网络责任教育。

模拟情景引入

直播结束后，直播团队要及时对当天的直播活动进行回顾和总结，从而优化直播效果。直播复盘是指通过梳理直播流程，记录并分析整场直播的优势和劣势，总结与反思整场直播，从而为优化直播内容、提升直播质量和效果提供参考。

某日，某美食类商品品牌进行了一场直播。直播结束后，需要对当天的直播活动进行复盘，你作为直播运营组长，需要组织团队开展直播复盘工作，对当天的直播活动进行复盘，从而发现问题，修正直播方案。你觉得应该从哪些方面进行复盘呢?

工作基本流程

任务一：分小组在直播平台直播间观看并录屏一场直播，结合视频案例中复盘内容，按四个直播复盘环节写出具体内容。从直播场景、团队工作、直播商品三个维度对该场直播进行复盘，记录整场直播的优势和劣势。

任务二：最终按照以下表格提交每个小组的复盘记录表。

直播复盘项目	直播的优势	直播的劣势	提升方案
直播场景			
团队工作			
直播商品			

任务三：解读直播复盘总结。再次观看视频，最终分小组生成各自优化方案并用 PPT 展示。每组不少于两人上台向全班解读本组的直播复盘思路。在下次直播时做出相应的调整，提升下一场直播的销售效果。

相关知识学习

一、直播复盘的重要意义

直播复盘是指在直播结束后，对直播的整个过程进行回顾和分析，以评估直播的效果、总结经验教训，并为未来的直播提供改进的依据。直播复盘的意义和作用主要包括：

提升直播质量：通过复盘，可以发现直播过程中的问题和不足，从而在下一次直播中进行改进，提高直播的整体质量。

提高观众参与度：复盘可以帮助了解观众的反馈和喜好，从而调整直播内容和互动方式，提高观众的参与度和满意度。

优化直播策略：复盘可以分析直播的策略是否有效，比如直播的时间、内容和互动环节等，以便在未来的直播中进行优化。

提高主播技能：主播可以通过复盘来评估自己的表现，包括语言表达、互动技巧和内容组织等，从而不断增强自己的直播技能。

增强团队协作：如果是团队直播，复盘可以帮助团队成员了解各自的职责和表现，增强团队协作和沟通。

数据分析：复盘过程中可以收集和分析直播数据，如观看人数、互动次数和礼物收入等，为直播的商业价值提供数据支持。

风险管理：通过复盘，可以识别直播过程中可能出现的风险和问题，提前制定应对措施，减少未来直播中的风险。

内容创新：复盘可以激发新的创意和想法，帮助主播和团队不断创新直播内容，保持直播的新鲜感和吸引力。

建立品牌：通过高质量的直播和有效的复盘，可以逐步建立起主播或品牌的正面形象，增强观众的忠诚度。

培养观众习惯：定期的直播复盘可以帮助主播了解观众的观看习惯，从而调整直播时间或内容，培养观众的观看习惯。

总之，直播复盘是一个持续改进和优化的过程，对于提升直播效果、增强观众体验和实现商业目标具有重要作用。

二、直播复盘的基本思路

直播复盘的基本思路一般为：发现问题、分析问题、解决问题、直播调整，可按照以下 4 个步骤来实施。

（一）发现直播活动存在的问题

直播复盘的第一步是发现直播活动存在的问题。这一步骤可以通过直播团队成员主观发现问题和数据分析客观发现问题相结合的方式来进行，以便全面、准确地发现直播活动中存在的问题。

（1）直播团队成员现场配合问题。直播团队成员能够凭借自身的经验和参与直播活动的经历，快速地发现整场直播活动中哪个环节或方面存在不足。如直播前的准备是否充分、直播过程中的运营现场主播配合情况以及主播的表现等。

（2）通过数据分析客观发现问题。直播团队可以借助平台的数据导出功能，将直播活动中存在的问题具体化和量化。例如，某款商品的销量没有达到预期，只完成了目标的 40%；某一时段内，后台数据显示在线人数不断减少，可能意味着现场话术或者措施无法留住观众。

这部分内容将在下一节详细展开。

（二）分析各类问题产生的原因

当直播团队在直播中遇到问题时，必须深入探究问题的根源。例如，如果直播流量主要来源于平台推荐（如直播推荐和短视频推荐），这表明直播预热效果良好，成功吸引了大量的公域流量。然而，如果新增粉丝数量较少，且新粉丝转化率（即新增粉丝数量占观看用户总数的比例）异常低，则可能是因为直播场景的设计不当、商品吸引力不足、主播的专业带货能力欠缺、话术表达不当以及直播互动不足等。通过逐一排查这些因素，可以有效找出问题的根本原因。

以下是直播复盘时常见的问题：

1. 流量相关问题

（1）曝光进入率低：尽管系统提供了足够的曝光机会，但由于直播间吸引力不足，导致进入率低。这种情况往往是直播海报以及宣传视频的封面的吸引力不足导致的。

（2）粉丝流量占比低：直播间观众中粉丝的比例低，这说明需要增加粉丝参与度和忠诚度，提高粉丝的回头率。

（3）流量结构不合理：如果付费流量占比过高则容易导致成本超过收益。因此，当免费流量和付费流量的比例失衡时，我们需要优化推广策略，减少对付费推广的依赖。

2. 内容吸引力相关问题

（1）平均停留时长短：观众在直播间停留的时间过短，表明内容吸引力不足，留不住观众，需要从话术及活动设计上进行优化。

（2）新增粉丝数少：直播未能有效吸引新的粉丝关注，需提升内容价值和吸引力。

（3）用户反馈和行为分析：直播中或直播后收到较多负面反馈，须及时响应并改进。

（4）用户行为不符合预期：用户的实际行为与预期目标不符，需要分析背后的原因并调整策略。

（5）直播流程和时间管理问题：直播流程混乱或内容安排不合理，导致环节切换不流畅，未能在有限时间内最大化效益。

3. 销售转化问题

（1）转化率低：观众转化为买家的比例低，可能需要优化商品介绍、促销策略或购物流程。

（2）客单价低：单次购买的平均金额低，可以通过商品组合和增值服务等方式提升。

（3）UV 价值（每个观众带来的销售额）低：需要通过商品优化和定价策略提升观众的购买价值。

（4）营销和促销问题：促销活动未能有效提升销量，促销策略未能吸引观众购买，需要设计更具吸引力的促销方案。

（5）优惠券或折扣使用率低：发放的优惠券或折扣未能有效促进销售。

4. 商品和选品问题

（1）商品点击率低：商品未能吸引观众点击了解，可能需要优化商品展示或介绍，同时确保选品与目标群体匹配。

(2) 单品转化率低：某些商品的转化率远低于平均水平，需要深入分析原因并进行调整。如果单品需要下架，可能是介绍的卖点需要重新调整。

通过对这些问题的分类和分析，直播团队可以更有针对性地进行改进，以提升直播的整体效果。

（三）找到解决问题的方案

一旦直播团队明确了问题产生的原因，便可以着手制定针对性的解决方案：

(1) 对于直播间布置不当的问题，团队应重新调整场景布局，优化道具摆放，创造更有利于直播的环境。

(2) 如果主播经验不足，需要加强其对商品知识的掌握，提高表达的吸引力和亲切感，并确保对直播内容有充分的准备和排练。

(3) 对于互动不充分的问题，可以通过增设抽奖等互动环节，推出更多吸引用户参与的商品，激发观众的参与热情。

(4) 若商品转化率不理想，团队应为目标观众精选高性价比商品，同时采用如营造产品稀缺感等策略，刺激观众购买。

针对上述常见问题，我们可以根据实际情况集思广益，尝试更多的解决方案。

（四）直播调整

直播复盘的目的是为未来的直播提供经验借鉴。在直播团队找出问题、制定相应的解决策略后，需避免在后续直播中重复同样的错误，以持续提升直播的质量和效果。

此外，团队还可利用后续的直播机会来测试这些解决方案的实际效果，并根据实际情况进一步调整和完善策略。这些最终都要体现在下一场的直播中，因此在策划下一场直播时，要特别检验是否已对于上一场直播中的问题进行了调整。建议在下一场直播的策划方案中有所体现，并且在复盘时验证之前的改善方案是有效果，是否仍需调整。只有通过不断的调整，才会逐渐接近完美。

三、直播复盘的主要内容

在直播复盘的过程中，直播团队应抓住关键问题进行分析，包括设备运行状态、主播状态、团队配合情况、直播销售数据、用户评论、直播间人气变化、直播话术和违规情况等。具体如下表。

直播复盘的主要内容

盘点维度	盘点内容
设备运行状态	□直播设备在直播过程中出现故障 □直播前检查所有直播设备的运行状态，及时更换和升级故障设备
主播状态	□主播开播前做好充分准备 □主播充分了解商品卖点 □主播熟悉直播脚本与话术 □主播妆容及穿着得体 □主播精神饱满，注意力集中 □主播与用户积极互动
团队配合情况	□副播能制造话题、烘托气氛，辅助主播及时展示商品，详细介绍福利规则等 □副播存在激情不足、与主播配合不佳、商品细节展示不清晰、问题回复或解决不及时等问题 □助理应做好直播预热引流，并与主播积极互动 □推广引流人群不精准、道具准备错误、与主播互动不及时等 □存在商品上下架操作失误，优惠券、红包等发放不及时，实时问题记录缺失等问题 □策划存在商品要点归纳不足、预估直播数据出现偏差、对直播突发状况未做出有效判断等问题 □运营未及时、正确地修改商品价格及库存，处理商品订单及售后不及时、不妥当等
直播销售数据	□分析不同阶段直播销售数据的变化，为下次选品和定价提供参考
用户评论	□了解用户感兴趣的话题，以便在下次直播时能够“对症下药” □掌握用户对各类商品的咨询情况，了解哪类商品受欢迎，下次直播时可以优先推荐 □通过用户反馈的信息（如用户希望主播推荐的商品），直播团队还可以了解用户感兴趣的商品，为直播选品提供参考
直播间人气变化	□分析哪个时间段进入直播间的人数和在线用户人数较多等，确定更受用户欢迎的话术和直播形式 □根据直播间用户流失的数据，结合该时间段的直播内容，分析大量用户离开直播间的原因
直播话术	□将直播中能够有效调动用户情绪、促进用户下单的话术进行整理，并通过表格的形式将话术按照直播开场话术、互动话术和促单话术等分类归纳，以便在之后的直播中使用
违规情况	□记录直播是否有违规行为、是否受到平台提醒或处罚等，通过总结自觉规范直播行为

四、复盘的基本操作流程

1. 场景复盘

根据直播团队成员的观看体验及直播间用户的反馈，确认直播间场景布置是否恰当，直播硬件设备是否正常运转。最终确认下一场直播是否继续使用现有的布置和设备。直播复盘任务如下表所示。

直播复盘任务

任务编号	任务名称	任务指导
1	场景复盘	复盘直播间场景搭建是否妥当，直播硬件设备是否出现故障
2	团队复盘	复盘直播团队成员的工作表现，记录工作人员在实施具体工作时的失误、错误和疏漏
3	货品复盘	分析商品销售数据，下架销售量低、退货率高的商品，替换为销售数据良好的同类商品

2. 团队复盘

本次直播，组长主要记录并总结主播、助理、场控、策划和客服在直播过程中的表现，范例如下表所示。

各直播团队人员在直播过程中的优缺点

团队人员	直播优点复盘	直播缺点复盘
主播	及时回答了用户提出的专业问题； 能够妥善处理用户的不当言论，未影响直播状态和效果	在讲解福利活动时出现口误，给用户留下“不专业”的印象； 直播节奏不合适，商品推荐环节时间把控不准确，存在超时和商品介绍时长明显不均衡的问题
助理	状态良好，配合主播营造良好的直播间氛围	展示商品细节时不清晰、不到位； 对主播口误未及时做出反应
场控	及时反馈直播间在线人数、商品转化情况、营销活动参与情况和目标达成情况	优惠券发放不及时； 商品上架不够及时
策划	及时汇总和统计分析数据； 及时协调场控与主播、助理的工作	没有准确把握引流时机，导致引流效果不佳
客服	反馈了高频问题； 记录了用户需求	未能及时处理用户的合理退款要求

针对此次直播团队人员在直播过程中出现的不足或失误，制定调整方案，范例如下表所示，以免下一场直播再次出现类似问题。

调整方案

团队人员	优化事项
主播	主播提前熟悉直播脚本内容，严格按照直播流程的时长限制推荐商品，避免出现口误、商品介绍超时或时长分布不均匀的情况。出现口误时应及时澄清和道歉，获得用户的谅解
助理	保持良好的状态，及时提醒主播的口误，提高灵活应对能力，协助主播及时更正口误；在协助主播展示商品细节时，要避免抖动商品，保证商品对准镜头以及画面清晰
场控	熟悉直播脚本内容，严格执行直播流程规划，及时正确上架商品，发布营销活动
策划	及时获得场控的反馈，汇总和统计分析数据，准确把握引流时机，策划引流方案，及时在在线人数较低时加大引流、上福利、增加互动
客服	及时处理售后问题，与用户进行良好的互动沟通

3. 货品复盘

通过整理记录商品备货量、库存、销售量、退货率、用户评论率等数据，调整商品准备情况。范例如下表所示。

商品相关数据

商品序号	商品名称	备货/箱	库存/箱	销售量/箱	退货率/%	价值	用户评论率/%
1	盈盈皎月礼盒	300	1000	1000	0.5	印象款	35
2	中秋送礼大福袋	300	1000	1000	1.0	印象款	3
3	每日坚果孕妇吃	300	1000	130	3.5	引流款	7
4	每日枣夹核桃	300	1000	960	20	引流款	5
5	巨型零食大礼包	300	1000	974	0.0	利润款(主推)	5
6	泡椒凤爪	300	1000	963	4.5	利润款(主推)	4.5
7	牛肉片	300	1000	150	2.5	引流款	0.5
8	牛肉干休闲零食	300	1000	900	4.5	引流款	8
9	早餐手撕面包	300	1000	200	5.5	活动款	2
10	可可云朵蛋糕	300	1000	973	5.5	利润款(主推)	5
11	梅桶蜂蜜网红零食	300	1000	823	5.5	利润款(主推)	5
12	休闲紫薯条	300	1000	1000	22	活动款	5
13	休闲零食水果干蜜	300	1000	800	17	利润款(主推)	5
14	肉松海苔卷罐装	300	1000	860	1.5	利润款(主推)	5
15	联名零食大礼包	300	1000	960	2.5	利润款(主推)	10

为改善商品销售情况，提升直播间销售额，针对此次直播，做出对应优化方案。范例如下：

优化方案范例

（1）主推的利润款，除13号商品休闲零食水果干蜜外，其他商品的总体数据表现良好，可继续主推这些商品，保持原有库存数量1000件。

（2）剔除退货率分别为20%、22%和17%的3款商品，分别是4号商品每日枣夹核桃、12号商品休闲紫薯条和13号商品休闲零食水果干蜜。下一场直播，可用用户评论率高达35%的1号商品盈盈皎月礼盒替换13号商品休闲零食水果干蜜，作为活动款使用，库存1000件。虽然4号商品每日枣夹核桃和12号商品休闲紫薯条的退货率高，但销售数据表现良好，可使用同类型商品替换。

(3) 3 号商品每日坚果孕妇吃、7 号商品牛肉片和 9 号商品早餐手撕面包的销售量相较其他商品而言，数据表现不佳，可替换为其他销售量、退货率、用户评论率等数据表现良好的类似商品，如 3 号商品每日坚果孕妇吃替换为盈盈皎月礼盒，7 号商品牛肉片替换为肉松海苔卷罐装，9 号商品早餐手撕面包替换为联名零食大礼包。

(4) 其中，引流款牛肉干休闲零食销量较大，可以考虑重新调整选品和组品策略。

(5) 其他数据表现良好的商品在下一场直播继续维持本场的库存量，商品结构顺序保持不变。

知识训练与巩固

一、单项选择题

1. 加强对商品知识的掌握，提高表达的吸引力和亲切感，并确保对直播内容有充分的准备和排练，是针对下列哪一种问题(　　)

A. 直播间布置不当　　B. 主播经验不足

C. 互动不充分　　D. 商品转化率不理想

2. 直播复盘的思路第一步是什么(　　)

A. 发现问题　　B. 分析问题　　C. 解决问题　　D. 直播调整

3. 直播团队成员能够凭借自身的经验和参与直播活动的经历，快速地发现整场直播活动中哪个环节或哪一方面存在不足。这属于直播复盘思路中的哪一步(　　)

A. 发现问题　　B. 分析问题　　C. 解决问题　　D. 直播调整

4. 某款商品的销量没有达到预期，只完成了目标的 40%。再如，可以看到自己直播的成交排名情况，比上一天是增加了还是减少了。这属于直播复盘思路中的哪一步(　　)

A. 发现问题　　B. 分析问题　　C. 解决问题　　D. 直播调整

5. 团队应为目标观众精选高性价比商品，同时运用如营造产品稀缺感等策略，刺激购买行为。这是哪种问题的解决方案(　　)

A. 直播间布置不当　　B. 主播经验不足

C. 互动不充分　　D. 商品转化率不理想

6. 通过增设抽奖等互动环节，推出更多吸引用户参与的商品，激发观众的参与热情。这是哪类问题的解决方案(　　)

A. 直播间布置不当　　B. 主播经验不足

C. 互动不充分　　D. 商品转化率不理想

7. 主播注意力是否集中，属于哪种维度的复盘(　　)

A. 设备运行　　B. 直播间人气变化

C. 团队配合　　D. 主播状态

8. 直播间用户流失的数据，结合该时间段的直播内容，分析大量用户离开直播间的原因，属于哪种维度的复盘(　　)

A. 设备运行　　B. 直播间人气变化

C. 团队配合　　D. 主播状态

9. 副播存在激情不足、与主播配合不佳、商品细节展示不清晰、问题回复或解决不及时等问题，属于哪种维度的复盘(　　)

A. 违规情况　　B. 直播间人气变化　　C. 团队配合　　D 主播状态

10. 客服是否存在未及时、正确修改商品价格及库存，处理商品订单及售后不及时、不妥当等问题，属于哪种维度的复盘(　　)

A. 直播话术　　B. 直播间人气变化　　C. 团队配合　　D 主播状态

实操记录表

任务	任务内容		指定完成时间	完成状态	评价等级/分数	导师评语
任务一	本小组直播复盘实操	场景				
		团队				
		商品				
任务二	提交直播复盘记录表					
任务三	复盘思路汇报 PPT					
选择题						

完成状态用指定符号标注：按时完成√，迟交▲，缺交×。

附答案和解释

1. 答案：B　解释：加强对商品知识的掌握，提高表达能力属于主播的经验。

2. 答案：A　解释：直播复盘思路一般为发现问题、分析问题、解决问题、直播调整。

3. 答案：A　解释：直播复盘的第一步是发现直播活动存在的问题，可将直播团队成员主观发现问题和数据分析客观发现问题相结合，本案例属于通过团队主观发现问题。

4. 答案：A　解释：直播复盘的第一步是发现直播活动存在的问题，可将直播团队成员主观发现问题和数据分析客观发现问题相结合。本案例属于通过数据分析客观发现问题。

5. 答案：D 解释：若商品转化率不理想，团队应为目标观众精选高性价比商品，同时采用如营造产品稀缺感等策略，刺激观众购买。本案例属于商品转化率不理想问题。

6. 答案：C 解释：对于互动不充分问题，可以通过增设抽奖等互动环节，推出更多吸引用户参与的商品，激发观众的参与热情。

7. 答案：B 解释：主播注意力是否集中属于直播间主播状态的复盘。

8. 答案：B 解释：直播间用户流失的数据，结合该时间段的直播内容，分析大量用户离开直播间的原因，属于直播间人气变化维度的复盘。

9. 答案：C 解释：副播存在激情不足、与主播配合不佳、商品细节展示不清晰、问题回复或解决不及时等问题属于团队配合维度的复盘。

10. 答案：C 解释：客服是否存在未及时、正确修改商品价格及库存，处理商品订单及售后不及时、不妥当等问题属于团队配合维度的复盘。

第二节 直播的数据分析

知识导图

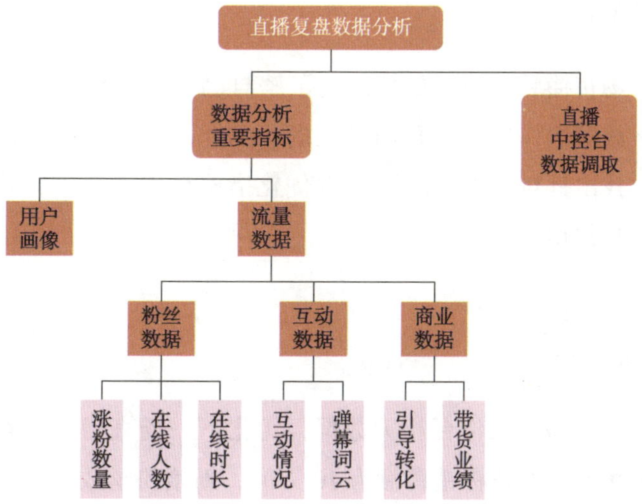

学习任务目标

一、知识目标

(1) 了解直播间涉及的重要后台数据操作;
(2) 能说出各个直播数据指标的具体含义;
(3) 熟悉直播中控台操作。

二、技能目标

(1) 能够通过各种数据分析工具分析直播数据，为直播活动提供参考;
(2) 能够实操直播后台及中控台;
(3) 能够针对直播数据分析结果，制定优化方案。

三、素养目标

(1) 提高自我反思和批判思维;
(2) 学会与团队沟通、合作;
(3) 通过复盘自觉承担传播正能量的责任和义务，加强网络责任教育。

模拟情景引入

直播团队完成一场直播后，为了更精准地了解自己直播的优劣之处，需要通过复盘找出自己的得失所在，数据的作用是最显而易见的。因此，研究后台数据分析，了解该场直播的运营状况，从中找出针对性的后续可行性优化措施至关重要。那么，我们需要哪些数据，以及如何找到这些数据呢?

工作基本流程

以小组为单位根据直播间工作台相关数据，优化下一场直播。搜索同类商品销量前十的直播间数据：如某场直播的目标销售额为 10 万元，新增粉丝数 1000；本次直播所用账号的粉丝量约为 35 万人，以女性用户为主，直播时长约为 4 小时，主播为男性，上架商品共 50 件，以童装套装为主。

任务一：通过巨量百应分析直播数据：登录巨量百应—达人工作台，使用“数据参谋”功能查看并分析本场直播数据。

直播间	品类	用户性别	用户年龄	新增粉丝数	上架商品数量	直播时长

任务二：登录抖音官方直播后台和中控台，每位成员使用电脑，录制从登录后台到找到关键指标界面的全过程，形成学习视频并上传。选择小组代表进行展示和讲解。

任务三：利用第三方工具分析直播数据。利用蝉妈妈等第三方工具软件分析对比账号（例如，对比账号带货类型为零食，粉丝数量为 35 万，女性用户居多，主播为男性，以直播带货为主）的直播数据，为自身直播运营提供参考。每位成员使用电脑，录制完成该任务的全过程，形成学习视频并上传。选择小组代表进行展示和讲解。

相关知识学习

一、直播数据分析重要指标

直播复盘时，数据分析是核心环节，它能帮助团队了解直播的表现和观众的反馈，从而优化直播效果。直播团队在分析直播数据时，首先需要了解直播数据分析的指标。直播数据分析的主要指标包括以下四种。

（一）用户画像数据指标

用户画像数据指标包括性别分布、年龄分布、地域分布、用户来源等。下图是在第三方数据分析工具“考古加”上获取的用户性别分布与年龄分布数据。在性别分布上，女性用户占大多数；在年龄分布上，31~40 岁的用户占比最高。

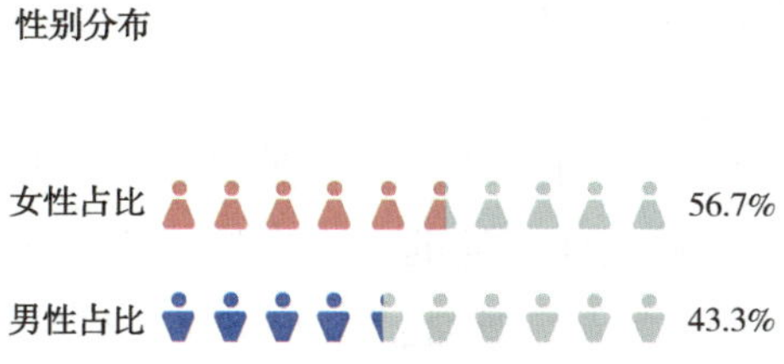

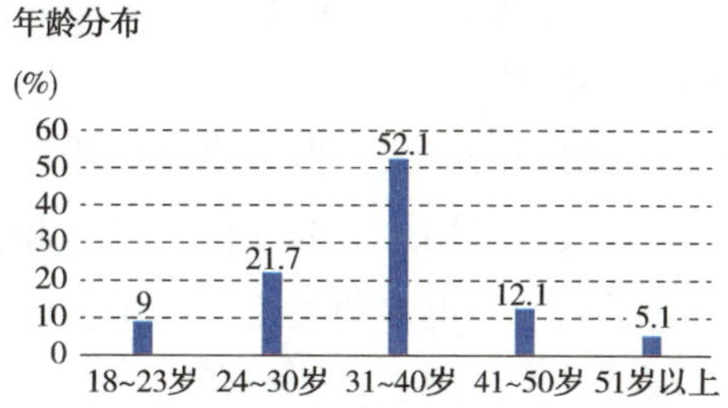

下图为用户地域分布数据，从图中可以看出这些用户多分布在广东、江苏、山东等省份。

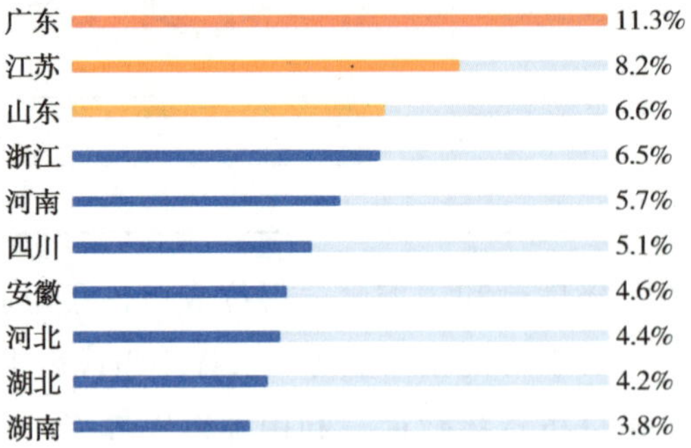

用户地域分布

下图为观众来源渠道数据，其中“粉丝”渠道指用户通过付费和粉丝推荐、关注页面进入直播间，“短视频引流”渠道指用户通过主播和他人的短视频推荐进入直播间，“其他”渠道指用户通过搜索、直播广场推荐、个人主页等多种方式进入直播间。

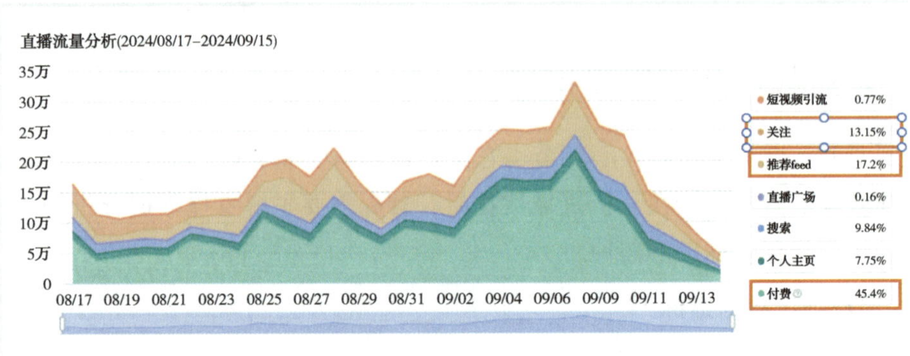

观众来源渠道

（二）流量数据指标

流量数据指标包括粉丝团数据、涨粉数据和在线流量数据三种类型。

1. 粉丝团数据

粉丝团是粉丝和心仪主播的专属组织，是见证粉丝与主播关系的重要功能。开启主播的粉丝团能有效提升用户复购黏性。抖音粉丝团是粉丝和主播的一个专属组织，用户加入粉丝团后会受到主播更多的关注，主播也可通过粉丝团更好地维护粉丝关系，与粉丝互动。粉丝团数据包括粉丝团分析和粉丝团趋势。

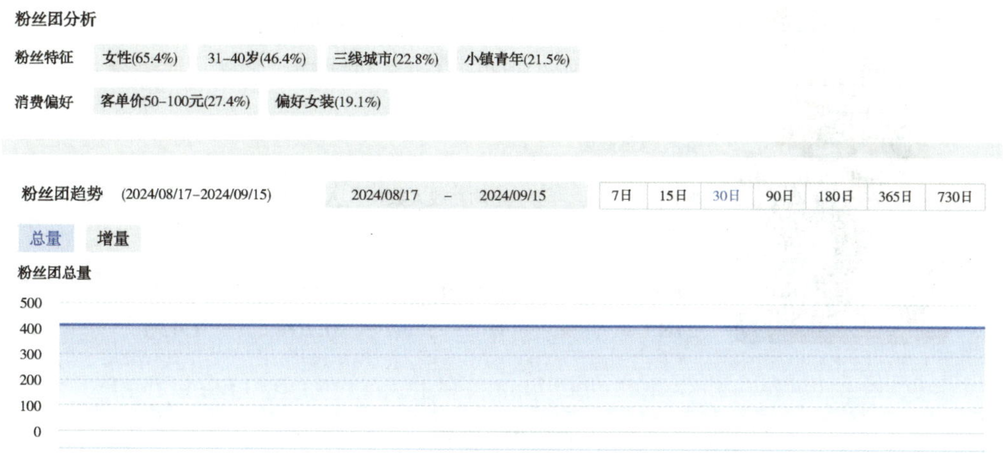

粉丝团数据

2. 涨粉数据

涨粉数据主要是本场涨粉指标，即本场直播新增粉丝人数及新增粉丝走势图。

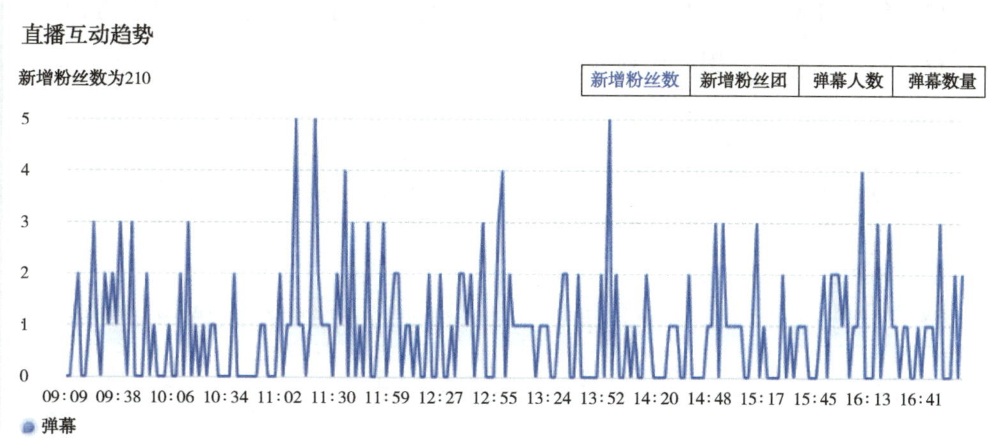

涨粉数据

3. 在线流量数据

在线流量数据主要包括观看人次、平均在线人数、人气峰值、平均停留时长等指标。其中，在线人数指直播时用户同时在线数；进场人数指进入直播间的用户数；累计观看人次中的“人次”允许对同一人重复计算次数，即 1 个用户两次进入直播间，记作累计观看两人次。因此，直播间的累计观看人数一般低于累计观看人次；人气峰值指同时在线人数的峰值；平均停留时长指用户在直播间的平均停留时长。

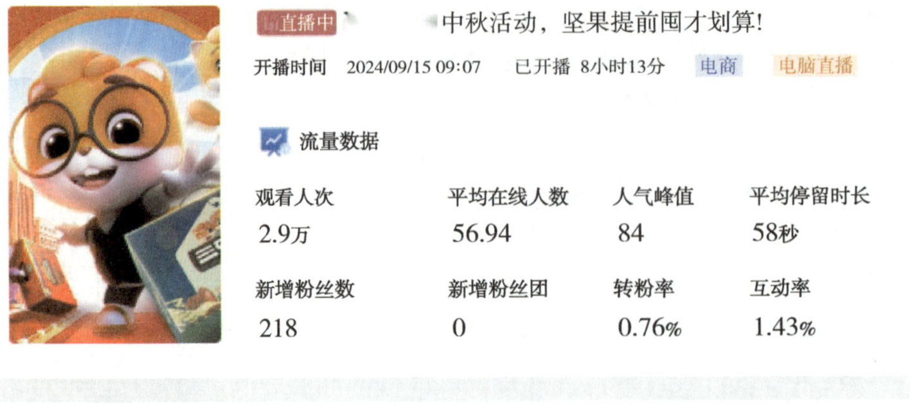

在线流量数据

（三）互动数据指标

互动数据指标主要包括互动情况和弹幕词云。

1. 互动情况

互动情况包括弹幕总数和互动人数等指标。下图为直播互动数据，可以看出整场直播互动和弹幕数量持续增长，用户比较活跃。

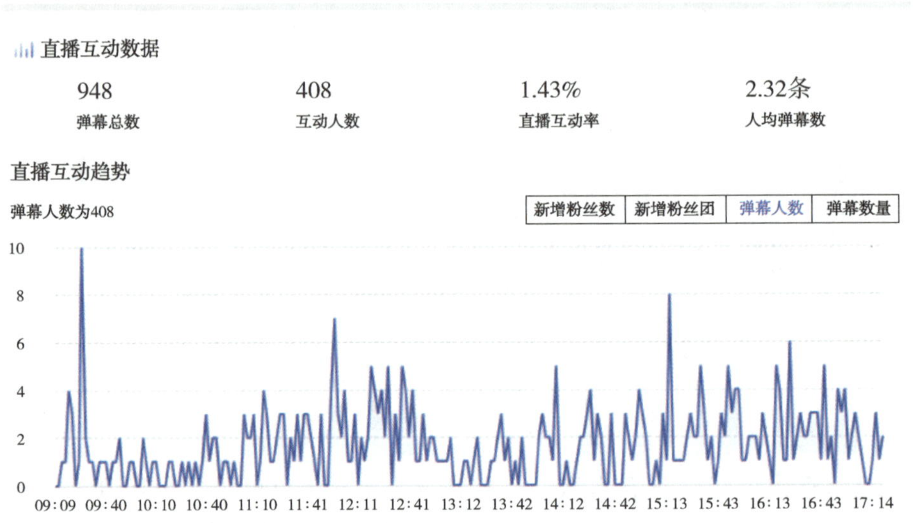

互动数据

2. 弹幕词云

直播间的弹幕词云是一种可视化工具，用于展示直播间中弹幕（观众评论）的关键词或短语。这种词云通常根据词语在弹幕中出现的频率来调整字体大小，使得出现频率较高的词语更加突出。

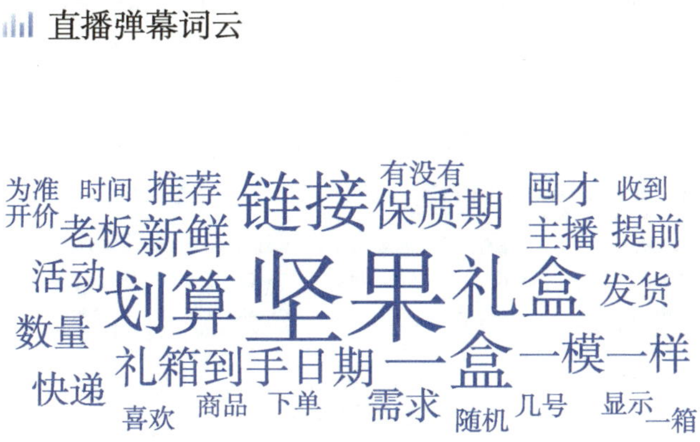

弹幕词云

（四）转化数据指标

主要包括引导转化数据和直播带货数据。

1. 引导转化数据

蝉妈妈通过复杂的大数据算法，从直播带货和视频带货两大方面，覆盖了人气指数、营销指数和转化指数三大指标，对比行业细分类目的当前平均水平，帮助用户一键分析达人的真实带货能力和所处的行业水平。

具体来说，人气指数反映了达人的受欢迎程度，包括观看人次和互动率等；营销指数关注达人的推广力度和效果，如广告投放和合作品牌数量等；转化指数直接关联到销售成果，包括转化率和客单价等关键指标。

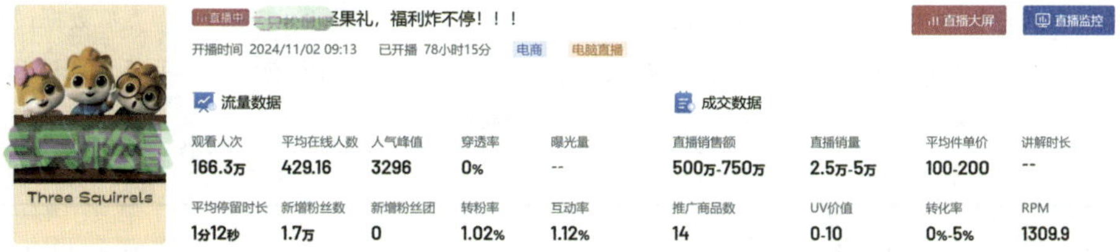

人气指数

2. 直播带货数据

直播带货数据包括本场销售额、销量、客单价、上架商品、带货转化率和 UV 价值等指标。

带货转化率指的是直播间的整体转化率；UV 价值是指用户人均价值，即平均每个进入直播间的用户产生的价值。UV 价值 = 本场销售额/独立访客数。独立访客即访问直播间的一位用户，用户多次进入直播间只被统计一次，独立访客数等于累计观看人数。要提高直播间的 UV 价值，应提高直播间的带货转化率(包括商品点击转化率和商品购买转化率)和客单价。

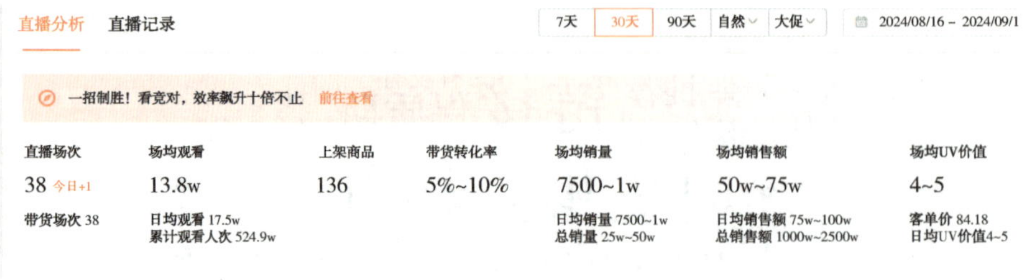

直播带货数据

二、常见的直播数据分析工具

直播运营团队可以通过多种途径获得直播数据，如果要查看和分析自己的直播数据，可以直接使用直播平台提供的直播数据分析工具(即直播后台)；如果想要查看和分析同行的直播数据，可以借助第三方数据分析工具。

常见的直播数据分析工具

<table>
<tr><th>直播平台</th><th>直播工具</th><th>店铺/达人直播数据(直播后台)</th><th colspan="2">其他直播数据(第三方平台)</th></tr>
<tr><td>抖音直播</td><td>直播伴侣</td><td>抖店(商家后台)
巨量百应(达人后台)
抖音创作者/企业中心-主播中心
电商罗盘</td><td>婵妈妈、
考古加</td><td rowspan="3">灰豚数据(抖音、淘宝、小红书直播等数据分析监测云平台)
飞瓜数据(抖音版、快手版、B 站版等)</td></tr>
<tr><td>淘宝直播</td><td>淘宝主播(手机版)
淘宝直播(电脑版)</td><td>淘宝直播中控台(直播数据)
生意参谋(店铺数据)
万相台(付费情况)
淘宝主播中控台(达人数据)</td><td>萤火虫数据
知瓜数据</td></tr>
<tr><td>快手</td><td>快手</td><td>快手创作者中心</td><td>—</td></tr>
</table>

不同的直播平台都有相应的中控平台供查阅数据，以抖音为例，抖音上经常会接触到的后台有：抖店(商家后台)、巨量百应(达人后台)以及直播伴侣。下面将以抖店后台登录和抖店中控台操作为例，介绍如何获取平台数据。

(一) 抖店登录操作

(1) 打开浏览器并输入“抖店”。

(2) 通过扫描二维码登录，进入商家页面。

(3) 商家后台界面。

抖店
首页
入驻流程
入驻材料与费用
热招行业
热招商家
招商资讯
常见问题
电商学习中心
更多
下载抖店App
抖音电商
抖音电商七大开店权益
最高享3个月流量倾斜，再领9050元流量券
了解更多 >
入驻抖音电商
立即入驻
新商家权益
个人店方法论
抖音商城
商家招募大会

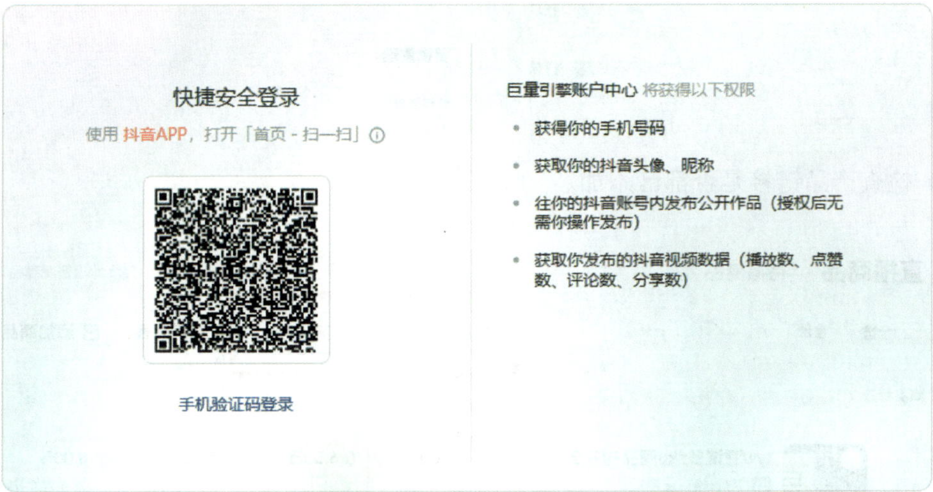
快捷安全登录
使用 抖音APP，打开「首页 - 扫一扫」
手机验证码登录
巨量引擎账户中心 将获得以下权限
获得你的手机号码
获取你的抖音头像、昵称
往你的抖音账号内发布公开作品（授权后无需你操作发布）
获取你发布的抖音视频数据（播放数、点赞数、评论数、分享数）

抖店
巨量千川
精选联盟
电商罗盘
服务市场
学习中心
批量拼团
一键限时限量购
批量优惠券
满减
首页
常用
商城
免佣
搜索
店铺
商品
订单
售后
抖音七夕好礼季 | 全域流量专享 七夕官方立减火热报名中！
规则 | 不合理套装分拆低价引流治理
店铺待办
店铺预警 0
待处理违规 0
订单待办
待发货 0
待支付 0
售后待办
待处理售后 0
待处理服务单 0
营销待办
邀约活动待报名
已报名待完善
经营数据
自定义数据
更新时间:2023/08/21 15:17:01
成交金额 >
成交订单量 >
成交人数 >
商品曝光人数 >

（二）抖店中控台数据监控操作

（1）抖店后台左边一栏中，内容/常用：直播中控台。

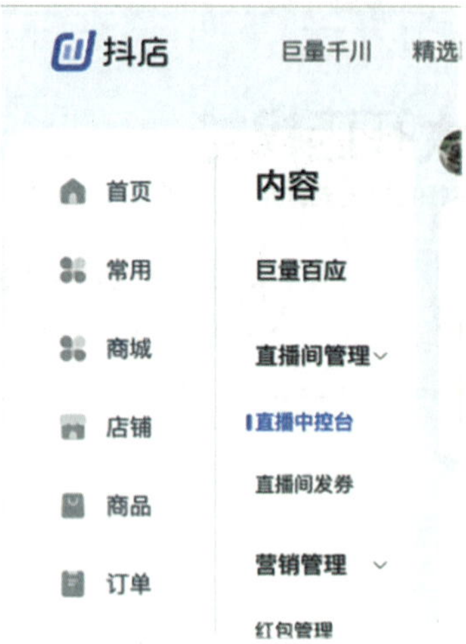

（2）检查产品链接是否都已添加。

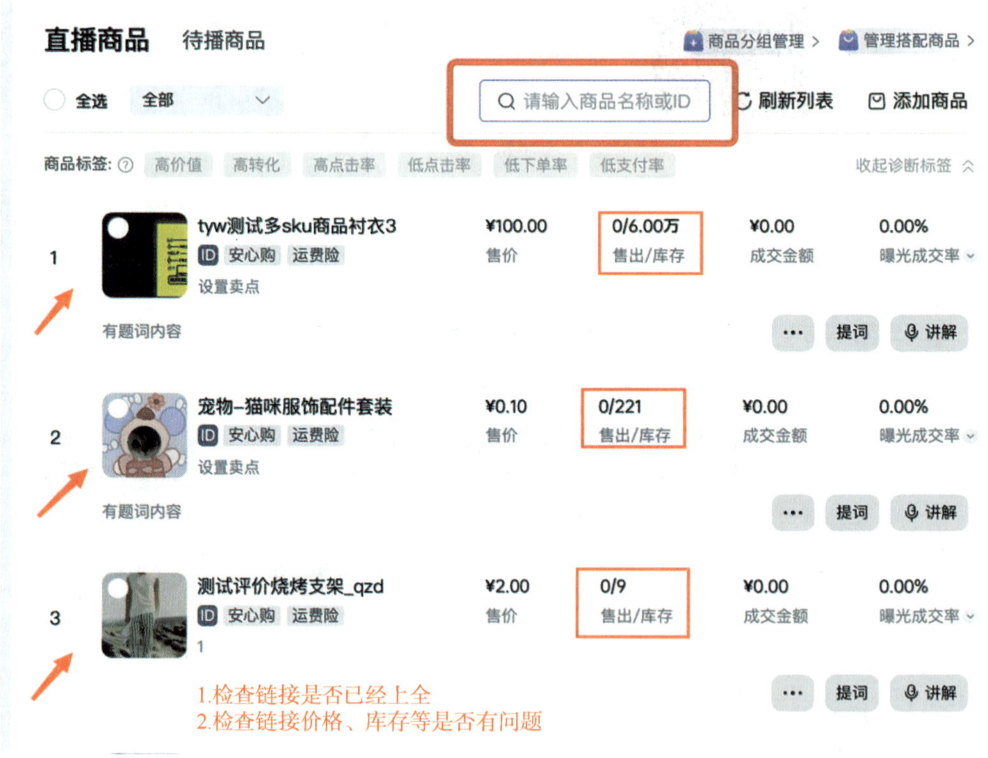

（3）若未添加，则选择右上角添加商品进行产品添加。

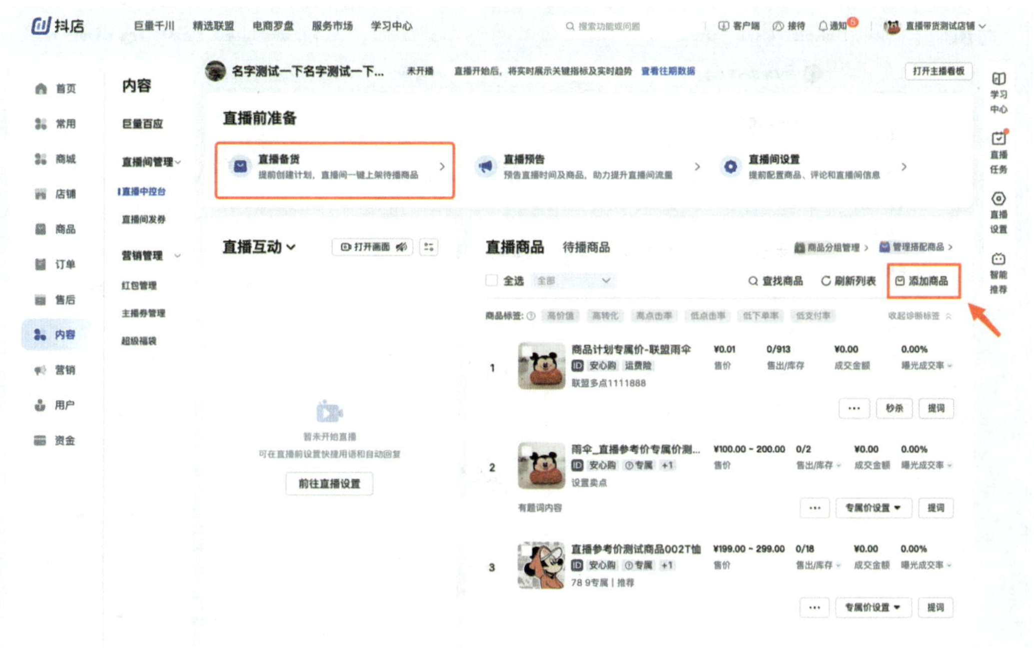

（4）直播过程中时刻发送弹幕回复用户的信息。

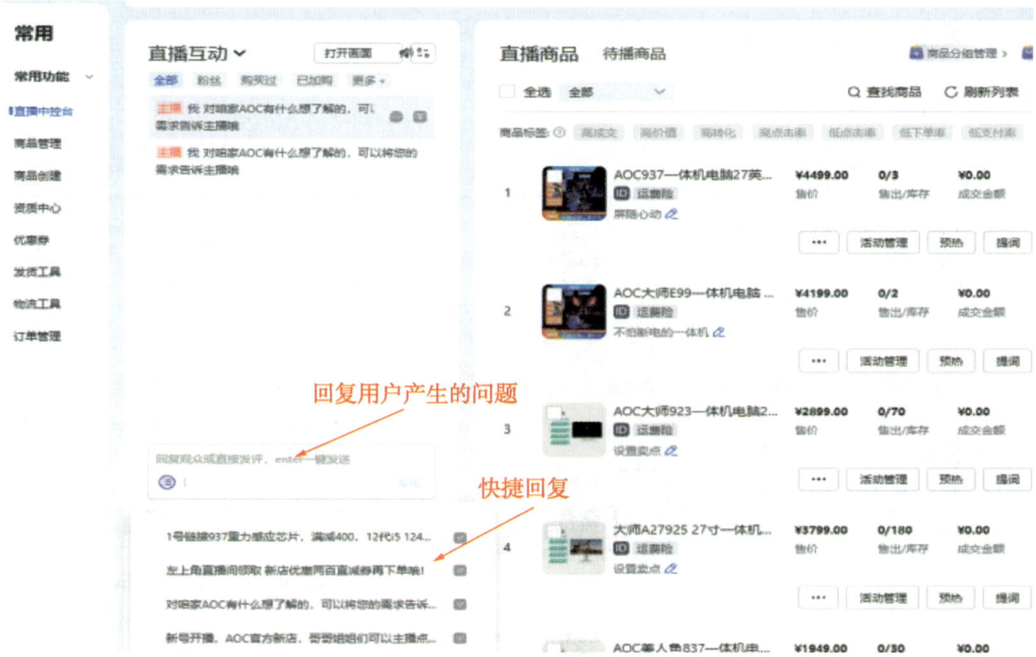

（5）直播过程中时刻配合主播点击弹窗讲解和指定链接。

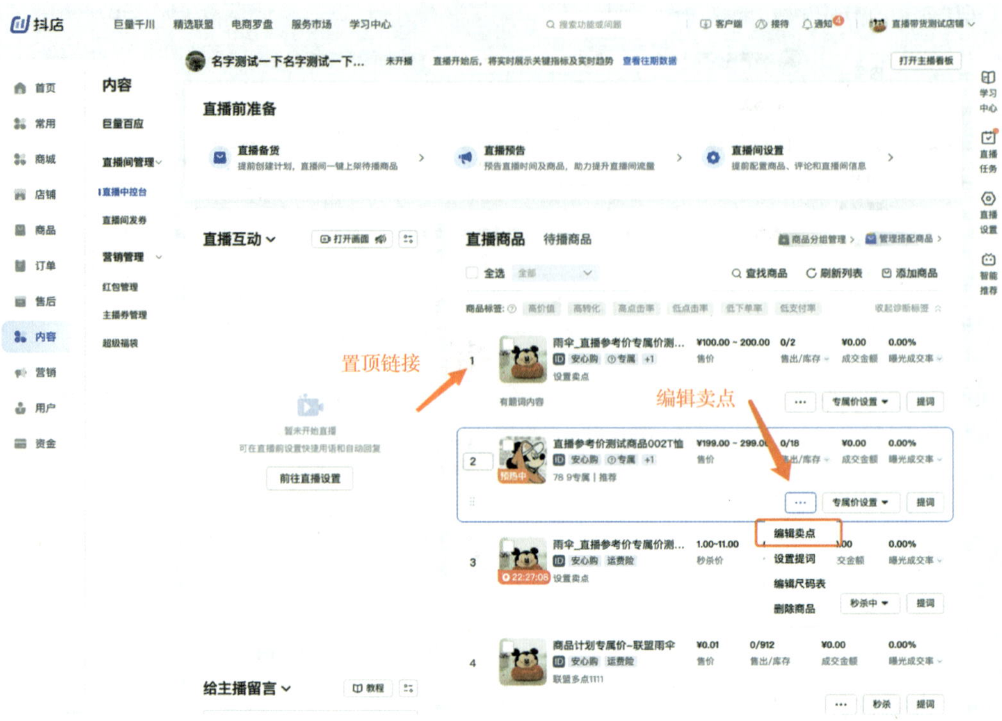

（6）进入大屏监控，实时监测数据。

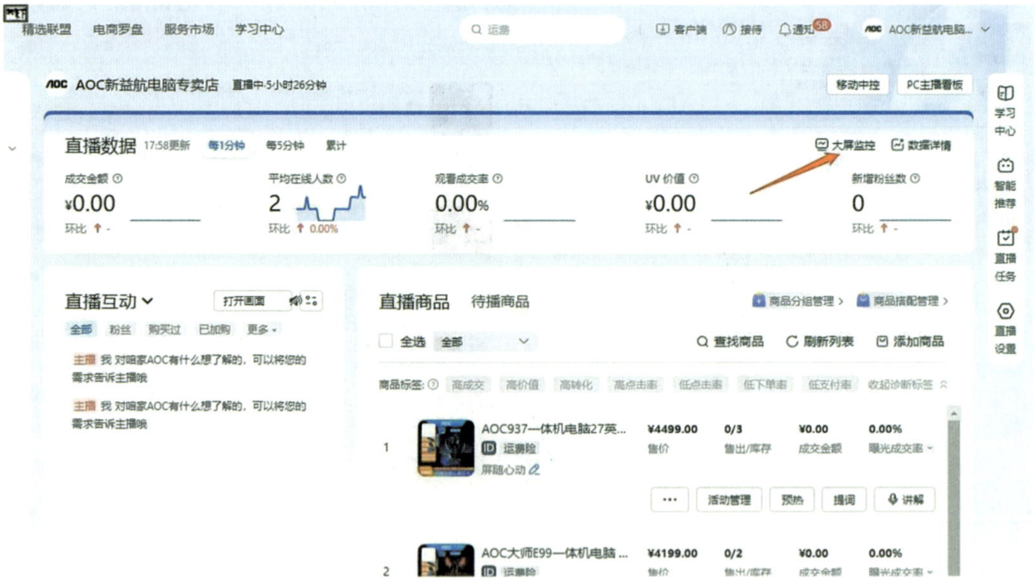

(7) 数据大屏后台监测，依据数据提醒主播讲品和提词等。

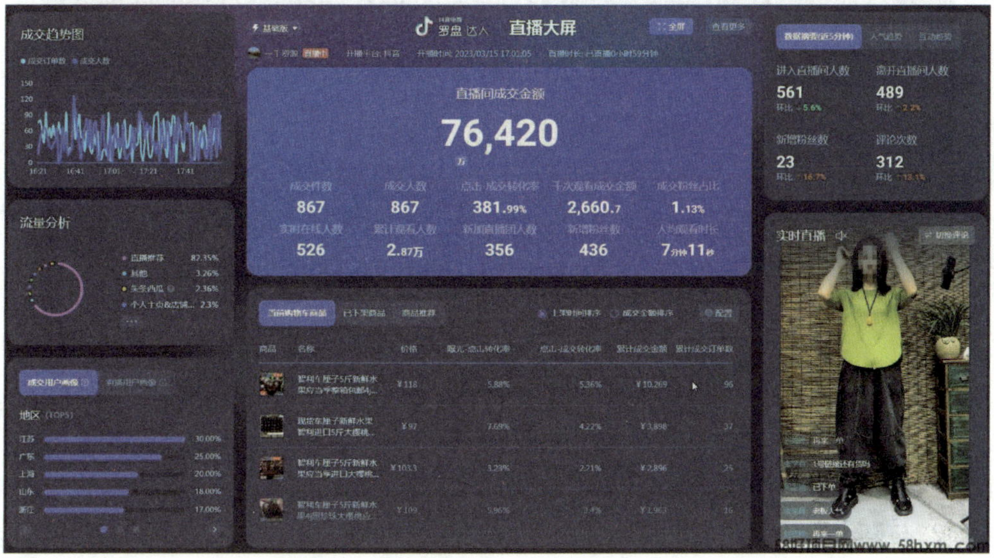

三、数据分析具体操作案例

(一)通过巨量百应分析达人自身直播数据

登录巨量百应达人工作台，打开“数据参谋”页面，在实时大屏中查看并分析指定的单场直播数据，了解直播的销售情况和直播观众的特点。本次任务的具体要求如下表所示。

任务要求

任务编号	任务名称	任务指导
1	数据分析	登录巨量百应达人工作台，打开“数据参谋”页面，打开单场直播的实时大屏，查看与分析直播整体数据表现
2	商品分析	在单场直播的实时大屏中查看与分析直播商品的数据表现
3	人群分析	在单场直播的实时大屏中查看与分析直播观众的数据表现

通过巨量百应-达人工作台分析单场直播数据的具体操作如下：

打开巨量百应官方网站，通过抖音账号登录达人工作台。在达人工作台首页上方的导航栏中单击“数据参谋”选项卡。打开“数据参谋”的“直播数据”页面，在该页面的“单场直播数据”栏中通过巨量百应分析直播数据，单击需要分析的直播场次右侧的“实时大屏”超链接。

实时大屏

直播的实时大屏包括以下几个板块：

实时商品板块：帮助商家直观快捷地了解商品销售情况和库存状态的实时商品检测工具，包括实时概览、实时播报、讲解中的商品、实时商品榜四大核心模块。

（1）实时概览：帮助商家了解三大核心指标——成交件数、成交金额和商品访问数，并提供环比数据。

实时概览

（2）实时播报：向商家提供销量和库存的实时播报，帮助商家及时了解库存预警，快捷添加短缺商品的库存，预防商品短缺状况的发生。

（3）讲解中的商品：帮助商家直观了解正在讲解中的商品和对应直播间的成交和库存，及时调整商品直播时机和排品策略，商家可快速跳转至对应直播间了解详情。

（4）实时商品榜：帮助商家了解每款商品及不同 SKU 的数据表现，可基于不同 SKU 的库存及时补货返场，可按成交件数、成交金额和商品访客分别查看商品排行。

实时大屏除了可以查看以往场次的直播数据，还可以监测实时直播的数据，方便主播把控直播走势，调整商品讲解节奏，等等。

（二）通过蝉妈妈查看分析对比账号直播数据

登录蝉妈妈抖音分析平台，寻找行业对标达人。筛选条件为：食品商品分类下粉丝量为 11 万左右，以直播带货为主的达人主播账号（选择按场均销售额降序排列下满足筛选条件的第一个账号）。并查看该账号近 30 天的直播数据概览，与本账号比较分析。

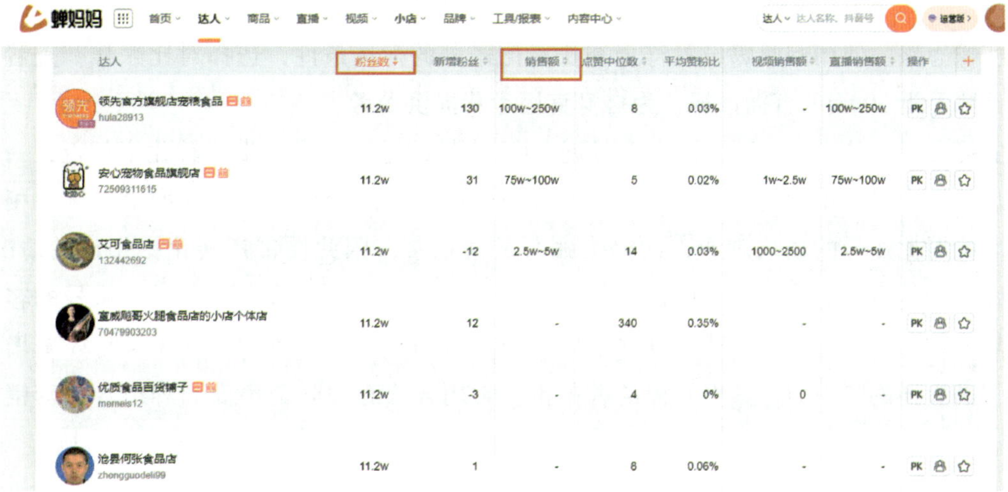

达人	粉丝数	新增粉丝	销售额	点赞中位数	平均赞粉比	视频销售额	直播销售额	操作
领先官方旗舰店宠物食品 hula28913	11.2w	130	100w~250w	8	0.03%	-	100w~250w	PK
安心宠物食品旗舰店 72509311615	11.2w	31	75w~100w	5	0.02%	1w~2.5w	75w~100w	PK
艾可食品店 132442692	11.2w	-12	2.5w~5w	14	0.03%	1000~2500	2.5w~5w	PK
富威飚哥火腿食品店的小店个体店 70479903203	11.2w	12	-	340	0.35%	-	-	PK
优质食品百货铺子 memeis12	11.2w	-3	-	4	0%	0	-	PK
沧县何张食品店 zhongguodeli99	11.2w	1	-	8	0.06%	-	-	PK

对标达人筛选

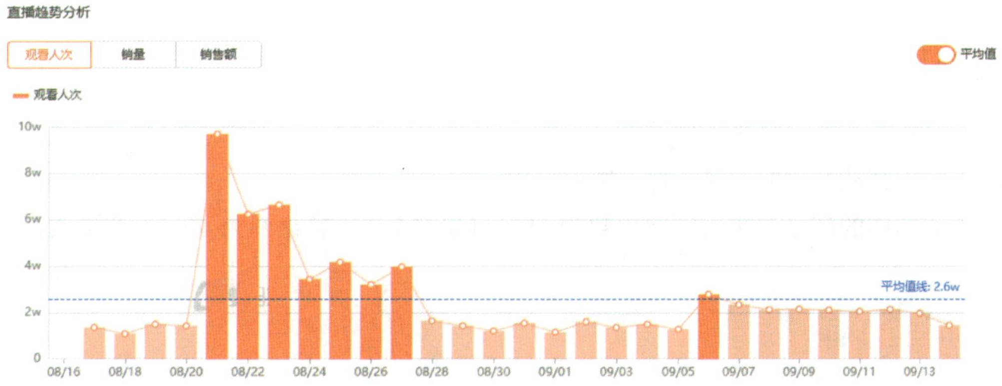

对标达人账号近 30 天的直播数据

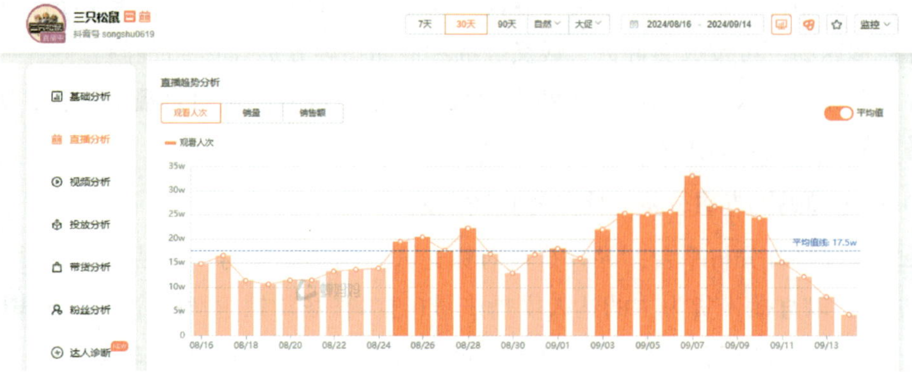

本账号近 30 天直播数据

实操思路：使用蝉妈妈设置符合查找对比账号的筛选条件，选择对比账号，查看、分析对比账号近 30 天的直播数据，为自身直播运营提供参考。

实操参考：从数据上看，两个账号近 30 天直播的直播场次和带货转化率相近，一定程度上反映了主播的带货能力相当。但本账号与对比账号的场均销量和场均销售额却相去甚远，因为对比账号的场均观看人次是本账号的两倍多，因此在带货转化率相近的情况下，对比账号的销量会翻倍，且对比账号的场均销售额远高于本账号，同时对比账号的客单价和场均 UV 价值均高于本账号。通过分析两个账号的直播数据可知，本账号首先要增强引流、提高直播的吸引力，其次要提高客单价，常用方法有关联销售商品和组合配套销售商品等。

知识训练与巩固

简答题

（1）直播复盘的思路是怎样的？

（2）分析直播数据的主要指标有哪些？

（3）假如你的商品详情页访问次数为 15，订单量为 5，转化率为 40%，这说明什么？

实操记录表

任务	任务内容	指定完成时间	完成状态	评价等级/分数	导师评语
任务一	通过巨量百应分析直播数据				
任务二	录制抖音直播数据查询视频				

续表

任务	任务内容	指定完成时间	完成状态	评价等级/分数	导师评语
任务三	利用第三方工具分析直播数据				
简答题					

完成状态用指定符号标注：按时完成√，迟交▲，缺交×。

答案和解释

（1）直播复盘思路一般为发现问题、分析问题、解决问题和直播调整。

（2）直播数据分析的主要指标包括用户画像数据指标、流量数据指标、互动数据指标和转化数据指标四种类型。

（3）说明产品对点击进来的用户吸引力较大。